재무제표 핵심 투자 수업

개정 증보판

재무제표를 알면 오르는 주식이 보인다

재무제표 핵심 투자수업

차영주 지음 · 김수헌 감수

클랩북스

개정 증보판 서문

《재무제표 투자의 힘》이 발간된 지 약 1년여가 흐른 지금, 많은 독자의 성원 속에 개정 증보판을 내게 되었다. 이번 증보판의 핵심은 변화한 증시 주변 여건을 반영한 것이다.

2025년 6월 이재명 정부가 출범하면서 '주가 지수 5천 시대'를 열겠다는 포부를 밝혔다. 이후 상법 개정안을 발표했고, 이와 관련하여 기업의 재무제표에 미치는 영향을 고려하지 않을 수가 없다.

재무제표는 기업의 변화하는 상황과 그 결과를 회계적 용어로 투자자들과 소통하는 창구 역할을 한다. 따라서 주변 여건의 변화에 따라 기업의 내용이 어떻게 바뀌는지 투자자는 잘 알고 있어야 재무제표가 하는 말을 오롯이 이해할 수 있게 된다. 그래서 이번 개정 증보판에서는 그 내용을 알기 쉽게 설명했다.

또한 금리의 변화가 기업에 미치는 영향에 대해서도 추가로 담았다.

투자자의 관점에서 금리의 상승과 하락 시에 어떻게 대응을 해야 하는지 정리했다.

마지막으로 트럼프 관세 정책이 기업의 재무제표에 어떠한 영향을 미치는지도 살펴봤다. 여전히 진행 중인 관세 뉴스이지만, 그 기본 개념을 알고 있으면 이해 및 빠른 대처가 가능할 것으로 판단한다. 중요한 시대의 변곡점에서 그 내용을 추가하기 위해서 힘썼고, 이를 바탕으로 재무제표에 대한 이해와 투자의 성과가 나타나기를 기원한다.

나는 여전히 재무제표가 '백미러'라는 의견에 단호하게 반대한다. 재무제표의 올바른 이해는 기업의 미래와 투자의 미래를 보는 힘을 키워준다고 확신하기 때문이다. 이 책이 그 반증으로 재무제표의 핵심 내용만 골라 담았다. 어디서도 듣지 못하는 수업을 책 한 권으로 해결하고, 주식 시장의 레이스에서 길을 잃지 않길 바란다.

오과장 : **보면 알아?**
장그래 : **저도 대강 아는데요.**
재무제표만 빼고요.
오과장 : **아니 그게 다인데,**
그걸 빼면 어떡합니까? 장팀장님!

_ 드라마 〈미생〉 중에서

프롤로그

나의 이 책은 약 25년간 매매의 최전선인 증권사 여러 지점(광화문, 석관동, 아산병원, 잠실)에서 다양한 고객에게 수많은 기업에 대해 매매와 관련된 조언을 한 경험과 나 자신 또한 투자자로서 기업의 가치를 어떻게 봐야 하는가에 대해 치열하게 고민한 산물이다.

1994년 증권사 기획실에 입사한 후부터 대부분 시간을 지점에서 개인 투자자들과 함께했고, 나 또한 평범하기 이를 데 없는 좌충우돌 개인 투자자 시절을 겪었다. 증권사에서 일할 때 기관과 외국인을 대상으로 하는 영업보다는 개인 투자자와 관계된 일들이 많았고, 그래서 개인 투자 방식이 나에게 가장 익숙하다.

개인 투자자들은 펀드 매니저와 매매 방법이 달라야 한다고 생각한다. 투자금의 성격도 다르고, 투자금의 운용 목표 및 방식이 전혀 다르기 때문이다. 예를 들어, 다른 사람의 자금 100억 원의 운용을 지수 대비(벤치마크) 수익률로 평가받는 것과 내 돈 3,000만 원으로 절대 수익(플러스 수익)을 바라는 매매와는 근본적으로 다를 수밖에 없다.

	자금	목표	결과
펀드 매니저	타인 자금	벤치마크 대비 수익률	직장 유무
개인	자기 자금	절대 수익	개인 자금의 증감

이 둘의 투자 방식이 성격적으로 다르다는 점을 알아야 개인 투자자에게 적합한 매매 방법을 찾을 수 있다. 그래서 유명 펀드 매니저의 이야기를 무조건 따르는 것은 몸에 맞지 않은 옷을 억지로 입는 것과 같다.

이 책은 모든 투자자를 대상으로 하는 동시에 특히 주식 공부를 깊게 하지 못한 개인 투자자들의 궁금증을 해소하는 데 중점을 두었다. 기업의 재무제표는 기관이나 외국인 그리고 개인이 투자를 하려면 꼭 봐야 한다. 여기서는 특히 개인 투자자가 보기 어려운 군더더기들을 떼어내고 핵심만 다루었다. 그리고 개인 투자자들이 주식 시장에서 겪는 어려움을 극복하는 방법을 다양한 사례를 통해 이야기했다.

나는 대학에서 경제학, 대학원에서 경영학을 배웠지만, 정식으로 회계 과정을 배운 적은 없다. 그렇다면 내가 어떻게 재무 분석을 할 수 있게 되었을까? 증권사 신입 시절 기획실에서 근무하면서 회사 전체를 파악하는 실무 과정을 처리하다 보니 회계가 필요하다는 사실을 확실하게 깨달았다. 기획실은 회사의 모든 자료가 모이는 곳으로, 각 현황을 파악하기 위해서 객관적인 데이터인 회계 자료를 활용할 수밖에 없다. 증권사 지점 발령 후, 초창기 매매를 지금 와서 돌아보면 매우 부끄럽다. 당시에는 주식 투자와 관련해서 배우고, 찾으려 해도 자료가 별로 없던 시절이었다. 인터넷도 없었고, 증권 정보지가 매우 높은 몸값에 돌아다녔으며, 소수가 알고 있는 정보가 기업의 가치보다 우선했었다. 그래서 기업의 재무제표를 구하기도 어려운 시절이었다. 주식 시장에 큰 변화가 생긴 것은 과거 외국인들에게 문호를 개방한 이후이다. 국내 시장에 처음 들어온 외국인들은 저 PER주, 저 PBR주 등을 매입했는데, 당시 그들의 가치 평가 기준에는 싼 주식이 널려 있었고, 결과는 외국인들의 대승이었다. 이후 외국의 선진화된 투자 기법이 국내에 널리 통용되기 시작했고, 빠르게 안착되었다.

    이처럼 투자도 선진화된 기법을 배우고 익혀야 한다. 그러한 무기를 가진 투자자와 여전히 주먹구구식으로 투자하는 투자자의 결과는 확연히 다를 수밖에 없다. 주식 투자는 불확실성이 크기 때문에 투자자 나름의 근거를 가지고 접근하면 매우 유리하다. 많은 투자자가 그 근거를 기업 정보라고 생각하는데, 그 정보를 객관적으로 파악할 수 있게 하는 것이 바로 재무제표이다. 재무제표가 있어야 가장 단순한 PER, PBR을 계산할 수가 있다. 주식 시장은 총성 없는 전쟁터이다. 진짜 피도 눈물도 없다. 그래서 매매 주체들이 주식 투자에 관해 다양한 관점으로 서로 싸우고 있다. 이 싸움에서 이기려면 최소한 남들(외국인, 기관)이 하는 만큼의 노력은 해야 한다. 그러기 위해서는 재무제표라는 관문을 반드시 통과해야만 한다. 목마른 내가 스스로 우물을 팠고, 이제 이 경험을 여러분과 나누고자 한다.

숫자는 말을 한다

A 기업, 22년 매출 100억에 영업 이익 30억

무슨 이야기인지 자세히는 몰라도 매출과 이익은 물건을 팔고 이익이 났다는 정도로 어렴풋이 그 뜻을 짐작할 수 있다. 이를 표로 만들면 다음과 같다.

	2022년
매출	100억 원
영업 이익	30억 원

아직은 숫자가 어떠한 말을 하는지 잘 모르겠다면 좀 더 확장된 표를 보자.

	2020년	2021년	2022년	2023년
매출	150억 원	120억 원	100억 원	200억 원
영업 이익	50억 원	30억 원	30억 원	60억 원

이 표를 통해 매출과 영업 이익은 매번 바뀔 수 있고, 이를 흐름으로 볼 수 있음을 알 수 있다. 그러면 다른 각도로 살펴보자.

	A 기업	B 기업	C 기업	D 기업
매출	100억 원	120억 원	80억 원	300억 원
영업 이익	30억 원	20억 원	30억 원	80억 원

이처럼 다른 기업하고 비교해 보면, 숫자들이 말하는 소리가 좀 더 크게 들리기 시작한다. 아직 헷갈린다면, 이제부터 숫자가 말하는 숨은 의미를 찾아보자.

차례

개정 증보판 서문　　　　　　　　　　　　　　　　004
프롤로그　　　　　　　　　　　　　　　　　　　007

1장　숫자가 말하는 주식의 진실

1　재무제표의 진정한 가치　　　　　　　　　　　020
2　재무제표로 기업의 가치 측정하기　　　　　　026
3　재무제표로 알아보는 주식의 가격　　　　　　031

2장 자신 있는 투자를 위한 재무제표 기초 이론

1 주식이 싸다는 합리적인 기준 · 040
2 성장주와 가치주로 기업 나누어 보기 · 050
3 투자 성향에 따른 장단기 투자 · 056
4 기업의 적정 가치 판단하기 · 062
5 재무제표와 수익률의 상관관계 · 069
6 어림잡는 수학적 사고의 활용 · 076

재무제표 10분 완성
커피숍 운영으로 배우는 재무제표의 이해 · 081

3장 재무제표를 구성하는 삼 형제

1 기업의 전반적인 모습을 파악하는 재무 상태표 · 092
2 꼼꼼히 살펴봐야 하는 손익 계산서 · 109
3 현금 보유 상태를 알 수 있는 현금 흐름표 · 120

재무제표 10분 완성
전자공시 분석하기 – DART 사이트 활용법 · 129

4장 숫자로 속속들이 기업 파헤치기

1	영업 이익률이 높은 기업 찾기	142
2	트럼프 관세 정책	162
3	적자에서 흑자로 전환될 때	166
4	손익 분기점으로 흑자를 예측하는 방법	174
5	기업 설비 투자가 알려 주는 투자 포인트	181
6	금리 인상과 인하에 따른 대응 포인트	185
7	기업의 현재와 미래를 보여 주는 감가상각	187
8	투자를 위한 매출 구조 파악하기	203
9	자기만의 투자 기준 세우기	210

5장 보이는 게 전부가 아닌 재무제표 특성

1	악재도 호재가, 호재도 악재가 된다	220
2	배당과 투자의 관계 이해	240
3	호재로 인식하는 자사주 매입	249
4	다양한 각도로 봐야 하는 자사주 소각	252
5	이슈에 따른 주가 민감도 측정하기	255

| 6 | 회계를 투자 실전에 적용하는 방법 | 263 |

재무제표 10분 완성

증권사 리포트 보는 법   277

6장 재무제표로 투자 손실 줄이기

1	외부 변화에 대응하기	288
2	내부 변화에 대응하기	295
3	하락장에서 초보 투자자가 살아남는 법	301
4	기업 부채의 다양한 성격	305
5	나쁜 회사는 현명하게 거르기	310
6	재무제표의 세밀한 숫자를 예측하는 방법	316
7	기업의 성장과 재무제표의 변화	321
8	코스피 지수 5천 시대 매매 전략	328

재무제표 10분 완성

재무제표를 활용한 실전 성공 투자법 – 나만의 원칙 만들기   332

1장

숫자가 말하는 주식의 진실

들어가며

이솝우화 중 '여우와 신 포도' 이야기가 있다.

길을 가던 여우가 탐스럽게 열린 포도를 보고는 그 포도를 따보려고 갖은 노력을 한다. 그러나 포도가 달린 나무는 너무 높았고, 결국 포도 따기에 실패한 여우가 한마디 한다.

"저 포도는 너무 시어서 맛이 없을 거야."

과연 포도는 시고 맛이 없을까? 그것은 아무도 모른다. 하지만 여우는 처음부터 그 포도가 시다고 생각한 것이 아니라, 처음에는 맛있을 거란 희망으로 접근했다는 사실에 주목하자. 실제로는 포도의 당도가 바뀐 게 아니라 단지 여우의 마음이 오락가락한 것이다.

비슷한 일이 일상에서도 자주 일어난다. 자신이 원하는 것을 얻지 못하면, 그 대상을 깎아내리면서 스스로 합리화한다. 주식 시장에는 재무제표에 대해 이런 식의 말들을 많이 한다.

"주식 투자를 위해서 재무제표를 아는 것이 유리하다는 사실을 모르는 사람은 없지만, 많은 사람이 점차 시간이 지나면서 재무제표가 아무 소용없다는 식으로 이야기를 바꾼다."

즉 많은 투자자가 처음에는 재무제표를 이해하기 위해 많은 노력을 하지만, 그 과정이 쉽지 않고, 또 성과가 뚜렷하게 나타나지 않으면 재무제표를 꼭 알아야 하는지 회의감에 빠진다. 그러는 사이에 차트나 정보만으로 수익을 얻기라도 하면 재무제

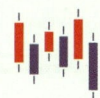

표를 배울 필요가 없다는 극단론에 빠지게 된다. 그들과 여우의 심리가 참으로 비슷하다.

재무제표에 대해 사람마다 여러 의견을 가질 수는 있다. 하지만 위대한 투자자들의 공통점은 재무제표를 이해하고, 그 데이터를 활용했다는 점을 절대로 잊어서는 안 된다. 배우기 어렵다고 재무제표가 필요 없는 것은 아니다. 오히려 일부 투자자들이 재무제표 무용론으로 자신을 합리화할 때 이를 극복한다면, 수익 확률이 올라갈 것이다.

재무제표의
진정한 가치

주식 투자는 결국 싸게 사서 비싸게 파는 것이 목적이다. 주식 투자는 차익을 남기는 과정이고, 이것은 투자자에게 절대적인 진리이다. 그렇다면 한 번의 주식 투자로 수익이 날 확률은 얼마나 될까? 대부분 50:50이라고 생각하지만, 현실은 그렇지 않다.

　주식 투자는 기본적으로 30%의 승률에 자신의 소중한 돈을 거는 일이다. 여기에 시간 및 여러 요소를 추가하여 확률을 유리하게 조정하

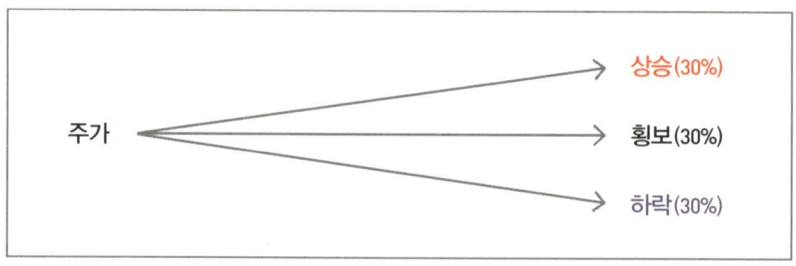

※ 나머지 10%는 각종 비용으로 감안한다.

지만, 보통 승률은 앞의 표와 같다. 여기에 타인과의 관계도 추가적으로 고려하면 승률이 올라간다. 성공한 투자자들이 말하는 공통점 중 하나가 불안감을 느낀 투자자들이 매도하는 시기를, 좋은 주식을 싼 가격에 살 확실한 기회로 삼으라는 것이다. 이렇듯 투자는 늘 상대방을 항상 잊어서는 안 된다.

승률을 높이고 남들보다 싸게 주식을 사기 위해서는 해당 주식의 가격이 싼지 비싼지 파악해야 한다. 이때 주식 가격을 측정하는 도구는 하나가 아니라서, 투자자는 다양한 측정 도구를 자유자재로 다룰수록 유리해진다. 그러면 싼 주식을 측정하는 방법을 살펴보자.

1	차트를 이용해 고점 혹은 평균가 대비 현재 주가의 위치를 파악 (기술적 분석)
2	기업의 가치를 측정하여 현 주가와 차이를 계산하는 방법 (기본적 분석)
3	동종 업종의 다른 기업과 비교하여 그 상대 가치를 파악하는 방법
4	투자자들의 심리를 파악하여 흥분도를 측정하는 방법

주식 투자에는 이 외에도 다양한 방법이 홀로, 때로는 혼재되어 사용된다. 이 중에 어떤 방법만이 옳다고 확신할 수는 없다. 투자자들마다 시장을 보는 관점이 다르고, 또 한 가지 방법이 지속적으로 시장에 통용된다고 할 수도 없기 때문이다. 투자자들의 생각과 투자 방법은 시간이 지남에 따라 변화를 겪기 때문에 자신만의 기준점을 가지는 것이 매우 중요하다. 그렇다면 투자자는 어떤 근거(기준)를 가지고 주식을 싸게 사야 할까? 그중에 가장 흔들림 없는 기준은 기업의 재무제표라고 생각한다. 누가 뭐래도 재무제표는 기업의 현황을 가장 객관적으로

로 파악할 수 있는 유일한 자료이기 때문이다.

주식 투자를 하기로 마음먹었다면, 재무제표를 보는 눈을 키워야 한다. 재무제표는 공식적으로 회사의 현황을 대외적으로 발표하는 자료로, 분기 및 사업 연도로 이루어져 있다. 이와 더불어 증권사의 애널리스트들이 추정하여 발표하는 자료 등을 보조적으로 사용한다. 그런데 문제는 재무제표를 보는 눈을 키우는 것이 생각처럼 쉽지 않다는 것이다. 처음에는 굳은 의지로 많은 시간과 노력을 들이지만, 안타깝게도 그 노력에 비해 성과가 미미한 경우가 많아서 투자자들을 주저하게 만든다.

재무제표의 유용성과 필요성

"주식 투자자라면 당연히 재무제표를 공부해야 한다."라는 말에 거부감을 나타내는 투자자도 많다. 나 역시 주식 투자 초창기에는 재무제표의 중요성을 강조하지는 않았으며, 재무제표를 몰라도 대략적인 투자가 가능하다고 생각했던 때도 있었다. 차트 등 몇 가지 사안으로 종목만 잘 고르면 특별히 문제가 없을 것이라고도 생각했다.

그러나 시간이 지나며, 주위의 여러 투자자를 보면서 재무제표를 모르고 하는 투자는 실패의 확률이 상당히 크다는 것을 체감했고, 그런 투자는 마치 운에 맡기는 것과 같다는 확신이 들었다.

2020년 '동학개미운동' 이후 투자자들도 많이 변했다. 유튜브나 책

등으로 공부한 개인 투자자들이 재무제표를 통한 매매에 익숙해져 가고 있다. 남들은 점점 똑똑해지는데, 나는 아직도 감으로만 투자하고 있다면, 승률은 어느 쪽이 높을까? 재무제표를 제대로 이해하지 못한다면, 장기적으로 그 어떠한 투자도 할 수 없다고 단언한다. 재무제표 공부를 하지 않고 투자로 돈을 벌고 싶다는 것은, 영어나 수학을 공부하지 않고 일류 대학에 합격하려고 하는 것과 다를 바가 없다.

다음은 2020년 3월 내 페이스북에 공개된 글이다.

 차영주
2020년 3월 24일 ·

2018년 2월 대외적으로 강한 매도를 외친 이후,
조용히 소소한 매매를 세 번 했다.
그중 한 건의 매매로 현재 오피스텔을 마련한 것을 지인들은 안다.

몇 년만에 대외적으로 처음 매수를
지난 목요일 페북에 매수를 이야기했고,
금요일 페북에 목요일에 50% 매수를 신고했다.
오늘까지 100% 풀로 채웠다.
다시 말하지만, 지금은 시황에서 밸류장으로 전환했다.
감히 말하지만, 종목의 싸다는 기준없이
의미없는 지수만을 기술적으로 논한다면
오늘 장이 주는 의미를 모를 것이다. (일부는 오늘 개미들이 바보처럼 보일 것이다)

매수 종목
1. 잠시 유동성 문제로 사상 최대의 이익에도 불구하고 액면가 하회
2. 사업부 사상 최대의 이익 전망에도 적자 당시 주가
3. 시장의 오해로 최근 이익 증가에도 반토막

물론 코로나 문제가 단기간에 해결되지 않는다는 데 누구보다 격하게 공감 중.
하지만 이제는 피씨를 끄고, 당분간 지낼 생각.
(사고 싶은 게 너무 많아 레버리지 일으킬까봐서)
오늘부터는 '장'이 익어가는 시간 ^^

2020년 3월은 '동학개미운동'이 일어나기 직전으로 코로나 공포가 주식 시장을 장악하던 시기였다. 이때 말한 매수 종목 중 2번은 '카카오'였다. 2020년 봄, 당시 출연했던 연합인포맥스의 '주간전망대'라는 프로그램에서 카카오를 처음 거론했다. 이후 카카오는 15만 원 부근에서 약 70만 원까지 상승했다(액면 분할 500원 → 100원 전). 카카오를 언급할 당시 방송 분위기는, 그때 시장에서 가장 주목을 받던 '네이버'가 아닌 '카카오'를 거론하는 데 대해 별 관심을 두지 않았고, 왜 이야기하는지 진지하게 묻지도 않았다.

　카카오를 언급한 것은 페이스북에서 밝혔듯이, 2020년을 기준으로 볼 때 그동안 여러 사업부에 대한 투자 대비, 뚜렷한 이익을 내지 못해 시장의 관심권에서 벗어나 있었다. 하지만 나는 2020년을 원년으로 각 사업부가 재무적으로 흑자 전환이 될 것으로 판단했다(이후 이들 사업부는 각각 상장이 되었다). 이렇게 판단할 수 있었던 근거는 카카오를 관심 종목으로 두고, 그동안 지속적으로 재무제표 분석과 뉴스를 추적 관찰했기 때문이다. 카카오는 나의 종목 POOL 50종목(334p 참조) 중 하나였다.

　시간이 흘러 카카오가 20만 원을 넘어서는 순간 여기저기서 카카오를 언급하는 사람들이 나타났고, 30만 원을 넘어서는 순간 주식 시장에서는 삼성전자에 비견되는 최고의 주식이 되어 있었다. 하지만 나는 어느 정도 주가 상승 후, 주가는 여전히 상승 중임에도 매도 의견을 말하고 다녔다. 주가가 내 가치 기준을 넘었기 때문이다.

　이처럼 재무제표를 바탕으로 스스로 매매 판단을 내릴 줄 알게 되면, 주도적인 매매가 가능하다. 정확히 주가의 저점과 고점은 몰라도, 재무제표 분석은 나만의 시각으로 기업을 바라보게 도와준다. 또한, 다양한 형태의 재무제표를 이해하면 기업 및 산업의 흐름을 이해하게 되고, 이는 또한 상식적으로 기업의 미래를 예측하게 도와준다. 각 산업은 각자 다른 특징을 가지고 있는데, 이를 익히고 나면 투자에 많은 도움이 된다.

재무제표로
기업의 가치 측정하기

재무제표를 통해 기업의 가치를 측정하는 법을 간단히 살펴보자. 이해를 위해 집안 살림을 담당하는 그룹을 A라고 하고, 살림을 안 하는 그룹을 B라고 하자. 실제 자신이 어떤 그룹에 속하는지 상관하지 말고, 다음 질문에 가장 먼저 떠오르는 대답을 해보자.

1	인근 대형 마트에서 파는 달걀의 종류는 몇 개인가?
2	최근 본 가장 싼 달걀의 가격과 가장 비싼 달걀의 가격은 각각 얼마인가?
3	달걀의 가격은 얼마가 적당하다고 생각하는가?

자신이 만약 A 그룹이라면 별다른 고민 없이 쉽게 정답을 말할 수 있지만, B 그룹은 이 질문이 굉장히 어렵게 느껴질 것이다. 심지어 도무지 감조차 오지 않을 수 있다. 그런데 위의 질문은 투자를 이해하는

데 매우 중요한 인사이트를 제공한다. 삼성전자에 투자하기 위해서는 가치를 보고 결정해야 한다고 수없이 말을 해도, 그 의미가 선뜻 다가오지 않는 이유는 가치를 측정하기 어렵다는 선입견과 더불어 실제로 해보지 않았기 때문이다.

A 그룹은 평소 일주일에 한 번 정도는 마트에 가기 때문에 주요 먹거리인 달걀 가격을 자연스레 알게 된다. 다양한 이유로 주간 단위로 변화하는 가격 동향과 동네 마트와 대형 마트의 가격 차이도 비교적 정확하게 알고 있다. 또한 수많은 달걀 간의 가격 차이도 알고 있어서, 때에 따라서는 평소 먹던 것과 다른 비싼 제품을 사기도 하고, 싼 제품을 사기도 한다. 반면에 B 그룹은 마트에 자주 가지는 않지만, 어쩌다가 마트에 가서 달걀의 가격, 품질 등 전반적인 것을 살펴보려면 머리부터 아파오고, 주위의 소음에 판단력이 흐려진다. 그래서 혼잡한 마트에서 짧은 시간 안에 그냥 '아무 달걀'이나 산다.

어느 날, 대형 마트에서 달걀 한 판에 '5,500원'의 가격표가 붙은 걸 보신 어머니께서는 "이건 무조건 사야 해!"라고 하셨다. A 그룹에 속한 어머니의 달걀 가격에 대한 분석은 실생활 및 관심을 통해 자연스레 습득된 것이다. 그러면 B 그룹은 어떻게 해야 할까? B 그룹에 있는 사람이 A 그룹으로 가기 위해서는 어떤 방법을 찾아야만 한다.

달걀의 가격을 아는 것처럼 기업의 가치를 알기 위해서 B 그룹은 해당 기업(업종)의 재무제표를 활용하는 방법을 익혀야 한다. 꾸준한 재무제표 관찰은 어려웠던 기업에 대한 가치를 자신만의 방식으로 측정할 수 있도록 도와준다. 재무제표를 바탕으로 꾸준히 주식을 관찰하다

보면 주식이 쌀 때가 보이는데, 그때가 바로 매수 타이밍이다. 또한 이러한 재무제표 분석은 투자자를 손실에서도 보호해준다. 우량하지 않은 기업에 대해 허상과도 같은 장밋빛 전망에 빠지지 않게 도와주는 것이다.

재무제표 세부 구성 파악하기

투자자들이 중점적으로 봐야 하는 재무제표는 '재무 상태표(구 대차 대조표)', '손익 계산서', '현금 흐름표'인 재무 3표이다. 이들의 기본 내용을 확실하게 익힌 후에, 이를 바탕으로 다양한 활용법까지 공부를 확장해 나가야 한다. 투자자는 재무제표를 작성하려는 것이 아니기 때문에 활용법을 중심으로 공부하면 된다.

재무 상태표	일정 시점에 기업의 재무상태를 기록한 표 '자산 = 부채 + 자본'으로 구성
손익 계산서	일정 기간 동안 기업의 손익 활동을 기록한 표 '매출 - 비용 = 손익'으로 구성
현금 흐름표	기업의 현재 순수 현금 흐름을 파악할 수 있게 해주는 표 '영업 현금 흐름, 투자 현금 흐름, 재무 현금 흐름'으로 구성

회계 용어에 익숙한 사람이 아니라면 벌써부터 머리가 아파올 수도 있다. 어릴 적 수학을 처음 배울 때 이해하기가 힘들면 무조건 외우며 수학의 기초를 잡고, 이후에 전반적인 흐름을 파악하여 응용 문제까지

풀 수 있게 된 것처럼 하나의 통과 의례로 생각하자.

처음 재무제표를 배울 때 기초 용어와 개념은 어쩔 수 없이 외워야 한다. 다른 방법은 없다. 다행인 점은 수학처럼 어렵지도, 복잡하지도 않다. 이 단계를 넘어서면 누구든지 재무제표를 활용할 수 있게 된다.

재무제표를 이해하고 활용하기 위해서는 재무 3표를 유기적으로 볼 수 있어야 한다. 재무제표는 각각 다른 모습이지만, 서로 연결 관계가 있다. 그런데 이는 당연한 이야기다. 재무제표는 회사 상황을 각각의 표로 다르게 설명한 것일 뿐이라서 당연히 연결되어 있을 수밖에 없다. 그러니 재무제표를 볼 때는 개별 재무제표만을 따로따로 보고 끝낼 것이 아니라, 하나의 숫자가 움직이면 반드시 그와 관련된 다른 숫자의 움직임을 종합적으로 파악할 수 있어야 투자 판단에 유리해진다.

재무제표의 올바른 해석

재무제표를 열심히 공부하다 보면 투자자들을 당황하게 만드는 중요한 문제가 등장한다. 그것은 바로 온통 숫자로 이루어진 재무제표의 해석이 지극히 '주관적'으로 이루어진다는 점이다. 보통 투자자들은 재무제표 분석을 '객관화'하려고 하는데, 이는 기존 상식과 대치되는 내용이다. 예를 들어 한 기업의 영업 이익이 전년 대비 20% 증가했다는 구체적인 내용을 본다면 투자 판단을 어떻게 해야 될까? 또한 시장 평균 PER 대비 한 기업의 PER이 낮다면, 저평가라는 판단을 하고 당연히 매수 의견을 가져야 할까? 그리고 한 기업의 PBR이 0.5배 수준이면 어떤 의견을 가지는 것이 좋을까?

이런 판단이 모두 주관적이라는 사실을 인식했다면, 다른 사람들의 판단은 나와 다를 수 있다는 생각이 들 것이다. 이점을 모르는 투자자들이 많기 때문에 종종 재무제표를 보고 하는 투자에 혼선이 발생한다. 또한 재무제표의 숫자는 추세로 이해해야 함을 모르고, 그저 '시점'으로 보려고 하는 데서도 혼동이 발생한다. 가치 투자의 본질은 기업 가치의 지속적인 상승에 있기 때문에 '흐름'을 통해서 이를 확인해야 한다. 만약 재무제표의 숫자를 추세로 보지 않으면 가치 투자가 어려워진다.

투자자들이 어렵게 재무제표를 공부하는 이유는 꾸준한 수익을 내기 위함이다. 일시적인 수익이 아니라 꾸준히 수익을 내는 기업의 움직임을 알기 위해서는 재무제표를 이용해야만 한다. 투자자 중에는 오직 기업의 정보만을 쫓아다니는 경우가 있는데, 아무리 좋은 정보라도 결국 재무제표에 그 내용이 나와야 한다. 하지만 안타깝게도 상당수 기업은 해당 정보가 구체적인 기업의 실적으로 연결되지 않는 경우가 많다. 주식 시장에서 꾸준하게 투자 수익을 내기 위해서는 재무제표를 통해 기업의 '적정 가치'를 자신만의 시각으로 판단하는 것이 중요하다.

재무제표로 알아보는 주식의 가격

기업의 가치를 구하는 여러 내용 중 다음 공식은 반드시 머릿속에 넣어 두자.

EPS X PER = 주식의 가격

EPS: 1주당 순이익
PER: 투자자들이 해당 주식에 부여하는 시장 가치

이 공식은 주가라는 것이 기업의 영업 활동 결괴인 EPS와 투지자들의 심리 지표인 PER과의 관계로 만들어짐을 나타내고 있다. 즉 주가는 '기업의 이익'과 이에 대한 '투자자들의 심리'가 결합하여 결정된다. 누구나 볼 수 있는 손익 계산서를 통해 쉽게 구할 수 있는 EPS가 있음에도 주가 예측이 어렵다고 느껴지는 이유가 바로 PER에 대한 평가 때문이다.

PER은 투자자의 심리 상황에 따라서 그때마다 다른 수치를 부여하기 때문에 다루기가 쉽지 않다. 그래서 PER 변화의 근거를 명확하게 정의할 수 없다. PER은 특정 기준에 따라 정해지는 수치가 아니고, 투자 심리가 좋아지면 수치가 높아지고, 심리가 얼어붙으면 보다 낮아질 수 있다. 그러니 과거에 얼마를 나타냈다고, 그 수치를 목표로 해서는 안 된다.

EPS가 높아도 투자자들이 시장에서 공포를 느끼면 PER은 낮아지고 그러면 주가가 떨어지는데, 이때가 가치 투자자에게는 좋은 매수 기회가 된다. 이후 증가하는 EPS에 따라 심리가 변하여 PER을 끌어올리면 주가는 올라가기 때문이다. EPS만이 투자자가 확고하게 투자의 지표로 삼을 수 있는 변함없는 근거가 된다. EPS를 잘 활용하기 위해서는 분석 결과뿐만 아니라, 그 결과가 나오게 된 과정까지 종합적으로 살필 줄 알아야 한다. 그런데 투자자가 막상 실전에서 EPS를 적용하려고 할 때면 어떤 EPS를 써야 하는지 혼란스럽기 마련이다. 한 번이라도 EPS를 적용하려고 해 봤던 투자자라면 EPS가 하나가 아니라는 것을 잘 알 것이다.

과거 EPS	확정치
현재 EPS	전망
미래 EPS	(증권사 등이 제시)

과거 EPS는 확실한 숫자이지만, 안타깝게도 지난 데이터이다. 주식

투자는 미래를 봐야 하는데, 현실적으로 미래 EPS는 증권사 등에서 나온 '전망'이 전부다. 그래서 고민하는 것이다. 그러니 투자자는 어떤 숫자를 사용하는가에 대한 문제보다는 왜 그 숫자(과거, 현재, 미래)로 적정 주가를 계산했는지 아는 것이 중요하다. 과거를 기반으로 하는 것인지, 미래를 보고 있는 것인지 알고 있어야 한다.

과거 숫자를 보고 계산했다면 미래가 반영되지 않았음을 인지해야 하고, 미래를 보고 계산했다면 변화하는 상황에 따라 자주 바꿔 가면서 대응해야 한다. 그래서 어떠한 숫자를 사용했는지 아는 것이 중요하다.

주가에 영향을 미치는 투자 심리

재무제표를 소개하며 투자 심리에 대한 이야기를 안 할 수가 없다. 재무제표를 아무리 공부해도 주가를 모르겠다고 하소연하는 이유 중 하나가 바로 투자 심리에 있기 때문이다. 투자 심리는 주식 시장에서 흥분, 과열, 침체 등을 일으키는 중요한 요소가 된다.

최근에 주식 투자에 있어 투자 심리의 중요성이 크게 부각이 되고 있다. 이는 경제학 전반에 걸쳐서 나타나는데, 노벨 경제학상도 '행동 경제학자'들이 받고 있는 추세다. 투자자들도 실제 매매에서 심리로 인한 어려움을 많이 느낀다. 저평가나 매수 판단이 들어도 막상 매수 버튼을 누르는 과정은 복잡한 심리 과정을 거치기 때문이다. 올바른 투자를 위해서는 꼭 주식 투자 관련이 아니더라도 심리 관련 서적을 탐독하는 등 심리 공부를 많이 해보는 것이 좋다.

알아 두면 쓸모 있는 주식 정보

증권사 HTS, MTS, 각종 포털사이트는 EPS를 제공하고 있다. 그런데 유심히 보면 각 사이트의 숫자가 다른 경우가 종종 있다. 이를 파악하지 못하고 자신이 보고 있는 숫자를 사용하여 기업의 가치를 판단하면, 잘못된 결론을 내게 된다.

숫자가 각각 다른 것은 업데이트 시점이 다르기 때문이다. 실적이 발표된 후 일일이 업데이트를 해야 하는데, 의외로 자주하지 않는 경우가 있다. 그러니 가급적이면 기업이 발표한 자료를 바탕으로 스스로 숫자를 계산하는 것이 좋다.

2장

자신 있는 투자를 위한 재무제표 기초 이론

들어가며

지구가 둥글다는 사실을 인식하고 바다에 대한 탐험을 막 시작하던 시기가 있었다. 그 당시를 대표하는 인물이 바로 콜럼버스이다. 콜럼버스는 황금의 나라인 인도로 가는 뱃길을 개척하기 위해 스페인에서 서쪽을 향해 출발했다. 당시 인도는 육로로는 스페인 동쪽으로 연결되었으니, 지구가 둥글다면 반대쪽으로 가면 결국 만날 것이라는 생각이었다.

콜럼버스는 항해를 나서면서 단지 인도로 가는 항로를 개척해 돈을 많이 벌어 오자는 생각뿐이었을 수도 있다. 하지만 절대 쉬운 일이 아님을 알고 있었을 것이다. 가장 중요한 것은 서쪽으로 방향을 유지하는 것이다. 조금만 먼 바다로 나가면 기준점이 사라지기 때문에 과거에는 북극성을, 이후에는 나침반을 믿고 항해했다. 망망대해를 건너려면 기준점을 잃어서는 안 된다. 또 다른 어려움은 언제 인도에 도달할지 모른다는 것이다. 그 과정 속에서 풍랑을 만날 수도 있고, 식량이 떨어질 수도 있다. 이런 문제는 선원들에게 공포감으로 다가올 것인데, 선장이 이를 적절히 통제하지 못하면 낭패를 본다.

결정적으로, 콜럼버스는 인도로 가는 길에 아메리카 대륙이라는 거대한 또 다른 대륙이 있다는 사실을 알지 못했다. 콜럼버스는 나침반을 믿고, 또 자신이 반드시 인도에 도달할 것이라는 강한 확신을 가지고 동요하는 선원들을 달래 가며 항해를 멈추지 않았고, 결국 신대륙을 발견했다. 그곳이 인도는 아니었지만, 황금이 있었고 콜럼버스는 돈을 벌었다.

지금은 GPS가 발달해 큰 두려움 없이 어디든 갈 수 있지만, 아무리 기술이 발달된 시대를 살고 있어도 주식 시장의 미래는 아무도 모른다. 영원한 미지의 세계이다. 주식 시장의 미래에는 황금도 있지만, 그 과정에는 수많은 폭풍이 있다.

처음 투자할 때는 어떠한 기업의 주식을 골라서 어떠한 시점에 투자해야 할지 막막하다. 물론 정보나 차트만으로도 투자는 가능하지만, 주먹구구에 가깝다는 사실을 시간이 조금만 흐르면 알게 된다. 이런 투자는 시장의 풍랑을 한번 만나면, 방향을 잃는다. 즉 그 주식을 보유해야 하는지 팔아야 하는지 판단하기 어려워지는 것이다. 이러한 상황이 되면 정신적으로도 혼란스러워 하루에 열두 번도 넘게 생각이 달라질 수 있다. 이를 뚫고 가려면 기준점이 있어야 하는데, 그것이 바로 재무제표가 가리키는 숫자이다. 재무제표의 매출, 영업 이익 등 우량한 재무 구조는 자신감을 가지고 투자를 지속하게 만드는 힘이 된다. 이들이 여전히 긍정적인 신호를 보내고 있다면 투자를 지속할 수 있다.

한번 생각해 보자. 아무도 모르는 미래에 투자하고 있는데, 무엇을 믿고 기다려야 할까? 안 그래도 불투명한 것 천지인 세상에 재무제표를 확인하지 않고 투자한다는 것은 인생 대부분을 운에 맡긴다는 것과 별반 다르지 않다.

주식이 싸다는
합리적인 기준

 누구나 무엇을 살 때는 싸게 사고 싶어 한다. 그것은 경제적 본능이다. 싸게 사면 다양한 이익이 생기는데, 그중 나중에 다시 비싸게 팔기 위해 지금 시점에서 싸게 사는 것에 집중해 보자. 그러면 '싸다는 것'을 판단하기 위해서는 기준점이 있어야 한다. 기준은 '적정 가치' 혹은 '직전 구매 가격' 등 여러 가지가 있는데, 그 기준을 적용하는 것은 사람마다 다르다. 그리고 물건의 가격을 싸거나 비싸다고 판단하는 것은 주관적임을 알아야 한다. 예를 들어 한 물건의 가치가 1만 원인데, 현재 8,000원에 거래가 된다면 '싸다'라는 생각이 들지만, 살지 말지는 또 다른 문제이다. 싸다 해도 어느 정도 싼지, 누구든지 살 만큼 싼 것인지에 대해서 고민해 보면 좋은 투자의 실마리를 잡을 수 있다. 지금 이야기하는 것은 '사야 하는가'의 문제이기 때문이다.
 우리는 보통 판단의 기준점이 없어 가치를 계산하기 어렵거나, 애매

모호할 때 심리적으로 불편함을 느끼고, 선뜻 결정을 내리기 어렵다. 만약 가격표가 있다면 판단의 기준점을 제시해 준다는 점에서 나름의 의미가 있지만, 가격이 반드시 가치를 설명하지는 않는다. 그렇다면 주식 투자를 할 때도 이러한 원칙이 적용이 될까?

주식의 가치를 판단한다는 것은 결코 쉬운 일이 아니다. 그리고 주식의 가치를 측정하는 여러 도구는 정확한 매수 가격을 훌륭하게 제시하지도 못한다. 기업은 살아 있는 듯 움직이기 때문에 가치가 시시각각 변하고, 이에 따르는 매수 가격도 마찬가지이다. 역설적으로 주식의 가치 측정 도구가 항상 정확한 가치를 나타낸다면, 주가는 빠르게 해당 가치에 맞는 가격으로 움직이니 주식 시장에서 수익을 낸다는 것은 어려울 것이다. 때로는 주가가 가치를 항상 반영한다고 생각하는 투자자들이 있다. 하지만 이렇게 생각하면 시장에서 초과 수익을 내는 일이 어려울 것이다.

일반적으로 한 기업의 주식을 사서 수익을 내기 위해서는 '가치'와 '주가' 사이에 자주 '차이'가 생겨야만 하고, 투자자는 그 차이를 찾아내는 것이 관건이다. 그리고 찾아낸 차이를 보고 현재 주가가 싼지 비싼지 결정하고, 투자 판단을 내려야만 한다. 그리고 여기에 한 가지 행동을 더 해야 하는데, 바로 다른 투자자와 매매에 대해 흥정하는 것이다. 적정 가치를 판단한 뒤, 다른 투자자들이 흥분해서 해당 주식을 사려고 몰려들면 조용히 기다릴 줄 알아야 하고, 다른 투자자들이 외면하면 자신의 판단을 믿고 과감하게 매수하는 용기도 필요하다.

미국의 한 유명 전당포에서 다양한 물건이 거래되는 내용을 유튜브에서 본 적이 있다. 전당포에서 거래되는 물건의 특징은 가치 측정이 모호한 경우가 대부분이다. 예를 들어 300년 된 일본 사무라이 칼의 가격을 어떻게 결정해야 할까? 이때 관련 전문가를 불러서 현재 마니아 층에서 거래되는 시세를 알아보게 한다. 그런데 이 가격에 거래가 되는 경우는 단 한 번도 없었다. 이를 기준으로 전당포 주인은 자신이 이익을 남길 수 있는 가격 즉 '안전 마진'을 제시하고, 그 가격이 받아들여질 경우에만 거래가 성사된다.

전당포는 매수자가 매매의 주도권을 가지는 게 특징이다. 전당포를 찾는 사람은 스스로 물건을 팔러 온 것이기 때문에 주도권을 가질 수 없다. 이를 잘 이해하고 있는 전당포 주인은 매우 낮은 가격을 고수하고, 대부분 매수자들은 마지못해 받아들인다. 그렇다면 주식 시장에서 매매의 주도권은 누가 가지고 있을까? 강세장에서는 매도자가, 약세장에서는 매수자가 가지는 것이 일반적이지만, 투자자는 항상 매매의

알아 두면 쓸모 있는 주식 정보

안전 마진은 가치와 가격 사이의 차이를 말한다. 즉 '안전 마진 = 가격 − 가치'로 설명할 수 있는데, 그 폭의 크기에 따라 안전 마진의 크기가 결정된다. 안전 마진은 가치 투자자에게는 매우 중요한 투자의 기준점으로, 벤자민 그레이엄이 이 개념을 주식 시장에 도입한 이후 지금까지도 많은 공감대를 형성하고 있다. 그런데 안전 마진은 한 번에 정해지는 숫자가 아니라서, 여러 상황을 고려하여 적절한 유연성을 보일 필요가 있다. 강세장에서는 작은 안전 마진도 매수 요소가 될 수 있지만, 약세장에서는 안전 마진이 반드시 높아야 한다. 아이러니하게도 안전 마진이 커질 때는 폭락장일 때다.

주도권이 매수자 본인에게 있다고 생각하며 여유를 부릴 필요가 있다. 기회는 항상 열려 있다는 자세가 필요하다.

거래에 참여하는 모든 사람은 당연히 자신의 이윤을 추구한다. 그래서 이윤을 남기기 위해서는 무조건 '싸게' 사야 한다. 싸면 쌀수록 이윤은 극대화된다. 한편 내가 산 주식을 다른 사람이 비싸다고 사주지 않으면 아무리 가치를 기반으로 투자했다고 해도 이익을 보기 어렵다. 주식 투자는 이윤을 남기려는 행위임을 다시 한번 강조한다. 이에 대해 노벨 경제학상 수상자이며 성공한 투자자였던 케인스의 "주식 투자는 미인 대회다."라는 말의 의미를 되새겨 보자. 이 말은 미인 대회에서 우승하려면 기본적인 요소를 반드시 갖춰야 하지만, 최종 선발은 '많은 사람이 현재 이쁘다고 생각하는 사람'이 뽑힌다는 것이다. 이는 개인 투자자가 특정 기업을 아무리 훌륭하다고 생각해도, 대다수 투자자들이 인식하지 못하고 외면하여 투자에 나서지 않는다면 주가가 오르기 힘들다는 뜻이다. 즉 올바른 투자를 위해서는 다른 투자자들의 관심도 중요하다는 것을 항상 기억해야 한다.

한편 정보 통신의 발전은 투자의 세계에도 변화를 가져왔다. 가치투자라는 개념을 도입한 벤저민 그레이엄Benjamin Graham이나 이를 적극 활용한 피터 린치Peter Lynch가 활동하던 시대와는 다르게 기업의 내용이나 정보를 그 어느 때보다 쉽게 구할 수 있고, 전파 속도 또한 빠르다. 그러니 남들이 모르는 정보를 얻을 가능성은 아주 낮다. 또한 관련법의 개정으로 비공개 정보를 알 방법을 기대해서도 안 된다. 이와 관련하여 《투자에 대한 생각》의 저자로 유명한 하워드 막스Howard

Marks는 국내 한 언론과 인터뷰에서 이런 말을 했다.

"과거에는 지식과 정보의 편차가 컸다. 그로 인해 알파(수익)를 내기가 쉬웠다. 현대는 지식과 정보의 편차가 적다. 모두가 모든 것을 알고 있다. 그래서 많은 이익을 얻기가 과거에 비해서 상당히 어려워졌다. 시장은 효율적이라는 것을 이해해야 한다."

즉 이제 남들이 모르는 정보를 얻는 것은 불가능에 가까워졌으니 단순히 정보만으로 매매하는 것이 어렵다는 뜻이다. 여기서 정보는 재무제표도 포함이 된다. 그렇다면 어떠한 기준으로 이들을 종합하여 투자해야 할까? 가장 좋은 현실적인 방법은 공개된 자료를 '현명하게 해석하는 것'이다. 그래야 남들보다 높은 수익을 추구할 수가 있다. 이를 '게임의 법칙'으로 설명하면 다음과 같다.

현명한 게임	기업 가치에 집중하는 투자자들의 매매 법칙. 일치된 의견이 나오는데 다소 시간이 걸릴 수는 있지만, 결국은 가치에 집중하는 투자자들이 몰려서 주가가 상승한다는 것
루저 게임	테마주를 남들보다 빠르게 매매해서 치고 빠지기 식으로 매매하는 것. 기업의 내용보다는 흥분한 사람들이 내 주식을 사주기 바라고 하는 투자 법칙

투자자가 싸다는 판단을 하기 위해서는 이론이 아닌 실전 투자에 맞는 가치 평가 방식을 익혀야 한다. 그렇다면 다음 내용을 고민해 보자.

A 기업	매년 100억 원씩 동일하게 이익을 낸다.
B 기업	이익이 한 해에는 150억 원, 어느 한 해는 50억 원으로 일정하지 않지만, 평균 100억 원의 이익을 낸다.
C 기업	10억 원의 이익에서 출발하여 현재 100억 원의 이익을 낸다.

    이 세 기업 모두 100억 원의 영업 이익을 내고 있지만, 그 과정이 다르기 때문에 기업의 가치 평가는 동일하지 않다. 주가 또한 전혀 다르게 움직인다. 동일한 100억 원이지만, 모두 투자자의 생각에 따라 투자 기회를 제공한다는 점을 알아야 한다.

    한편 기업 행태의 급격한 변화도 전통적인 방식에 기반한 가치 평가를 적용하기 어려운 요인으로 작용한다는 것을 알아야 한다. 인터넷과 플랫폼 기반의 기업들을 전통적인 가치 평가 기준으로 평가한다는 것은 매우 어렵고 때로는 불가능한 경우도 있다. 물론 이에 적응하는 가치 평가 모델도 끊임없이 개발되고는 있지만, 그 효용성은 아직 더 검증이 필요하다(예를 들어 다양한 스타트업 기업의 가치 평가 등이다).

    그렇다면 현재 주식 시장에 가장 적합한 가치 평가 방법은 무엇일까? 1930년대부터 확립, 발전해 온 벤저민 그레이엄의 가치 평가를 기반으로 하되, 급변하는 기업의 현황을 반영하여 미래의 성장 동력을 담아내는 방식이 필요하다. 이제 기업의 가치 평가는 안정성과 더불어 미래에 대한 기대감까지 포함되어야 한다. 즉 기업의 가치 평가는 재무제표 상의 숫자가 전부가 아니다.

    주식 투자는 명확한 가격이 호가로 나와 있다. 이에 더해 각각의 호가에 대기하고 있는 매매 물량까지 표시되어 있다. 그런데 이를 통한 투자 판단은 항상 어렵다. 현재 주식 시장 거래 가격은 명백히 알 수 있지만, 이는 가치를 표시하는 것이 아니기 때문이다. 즉 투자자는 기업의 가치를 실시간으로 명확하게 알기 어렵다. 그래서 매매의 기준을 잡기가 어렵고, 때에 따라서는 많은 투자자가 일시에 몰려 주가가 오르면 흥분하여 상황 판단이 흐려진다. 그러면 이제부터 가치를 측정하는 방법을 알아보자. 그런데 가치라는 것이 때로는 객관적인 경우도 있지만, 지극히 주관적인 경우도 많아서 모호할 때가 많다. 즉 모든 것이 합리적이지만은 않다.

물건의 가치를 결정하는 요소

물건	구매 이유	가치 결정 요소
필수 소비재	다양한 활용	소비의 필요성
선호도	명품	남들과 다름
	취미	자신의 만족도
	쓰임새	높은 활용도
주식	가치	재무제표, 성장성
	테마	시장의 관심도

위의 표에서 보듯이 가치 결정은 다양한 이유로 이루어진다. 즉 가치를 구하는 공식은 한 가지가 아니다. 지금부터 한 기업의 가치를 측정하는 방법을 차영주 한 사람의 가치를 측정하는 방법으로 알아보자.

차영주 가치 측정표

상황	평가 모델	내용
주식 투자자	투자 수익률	주식 투자로 얼마나 수익을 내고 있는가
강연자	강의 질	강의 내용
가장	성실성	가장으로서 가정에 대한 충실도
부모님 아들	효도	부모님께 잘하는 모습
전체		모두 잘하는 100점

인간 차영주의 가치는 시각(상황)에 따라서 다르게 측정이 된다. 물론 모든 것을 다 잘하면 아주 좋지만, 그렇지 않을 때는 부분을 쪼개서 평가하는 것이 현실적이다.

마찬가지로 투자자가 어디에 방점을 찍고 보는가에 따라 기업의 평가는 얼마든지 달라진다. 그래서 가치 측정은 답이 하나인 방정식으로 접근해서는 안 된다. 일단 대표적으로 기업의 가치는 과거, 현재, 미래의 각각 다른 방식으로 측정이 가능하다.

구체적인 예를 들어 LG화학의 가치와 이에 투자자들이 반응하는 주

	내용	확인 사항
과거	재무제표	사업 연도 및 분기 실적 체크
현재	현재 상황	IR 자료 및 애널리스트 자료
미래	추정 재무제표	(추후 확정 재무제표 크로스 체크)

연도	주가	투자자의 관점
2010년	40만 원	화학(차화정 랠리)
2020년	100만 원	2차 전지 셀cell
2021년	50만 원	화학
2022년	70만 원	2차 전지 소재

LG화학 차트

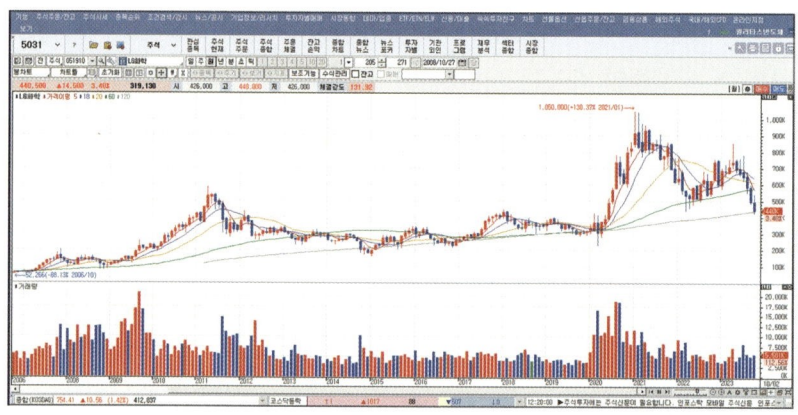

출처: 유진투자증권

가는 단순히 재무제표상의 이익만을 중심으로 움직이지 않고, LG화학의 여러 분야 중 투자자들의 관심이 가장 많이 가는 성장성이 돋보이는 부분을 부각시켜서 보는 것이다. LG화학에 대한 투자자들의 관심은 시간에 따라 극적으로 변하고, 이는 주가의 변화로 나타났다.

  이렇듯 기업의 가치 판단은 재무제표와 함께 투자자의 선호도에 따라서 측정 방식이 변한다. 중요한 점은 투자자들의 선호도가 집중되는 부분을 기업의 실적이 이끌어가며 재무제표를 좋게 만들어간다는 점이다(선호도가 실적과 연결이 되지 않으면 주가는 주저앉는다). 이제부터는 이를 성장주와 가치주라는 개념으로 나누어 보자. 기업은 대표적으로 성장과 가치 중 어디에 방점을 찍는가에 따라 그 성격이 나누어진다.

성장주와 가치주로
기업 나누어 보기

성장주

기업 실적이 큰 폭으로 증가하는 기업을 말한다. 이때 성장은 매출이거나 이익이다. 미래 먹거리를 책임질 기업을 '성장주'라고 부르기도 하지만, 이 역시 재무적인 데이터가 뒷받침해줘야만 한다. 그런데 성장주는 지금 당장이 아닌 미래 성장성에 높은 가치를 부여하기 때문에 현재 재무제표를 통한 가치 평가는 고평가가 나온다. 주가가 실적을 선(先) 반영하기 때문이다. 아이러니하게도 일정 기간 주가가 반응하지 않는 성장주는 고민해 봐야 한다.

한편 투자자의 관심은 성장성이기 때문에 성장이 멈추면, 투자 방법을 바꾸거나 측정 방식을 바꾸어 다른 방식의 평가를 적용해야 한다. 참고로 모든 주식은 성장주에서 출발하여 가치주로 넘어간다. 기업은 성장 과정을 거쳐서 안정화 단계로 접어드는데, 이에 따라 적절한 평가가 필요하다.

가치주

기업의 가치는 자산 가치, 재무 가치 등으로 다양하게 평가할 수 있다. 가치를 본다는 것은 기업이 가지고 있는 본모습을 평가하는 것으로, 가치주 투자는 어떠한 가치에 중점을 두고 투자하는지 기준을 세우는 것이 중요하다. 그에 따라 투자 방법이 달라지기 때문이다. 전통적인 가치주 투자는 기업의 가치가 증가하는 속도에 동행하며 투자를 진행하는 방법이다. 이를 통상 장기 투자와 혼용된 개념으로 사용하기도 한다(하지만 둘은 명백히 다르다). 전통적인 가치주 투자는 두 가지 방식으로 나눌 수 있는데, 먼저 기업의 가치 상승과 동행하는 방식은 많은 가치 투자자가 강조하고 있는 방법이다. 즉 기업의 가치가 성장하는 동안 지속적으로 투자하는 것이다. 또 하나의 방식은 기업의 가치 대비 주가가 떨어졌을 때, 이 괴리율이 좁혀질 것을 예상하고 투자에 나서는 경우이다.

그러면 일반적으로 투자자들이 중점을 두는 가치에는 어떠한 것들이 있을까? 먼저 PBR은 기업의 자산을 가치로 보는 관점이다. 그런데 이러한 시각을 좀 바꿔야 한다. 과거 중요한 생산 요소인 자산 가치보다 새로운 가치의 측정이 필요하다. 물론 성장 가치와는 차별화해서 봐야 한다. 기업의 가치는 플랫폼, 점유율 등 나름대로 객관적인 측정과 예측이 가능한 부분에서 활용해야 한다.

그러나 가치나 가격은 끊임없이 변한다는 점에 주목하자. 가치는 기업의 상황과 환경에 따라서 얼마든지 변할 수 있다. 투자자들이 자주 하는 오해 중 하나는, 가치가 불변이라서 언젠가는 꼭 가치를 반영한다는 믿음이다. 무조건 잘못된 믿음이라고 할 수는 없지만, 그렇다고 꼭 그렇게 된다는 보장도 없다. 가치가 변하지 않으려면 다른 변수가 작용해서는 안 되는데, 모든 세상일이 그러하듯이 다양한 변수로 100% 확신을 갖는 것을 경계해야 한다.

이제는 차트를 중심으로 가치를 측정하는 사례를 살펴보자. 차트는 때에 따라서 투자에 매우 유용한 자료가 된다. 그래서 일부 투자자들은 실전 투자에서 차트를 중심으로 가치를 측정하기도 한다. 대표적인 것이 과거 주가보다 싸졌다는 개념이다. 이는 객관적인 가치 측정보다는 단순히 주가 움직임에 집중한다. 차트에 집중하는 투자자들의 논리는 차트에 모든 것이 다 반영되어 있다고 보는 것이다. 이를 경제학적 개념으로 보면 '합리적 기대 가설'에 준하는 방식이라고 할 수 있다.

알아 두면 쓸모 있는 주식 정보

합리적 기대 가설Rational Expectations Hypothesis이란, 사람들이 자신의 이익을 위해 최적화된 행동을 하는 과정에서 '합리적'으로 기대를 형성한다는 이론이다. '합리적'이란 사람들은 자신이 예측하려는 변수에 관해 얻을 수 있는 모든 정보를 올바른 방식으로 이용할 줄 안다는 것을 의미한다.

카카오 차트를 통해서 살펴보자. 2020년 이후 국민주가 되어 버린 카카오는 2021년 17만 3,000원의 고점(액면 분할 반영)을 형성한 이후, 2023년 9월에는 4만 5,000원 부근에서 주가가 움직이고 있다. 이에 투자자들은 주가가 많이 싸졌다는 인식 속에 매수에 나섰다.

카카오 차트

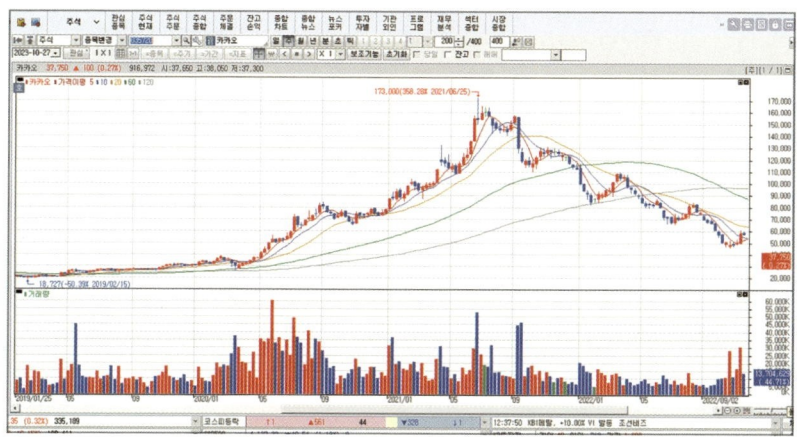

출처: 유진투자증권

그런데 직전 고점을 기준으로 싸다고 평가하는 방법에는 몇 가지 전제 조건이 반드시 필요하다.

1) 고점이 적정 가치를 반영하고 있는가?
2) 유상 증자 등 시가 총액에 변화가 없는가?

이 두 가지 질문에 명확하게 '예'라고 답을 할 수 있어야 한다. 그런데 카카오는 모두 '예'라고 대답하기 어렵다. 다음은 2020년 이후 카카오의 사업부 상장 일정과 현재 그 시가 총액을 표시하고 있다.

카카오 사업부 상장 일정

카카오게임즈	2020년 9월 10일
카카오뱅크	2021년 8월 6일
카카오페이	2021년 11월 3일

시가 총액의 변화

종목	일자	주가	주식수	시가 총액
카카오게임즈	11월 30일	4만 3500원	8만 2,260주	3,578백 만 원
카카오뱅크	11월 30일	2만 5050원	47만 6,633주	11,939백 만 원
카카오페이	11월 30일	5만 2900원	13만 2,700주	7,019백 만 원
카카오	2021년 6월 25일	17만 3000원	445,335천 주	77,042,955백 만 원
카카오	2022년 11월 30일	5만 6400원	445,335천 주	25,116,894백 만 원

2022년 카카오의 가치를 2020년과 비교해 보려면 그동안 카카오에서 빠져나와 상장한 기업들의 시가 총액을 모두 고려해야만 한다. 이를 계산하면 결코 직전 고점 대비하여 싸다고 평가하기는 어렵다.

이렇듯 가치를 평가하는 방법은 여러 가지가 있지만, 투자자는 자신이 어떠한 방식을 쓰고 있는지 알아야 하며, 자신의 판단 논리를 바꿀 때는 나름의 합리적인 이유를 들도록 노력해야 한다. 그렇지 않고 그저 주가의 움직임에 따라 투자 이유를 바꾸면 안 된다.

알아 두면 쓸모 있는 주식 정보

가치 투자와 차트 투자의 혼용
많은 투자자가 일상적으로 벌이는 대표적인 투자 오류이다.

1) 차트 투자 → 주가 하락 → 가치 투자
투자자 중 일부는 그저 주가 상승만을 바라고 자신이 투자하는 기업을 잘 모르면서도 매수한다. 그래서 주가가 오르면 좋은 투자를 했다고 생각하지만, 생각과 다르게 주가가 하락하면 당황하면서, 그때부터 그 기업에 대해 이것저것 알아보기 시작한다. 이때는 긍정적인 이야기에만 집중하게 된다.
이때 투자자들은 갑자기 자신이 '가치 투자자'로 변화할 것을 선언한다. 자신은 장기 가치 투자자라서 단기 시세에 연연하지 않으며, 기업을 믿고 여차하면 자식들에게 물려주겠다고 마음먹는 것이다.
이런 판단의 문제점은 처음부터 그렇게 하지 않고 상황에 따라 어쩔 수 없이 태도를 바꿨다는 것이다. 더군다나 해당 기업의 가치가 정말 믿고 기다려도 되는지는 불확실하다. 이러한 태도는 계좌를 방치하게 만들고, 비자발적인 장기 투자자를 양산하는 원인이 된다.

2) 가치 투자 → 주가 하락 → 차트를 보고 견디지 못함
가치 투자를 하려고 했지만, 생각과 다른 주가 움직임에 확신을 가지고 버티지 못하는 경우이다. 기업의 주가가 기업의 가치를 반영하는 시간은 생각보다 길어질 수도 있다. 그래서 수많은 위대한 투자자들이 여유 자금을 가지고 투자하라고 조언한다. 물론 가치 평가 자체가 잘못되었을 수도 있다. 이때는 주가 하락에 무조건 심리적 대응을 하기보다는 합당한 이유를 찾아서 대응해야만 한다.

3

투자 성향에 따른
장단기 투자

기업의 가치 평가는 '한 가지 방법'으로 '한 번' 하면 끝나는 걸까?
해당 기업의 가치는 시간이 지나도 변하지 않을까?
삼성전자는 대한민국 최고의 주식이라서 누구라도, 어떠한 경우라도 보유만 하고 있으면 무조건 돈을 벌어 내 노후를 책임져 줄까?

이 질문에 암묵적으로 '예'라고 대답하는 경우가 많다. 조금만 생각하면 이상한 질문과 대답이라는 사실을 알게 되지만, 현실에서는 '예'라고 믿는 투자자들이 많다. 그 이유 중 하나는 가치 평가의 어려움 때문이다. 기업의 가치를 평가하는 작업은 결코 쉬운 일이 아니다. 또 어느 시점에 가치 평가를 다시 해야 하는가 등 실무적인 고민도 크다.

우리는 만나는 사람에 대해 자연스럽게 평가한다. 그런데 시간이 지나면서 처음 내렸던 평가가 긍정적이던, 부정적이던 바뀌는 경우가 많다. 그리고 또 한 가지, 나도 바뀐다는 것이다. 사람 보는 눈이 높아질 수도 있고, 주변 환경의 변화 등의 이유로 낮아질 수도 있다. 기업에 대한 평가도 마찬가지이다. 내 평가가 잘못되었을 수도 있고, 기업이 변했을 수도 있다. 또 기업의 노력이 뜻대로 성과가 안 나올 수도 있고, 이에 따른 평가가 시대에 따라서 달라질 수도 있다.

지금부터 기업의 가치 평가를 투자자들의 성향 및 투자 기간 등과 연계해서 활용하는 방법을 제시해 본다. 예를 들어 A 기업이 2022년 해외 원전 수주를 하고 2026년부터 공사에 들어간다는 공시가 나왔다면, 실제 매출과 영업 이익이 발생하기까지 아직도 오래 기다려야만 한다. 하지만 그 사이 주가는 기대감이 교차하면서 큰 변동성을 보일 가능성이 높다. 이때 단기 투자한다면, 공시에 따른 변동성을 이용한 매매가 좋고, 장기 투자 성향이라면 급등 기간에 매매하기보다는 상황을 예의주시한 이후에 긴 안목으로 주가 조정 시 매매에 나서는 것이 좋다. 즉 투자는 투자자의 성향에 따라 매매 전략이 달라야 한다.

재무제표 분석은 무조건 장기 투자의 관점으로 접근해서는 안 된다. 재무제표 분석은 기업의 내용을 파악하는 것이고, 이를 통해 투자자들은 자신의 상황에 맞게 잘 활용하는 것이 핵심이다. 그러면 이제부터는 투자자의 상황별로 어떻게 접근해야 하는지 알아보자.

장기 투자

재무 분석을 기준으로 하는 장기 투자는 '기간을 정해 놓고 하는 것'이 아니며, 다음 두 가지 개념이 존재한다.

①	시장 가격과 기업 가치의 차이가 만나는 기간
②	기업 가치가 증가하는 기간의 동행

①과 ②의 투자 기간은 확연히 다르다. ①의 투자 기간은 주식 시장이 언제 기업의 가치를 반영하는가에 달려 있는데, 운이 좋으면 짧은 기간 안에 달성할 수도 있으며, 그럴 때는 매도로 대응해야 한다. 또 특별한 이슈로 주가가 급등했는데, 장기 투자를 한다고 무조건 길게 보유하는 것은 잘못된 전략이 될 수 있다. 일단 기간은 길게 생각하고 투자해야 하지만, 상황에 따라 빠르게 이익을 실현하기도 해야 한다.

②는 기업 가치가 오르고 있는지를 지속적으로 확인하며, 이를 통해 계속 성장할 기업인지, 또 꾸준히 투자할지를 판단해야 한다. 장기 투자라고 해서 아무런 관찰 없이 묻어 두기만 해서는 안 된다. 그리고 만약 기업 성장에 문제가 생기면 즉시 매도로 대응해야 한다.

우리에게 커피로 친숙한 기업인 '동서'의 영업 이익 흐름을 표로 정리하면 다음과 같다.

동서 차트

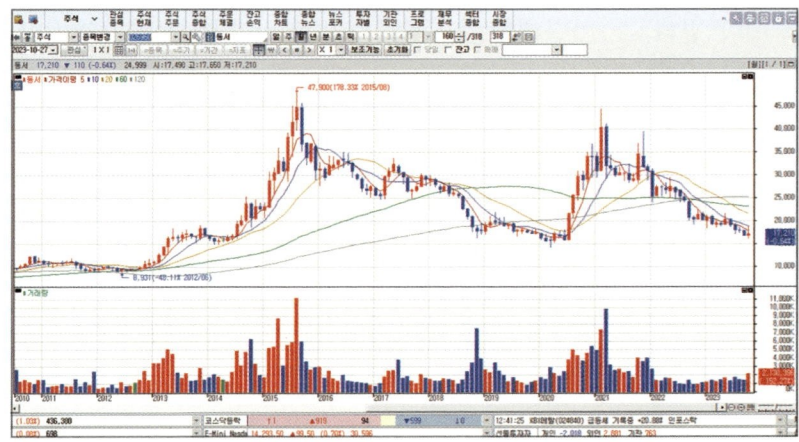

출처: 유진투자증권

동서 영업 이익 흐름표

연도	2014	2015	2016	2017	2018	2019	2020	2021	2022
영업 이익	54,146	48,842	45,603	47,673	46,274	41,591	45,115	38,375	29,859
매출액	502,656	509,394	513,790	559,080	566,677	503,876	493,041	535,327	428,745

이러한 영업 이익을 바탕으로 한 주가의 움직임을 살펴보자. 동서의 주가 차트를 보면 영업 이익 변화와 주가가 관련이 있음이 나타난다. 동서의 영업 이익은 커피 선호도에 따라 달라졌다. 2015년까지 영업 이익은 커피믹스가 이끌었지만, 이후 원두커피의 시대가 열리면서 영업 이익이 감소했고, 이를 벗어나기 위해 편의점 커피 시장에 진출하면서 이익이 다시 변했다.

가치 투자를 한다면 동서 제품에 대한 소비자들의 변화를 같이 공부해야 한다. 2010년대에는 커피믹스가 영원할 것으로 보였지만, 소비자들의 입맛은 원두커피로 갑자기 옮겨갔고, 기업은 시간이 좀 걸렸지만 편의점 커피 시장을 공략하는 등 다양한 노력을 하고 있다. 2010년대 초 가치 투자를 공부했던 투자자들에게 동서는 대표주였지만, 시대는 동서를 풍랑에 밀어 넣었다. 그러니 지금 당장 탄탄하다고 예상되는 기업이라도 미래에 어떠한 모습일지 한마디로 정의하기는 어렵다.

단기 투자

단기 투자는 여러 가지 방식으로 접근할 수 있지만, 여기서는 테마 투자가 아닌 재무제표를 기반으로 발 빠르게 할 수 있는 투자를 살펴보자.

  재무제표를 기반으로 하는 단기 매매는 매출 및 이익이 증가하는 시점에 맞추어 매매하는 것을 말한다. 이때는 투자자들의 관심이 집중되면서 주가가 강한 상승 흐름을 타므로, 이 시기를 이용하여 매매한다. 단기 투자의 성공 여부는 재무제표에 대한 해석을 얼마나 빨리하는지이다. 만약 장기 투자를 한다면 이 시기에 투자해서는 안 된다. 단기 투자자는 한 차례 매매 후 주가 조정 시에 차분하게 매매에 나서는 것이 유리하다.

가벼운 지표와 무거운 지표

투자자는 재무제표를 바탕으로 만들어진 많은 숫자의 가볍고 무거움을 가릴 줄 알아야 한다.

가벼운 지표	이익률의 변화
무거운 지표	PBR, ROE

지표를 무게로 나누는 작업은 그 내용에 따라 주가의 움직임이 달라지기 때문에 매우 중요하다. 가벼운 지표는 주가 탄력성이 매우 높고, 무거운 지표는 주가 탄력성이 낮다. 주가 탄력성이란 지표에 대해 주가가 반응하는 정도를 말한다. 즉 탄력성이 높다는 것은 지표의 작은 변화에도 주가가 크게 변하는 것을 의미한다.

이렇듯 지표를 성질에 따라 강약으로 구분하면, 투자자의 성향에 따라 지표를 이용한 각기 다른 투자 전략을 만들 수 있다. 예를 들어 ROE가 15이면 매우 훌륭한 기업이지만, 이 지표로 주가가 단기간에 오르지는 않는다. 그러나 이런 지수는 장기 투자자에게 매우 유용한 지표이다. 반면 단기 투자자에게는 ROE가 낮아도, 분기별 영업 이익 증가가 더 중요한 사항이 된다.

4

기업의 적정 가치 판단하기

기업의 가치 측정 및 활용 방법 중에 어떠한 것을 사용해야 하는지 정답은 없다. 그래서 투자자들이 혼란을 겪기도 한다. 만약 '한 가지 방식을 사용하라'고 한다면 투자는 결코 어렵지 않다. 모든 투자자가 같은 방식을 사용한다면 당연히 초과 수익도 사라지겠지만 말이다.

가치 측정은 경우의 수도 많고 고려 사항도 많아서 다른 사람의 의견에 의존하려는 투자자들이 많다. 기업 가치에 집중해서 투자하려는 투자자가 경계해야 하는 것은 스스로 가치를 계산하지 않고 다른 사람의 평가를 따르는 것이다. 하지만 그럴 때 필연적으로 만나는 몇 가지 오류가 있다.

먼저 다른 사람의 평가를 바탕으로 투자를 하려면 상대방에 대한 신뢰가 있어야 하는데, 상대방을 신뢰하는 수준보다 더 과감하게 투자할 때가 많다. 그런데 만약 투자가 생각대로 진행되지 않을 경우에는 대응이 어려워진다. 상대방에게 매번 A/S를 받기도 어렵고, 또 그가 틀렸을 수도 있다. 더 중요한 것은 스스로 평가한 것이 아니기 때문에 자세한 내용을 모를 수밖에 없고, 일단은 무작정 주가 반등을 기대하지만, 손실이 커지면 거의 자포자기하게 된다.

반면 투자자 스스로 가치를 평가하고 투자에 나섰다면, 자기 생각과 다르게 주가가 움직이더라도 신속한 판단과 대응이 가능하다. 물론 처음부터 분석이 완벽할 수는 없다. 하지만 예상과 다른 결과가 자주 발생할 때는 자신의 가치 평가 방식을 다시 한번 다듬는 계기가 될 수 있다. 워런 버핏Warren Buffett도 버크셔 해서웨이Berkshire Hathaway 사가 방직 회사일 때 당시 업종이 호황인 것만을 보고 매수한 게 잘못된 결정이었다고 이야기했듯이, 초기에는 당연히 우여곡절을 겪는다. 그런데 이런 경험은 매우 중요하다. 자신이 결정하고 실수도 해봐야 무엇을 수정해야 하는지 알게 되고, 한 단계 발전할 수 있는 계기가 되기 때문이다.

투자에 있어 완벽하고 영원한 방식은 존재하지 않는다. 기업도 사회도 끊임없이 변하기 때문이다. 심지어 재무제표를 작성하는 회계 기준도 수시로 바뀐다. 이제부터는 재무제표를 기반으로 가치를 측정하는 몇 가지 방법을 알아보자

가치 측정에서 가장 중요한 것은 이익의 발생이다. 이익을 바탕으로 기업의 현금 흐름을 측정하기도 하고 배당으로 측정하기도 하며, 다른 기업과 상대적인 장단점 혹은 미래에 발생할 이익에 기반을 두기도 한다.

현금 흐름 모형

가장 많이 사용하는 방법 중 하나로, 현재의 가치는 미래에 발생하는 '잉여 현금 흐름Free Cash Flow, FcF의 합'이라는 개념이다. 즉 일정 기간 동안 기업이 벌어들이는 현금을 계산하여 가치를 측정한다. 그런데 여기에는 의외로 객관성보다는 주관적인 요소가 많이 들어있다.

$$\text{기업 가치} = \text{미래 FCF의 현재 가치} = \sum^{\infty} \frac{C_t - I_t}{(1 + r_w)^t}$$

C_t: 미래 t년의 영업 활동 현금 흐름
I_t: 미래 t년의 영업 투자액
r_w: 필요 수익률(가중 평균 자본 비용)

현금 흐름은 시간을 두고 발생하기 때문에 이를 현재 가치로 바꾸는 작업을 해야 한다. 미래 가치를 현재 가치로 측정하기 위한 이자율과 미래 현금 흐름을 가정해야 하는데, 여기서 투자자마다 다른 판단을 하기 때문에 주관적인 판단이 되는 것이다. 또한 상황(시중 금리의 급격한 변화)에 따라 변수가 바뀌기도 한다. 이자율과 기업 이익은 미래 영역이다. 그런데 미래는 사소한 차이가 결과값에 큰 변화를 줄 수 있음을 잊어서는 안 된다. 예를 들어 2022년과 같은 급격한 금리 인상은 적절한 가치를 판단하는 데 혼란을 준다.

다음 표를 보면 금리 변화에 따라 미래 가치를 감안한 현재 가치가 변화했음을 알 수 있다.

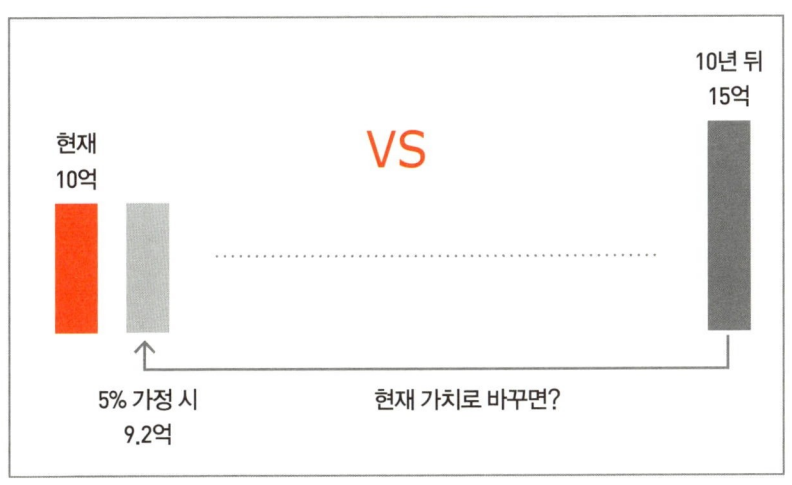

10년 뒤 1억 원의 현재 가치

	금리	현재 가치
	2%	81,967,000원
1억 원	4%	67,567,000원
	5%	61,349,000원
	10%	38,6100,00원

배당 모형

배당 모형은 현금 흐름에 배당을 더해 주는 방식으로 계산한다. 즉 현금 흐름 모형에 배당 예측이 포함되므로 변화 요소가 더 생긴다. 이때 기업의 배당 방침을 예측하는 것은 금리 예측보다 더 어렵다. 그래서 이 모델을 적용하기 위해서는 해당 기업의 과거 배당 성향이 일정해야

> **알아 두면 쓸모 있는 주식 정보**
>
> **금리와 가치 측정**
>
> 기업의 가치를 측정하는 것은 미래를 예측하는 일이다. 미래의 예상 이익을 현재 가치로 환원하여 주가와 비교하는 것이 가치 활용법이다. 그런데 여기서 중요한 역할을 하는 것이 바로 금리이다. 금리의 변화에 따라 미래의 현재 가치가 달라지기 때문이다.
>
> 금리 변화는 늘 있지만, 금리가 인위적으로 크게 변화할 때는 그 이유와 현상 그리고 결과를 포함하여 예측을 바꿔야 한다. 이때는 새로운 금리로 기업 이익의 전망치를 수정해야 하며, 이는 투자자에게 매우 중요한 일이다.

만 한다. 그렇지 않다면 이 방법을 적용할 근거가 미약하다.

PER(상대 가치)

$$PER = \frac{주가}{EPS}$$

주가를 EPS(주당 순이익)로 나눈 것으로, 여기서 PER의 절대치를 판단의 근거로 봐서는 안 된다. PER은 동종 업계와 비교하는 것에 의미를 두거나, 현재 기업의 위치를 과거와 비교하여 파악하는 데 보조적으로 사용해야 한다.

PSR(매출 할인 가치)

$$PSR = \frac{주가}{주당\ 매출액}$$

주가를 주당 매출액으로 나눈 지표로, 기업의 성장성을 파악하는 데 사용한다. 이는 성장 초기에 주당 순이익이 발생하지 않는 기업의 가치를 측정할 때 사용한다. 주로 스타트업 기업을 평가할 때 사용하지만, 적절성에 대해서는 의견이 엇갈리고 있다.

요구 수익률

$$투자자\ 요구\ 수익률 = 시중\ 금리 + @$$

기본적으로 투자자들이 투자하려는 기업에 대해서 원하는 수익률을 표시하는 것이다. 그런데 금리가 상승하면 두 가지 문제점이 생긴다. 첫째로 투자자들의 요구 수익률이 올라가서 투자를 꺼리게 되는 요소가 된다. 둘째로 기업 입장에서 투자자들의 요구 수익률을 맞추기 어려워지므로, 금리 상승은 투자를 까다롭게 만드는 요소로 작용한다는 것을 알 수 있다.

이를 종합적으로 살펴보면 몇 가지 투자 아이디어를 얻을 수 있다.

가치를 측정하는 과정에서는 확실한 지표와 불확실한 지표가 같이 쓰인다는 것이다.

확실한 지표	주당 순이익, 주당 매출액
불확실한 지표	금리, 배당, 심리

이러한 점을 감안하여 투자자는 가치 측정 도구를 적절하게 사용해야 한다. 특히 자신이 가장 선호하는 지표에 집중할 필요가 있다. 이를 토대로 자신에게 맞게 수정, 보완해 나가는 노력을 하다 보면 결국 자신의 투자 승률을 높이는 데 도움이 된다.

알아 두면 쓸모 있는 주식 정보

《적정 가치 구하기》라는 책이 서점에 없는 이유

모든 투자자는 기업의 '적정 가치'를 알고 싶어 한다. 주가와 적정 가치의 차이를 안다면 투자 결정을 쉽게 내릴 수 있다고 생각하기 때문이다. 그런데도 시중에 《적정 가치 구하기》라는 책이 없는 이유는 무엇일까? 투자자들이 요구하는 적정 가치는 '하나의 정답'이다. 삼성전자의 적정 가치는 얼마, 현대 차의 적정 가치는 얼마 등을 원하는 것이다.

하지만 삼성전자의 과거와 현재 그리고 미래를 보는 관점은 투자자들마다 다르고, 따라서 가치도 다르며 수시로 변화한다. 그래서 책에는 이 내용을 담아낼 수가 없다. 결국 투자자는 남들의 가치 기준을 무조건 따를 것이 아니라, 스스로 판단하는 노력을 해야만 한다.

재무제표와 수익률의 상관관계

주식 시장에 해묵은 논쟁 중 하나는 '재무제표를 공부한다고 투자에 도움이 되는가'이다. 또 '재무제표는 이미 과거 내용인데, 미래를 바라보는 주식 시장에 적용이 가능한가'에 대한 논쟁도 있다. 지금부터 이 문제에 대해 하나씩 살펴보자.

재무제표와 투자 수익률과의 상관관계를 파악하는 것은 쉽지 않다. 이 사실은 재무제표를 힘들게 공부할 필요가 없다는 핑계로 활용되기도 한다. 그런데 분명한 것은 가치 투자로 돈을 번 투자자들 중 재무제표를 활용하지 않았다는 이야기는 듣지 못했다. 다시 말해 차트를 이용하거나, 발 빠른 트레이딩Trading으로 돈을 벌었을 때 재무제표 이야기를 하지 않는 경우는 있지만, 가치 투자를 하려면 기업의 가치를 이해하고 가치를 측정해야 하는데 그 방법으로 재무제표를 분석하지 않으면 불가능하다.

우리는 모르는 길을 갈 때 내비게이션의 도움을 받는다. 가치 투자자에게 내비게이션은 재무제표이다. 물론 세상에 완벽한 재무제표가 존재하지는 않지만, 나름대로 의미 있는 데이터를 충분히 제공해 준다.

'투자를 운에 맡길 것인가, 기준점을 잡아서 할 것인가?'라는 질문에 재무제표는 명확한 대답을 준다. 투자자가 기업의 현황 및 이에 따른 나름의 가치를 알기 위해서는 재무제표를 반드시 공부해야 한다. 아무리 재무제표를 기반으로 투자를 해도, 처음에는 수익률이 다소 안 좋을 수 있다. 그렇다고 주저해서는 안 된다. 어떠한 일이든지 활용을 위한 노하우를 만드는 시간이 필요하다. 또 재무제표를 분석하는 정신적인 근육을 만드는 과정도 필요하다. 재무제표가 제공하는 다양한 투자 인사이트의 몇 가지 사례를 살펴보자.

모든 데이터를 종합적으로 파악

투자자들은 여러 기업의 재무제표를 모아서 긍정적인 내용을 보이는 숫자를 확인하여 투자에 적용한다.

그래서인지 언론에서는 가끔 재무 데이터를 모아서 발표한다. 보통 투자자들이 다음 표를 보면 상장사 중에 이렇게 높은 영업 이익률을 만들어 내는 기업이 있다는 사실에 흥분감을 감추지 못하고 투자 기준으로 삼으려 마음먹는다. 그런데 이 표에서의 핵심은 영업 이익률 절대치보다 증감률을 더 자세히 살펴야 한다는 점이다. 영업 이익률은

매출액 영업 이익률 상위 20사

(단위: %, %P, 백만원)

회사명	매출액영업이익률 2021년 1~6월	매출액영업이익률 2022년 1~6월	증감	2022년 1~6월 매출액	2022년 1~6월 영업이익
HMM	45.31	61.29	15.97	9,862,848	6,044,551
크래프톤	45.82	49.37	3.56	902,261	445,485
DB하이텍	27.38	47.51	20.13	830,767	394,667
에스디바이오센서	50.85	45.50	-5.35	2,126,705	967,702
SK바이오사이언스	46.58	37.69	-8.90	225,372	84,942
광주신세계	35.15	37.32	2.17	91,094	33,995
삼성바이오로직스	35.77	34.30	-1.47	1,014,962	348,130
셀트리온	46.53	32.64	-13.89	1,036,577	338,356
케이티앤지	33.61	32.31	-1.30	1,811,196	585,212
SK하이닉스	21.34	31.85	10.52	22,739,286	7,243,375
NAVER	31.55	27.98	-3.57	2,705,606	756,997
엔씨소프트	16.18	27.76	11.58	1,337,363	371,262
한솔케미칼	33.21	27.60	-5.61	326,522	90,122
솔루스첨단소재	20.70	27.09	6.39	64,234	17,403
더블유게임즈	38.66	26.66	-12.00	96,864	25,827
후성	14.64	25.50	10.86	204,228	52,072
SIMPAC	7.55	24.98	17.43	288,468	72,064
대한항공	8.68	24.84	16.15	6,137,586	1,524,319
해성디에스	9.56	24.69	15.13	415,861	102,696
대한해운	22.27	24.49	2.23	307,493	75,318

출처: 이데일리

기업의 성장 상태를 파악하는 데 핵심적인 역할을 하기 때문이다.

표를 보면 개인 투자자의 관심이 높은 네이버는 최근 6개월간 무려 27.9%라는 높은 영업 이익률을 나타냈지만, 지난해 대비$_{yoy}$ 영업 이익률이 성장하지 못했음을 알 수 있다. 이는 매우 **중요한 투자 지표**로, 기업의 고속 성장세의 둔화를 보여준다. 이러한 숫자를 발견한 투자자들은 네이버에 대한 관심을 덜 가지게 되고, 이는 주가가 상승하지 못하는 원인이 된다. 그러니 이런 내용을 자세히 파악하지 않고 높은 영업 이익률만 보고 투자에 나서면, 주가가 움직이지 않아 실망한다.

매출액 영업 이익률 상위 20사

(단위: %, %P, 백만원)

회사명	매출액영업이익률 2021년 1~6월	매출액영업이익률 2022년 1~6월	증감	2022년 1~6월 매출액	2022년 1~6월 영업이익
HMM	45.31	61.29	15.97	9,862,848	6,044,551
크래프톤	45.82	49.37	3.56	902,261	445,485
DB하이텍	27.38	47.51	20.13	830,767	394,667
에스디바이오센서	50.85	45.50	-5.35	2,126,705	967,702
SK바이오사이언스	46.58	37.69	-8.90	225,372	84,942
광주신세계	35.15	37.32	2.17	91,094	33,995
삼성바이오로직스	35.77	34.30	-1.47	1,014,962	348,130
셀트리온	46.53	32.64	-13.89	1,036,577	338,356
케이티앤지	33.61	32.31	-1.30	1,811,196	585,212
SK하이닉스	21.34	31.85	10.52	22,739,286	7,243,375
NAVER	31.55	27.98	-3.57	2,705,606	756,997
엔씨소프트	16.18	27.76	11.58	1,337,363	371,262
한솔케미칼	33.21	27.60	-5.61	326,522	90,122
솔루스첨단소재	20.70	27.09	6.39	64,234	17,403
더블유게임즈	38.66	26.66	-12.00	96,864	25,827
후성	14.64	25.50	10.86	204,228	52,072
SIMPAC	7.55	24.98	17.43	288,468	72,064
대한항공	8.68	24.84	16.15	6,137,586	1,524,319
해성디에스	9.56	24.69	15.13	415,861	102,696
대한해운	22.27	24.49	2.23	307,493	75,318

출처: 이데일리

각종 데이터를 종합적으로 보지 못하면 오류에 빠지고, 이를 극복하지 못하면 매매에 혼란이 와서 재무제표 공부를 반대하게 된다. 하지만 시장에는 재무제표를 올바로 활용해서 투자에 나서고 있는 투자자들이 생각보다 많다.

기업 매출이 증가할 것으로 기대되면 주가가 반응하는데, 이때 투자자는 중요한 사항 몇 가지를 냉정하게 체크해야 한다. 그중 대표적인 것이 바로 '매출은 영업 이익이 아니다'라는 점이다. 매출과 영업 이익 사이에는 다양한 비용이 존재한다. 이때 비용이 급하게 커지면 영업 이익이 적자를 보는 경우도 심심치 않게 많다. 예를 들어, 과거 조선 업종은 원유 시추선(드릴십)을 수주한 이후에 다양한 이유로 막대한 손해를 봤다.

> 삼성중공업은 2015년 이후 7년 연속 적자 상태다. 지난해에도 연결 기준 영업 손실 1조 3119억 원, 당기 순손실 1조 2708억 원을 기록했다. 한 척당 수천억 원을 호가하는 드릴십 미인도에 따른 손해를 대손 충당금에 반영하고, 드릴십 한 척당 100억 원 이상의 유지·보수 비용을 수년간 소모했다. 삼성중공업은 이번 드릴십 매각으로 숨통이 트이게 됐다.
> 〈매일경제 2022년 4월 21일 기사〉

이렇듯 다양한 비용은 기업의 이익을 낮추는 중요한 요소라는 것을 알고 대응해야만 한다.

이슈에 반응하는 재무제표

투자자가 첨단 산업 이슈에 대해 반응하는 것을 생각해 보자. 2021년 하반기 주식 시장은 '메타버스, NFT' 열풍이 불었다. 당시 주식 시장은 미래에 대한 기대감으로 특정 업종의 종목들만 상대적으로 강한 상승세를 보였다. 그러나 2025년 현재 이들의 주가는 상당히 고전 중이다. 새로운 산업에 대해 높았던 기대감을 실제 매출과 영업 이익으로 증명하지 못하기 때문이다.

이렇듯 특정한 이슈에 사람들의 반응이 뜨겁다고 같이 흥분할 것이 아니라, 실제 매출과 영업 이익 관점에서 냉정하게 따져보는 습관이 필요하다. 진짜 매출이 잡히면, 그때 가서 접근해도 이익을 낼 기회는 충분히 얻을 수 있다.

주가는 통상 두 가지 경로로 오른다. 첫 번째는 기대감으로 오르는데, 이때는 기업의 재무적인 내용보다는 미래에 대한 강한 기대감으로 관련 업종 대부분이 상승한다. 하지만 기대감이 사그라들면 주가는 조정된다. 두 번째는 관련 산업이 개화를 해서 기업의 이익이 나타나면 선별적으로 2차 상승을 한다. 가치 투자자들은 2차 상승에 투자해야 한다. 글로벌 이슈에 따라 국내 기업이 수혜를 본다는 시각도 다소 위험할 수 있다. 글로벌 이슈는 전 세계가 대상이기 때문에 당연히 각국 기업들의 치열한 경쟁을 예상해야 한다. 아무리 국내 기업의 기술력이 우수하다 하더라도 각국의 이해관계가 얽힌 경우가 많기 때문에 국내 기업의 일방적인 수혜를 기대하기는 쉽지 않다.

2022년 이후 주식 시장에는 두 가지 글로벌 이슈가 부각됐다. 하나는 우크라이나 전쟁과 관련된 재건과 사우디가 주도하는 '네옴시티' 관련 이슈다. 이들의 수주를 통한 매출 확정이 중요한 포인트가 되지만, 더 중요한 것은 영업 이익이 어느 정도 발생하느냐 하는 점이다. 예상과 다르게 글로벌 경쟁으로 영업 이익이 박하게 적용될 수 있다. 자칫 원가 관리를 잘못하면 손실이 발생할 수도 있고, 그러면 투자 매력도는 반감될 수밖에 없다.

기저 효과에 따른 상황을 파악

주로 YoY, QoQ 등을 비교할 때, 비교 대상의 숫자가 작아서 생기는 오류를 '기저 효과'라고 한다. 기저 효과는 실제보다 부풀린 느낌을 준다. 기저 효과는 지속되는 상황이 아니라 코로나와 같은 큰 이슈에 따라 일시적으로 발생하는 요소이다. 또 기저 효과 이후에는 반대로 '역逆 기저 효과'가 나타나기도 한다. 그래서 기저 효과에 따른 투자는 단기에 그쳐야 한다.

YoY	전년 동기와 비교하여 변화를 파악한다. 기업은 때로는 계절에 따라 성수기와 비수기를 나타내기도 한다. 그래서 성수기는 성수기끼리, 비수기는 비수기끼리 비교할 필요가 있어 같은 기간 별로 비교한다. ex) 21년 1분기와 22년 1분기 / 21년 3분기와 22년 3분기
QoQ	전분기 대비 변화를 비교한다. 계절적인 요소를 감안하지 않고 기업의 흐름을 파악하는 데 용이하다. ex) 22년 1분기와 2분의 변화를 비교

	1년 차	2년 차	3년 차	4년 차	5년 차
영업 이익	20	30	10	40	30
증감률		50%	-66%	300%	-25%
				기저 효과	역기저 효과

어림잡는 수학적
사고의 활용

재무제표를 잘 활용하려면 숫자에 대한 감각이 필요하다. 다행스럽게도 이런 능력은 후천적으로, 의식적으로 노력하면 얼마든지 키울 수가 있다. 수학이 싫어서 문과생이 된 나도 지속적인 노력의 결과를 톡톡히 보고 있다.

  기업(업종)이 이전부터 걸어온 방향이나 특별한 상황을 이해한다면 투자할 때 매우 요긴하다. 이를 파악하려면 숫자에 대한 감각을 활용해야 한다. 예를 들어 한 기업의 올해 영업 이익률이 8%라는 발표가 나왔을 때, 해당 기업이 속한 업종의 평균 영업 이익률이 5% 수준이고, 그 기업의 직전 영업 이익률이 4%였다는 사실을 숫자 감각을 통해 대략적으로나마 알고 있다면, 다른 투자자보다 빠르게 해당 기업에 관심을 둘 수 있게 된다. 이렇듯 중요한 숫자를 활용하기 위해서는 투자의 첫 단계에서 몇 가지 기본적인 사항을 외워야 한다.

영업 이익률로 기업 체력을 파악

영업 이익률은 기업의 체력을 확인할 수 있는 바로미터이다. 영업 이익률이 높다는 것은 업종이나 기업의 시장 지배력이 높다는 것인데, 지배력 없이는 높은 마진을 남길 수 없기 때문이다. 그래서 투자자는 과거와 현재 업종 평균 및 기업별 영업 이익률을 익혀 두면 기업의 변화에 빠르게 대응할 수 있다.

처음 투자에 나설 때 영업 이익률을 단순히 크기로 봐서는 안 된다. 절대 규모보다는 해당 업종과 기업의 영업 이익률 변화에 집중해야 한다. 2022년 주식 시장에서는 방위 산업 기업들의 해외 수출 경향이 주가 상승을 이끌었다. 이때 글로벌 수주 소식에만 집중하는 투자자들이 많았지만, 정작 주목해야 할 것은 영업 이익률에 변화가 생겼다는 점이다. 방산 업체들은 과거 영업 이익률이 2% 이하로 상당히 낮았는데, 수출은 국내와는 다른 이익을 기대하게 만들었다. 그래서 증권가 기업 리포트는 이들의 예상 영업 이익률이 크게 증가할 것으로 판단했다. 특히 기업은 2020년 영업 이익률이 1%대에서 2023년 무려 8%대로 증가한다는 분석이 나왔다. 수주 증가도 주식 시장에 호재가 되지만, 영업 이익률 증가는 보다 확실한 투자 신호가 된다.

알아 두면 쓸모 있는 주식 정보

우리나라 상장사 평균 영업 이익률은 얼마나 될까? 또한 영업 이익률이 10%가 넘는 기업은 몇 개나 될까? 그리고 영업 이익률이 30%가 넘는 초 우량 기업은 얼마나 있을까?

이 질문에 답을 하자면, 생각보다 많지 않다. 여기서 한 가지 투자 아이디어를 생각해 보자. 일반적인 분석 방법인 기업을 먼저 보고 재무 상황을 판단하지 말고, 반대로 높은 영업 이익률을 보이는 기업을 찾는 것이다. 즉 '기업 → 숫자'가 아니라, '숫자 → 기업'으로 순서를 바꾸는 것이다. 이를 위해서 실적 시즌 이후 증권사나 여러 사이트 등에서 제공하는 재무 데이터를 가공해서 활용하면 좋다.

엑셀을 다룰 줄 안다면 영업 이익률, 매출액 증가율 등을 기준으로 자료를 만들어 좀 더 편리하게 기업을 찾아볼 수 있다. 이때 데이터를 몇 가지 조합으로 보면 더 좋은 투자 아이디어를 얻을 수 있다(ex. 영업 이익률 + ROE 조합 등).

기업마다 다른 영업 이익률의 상승 주기

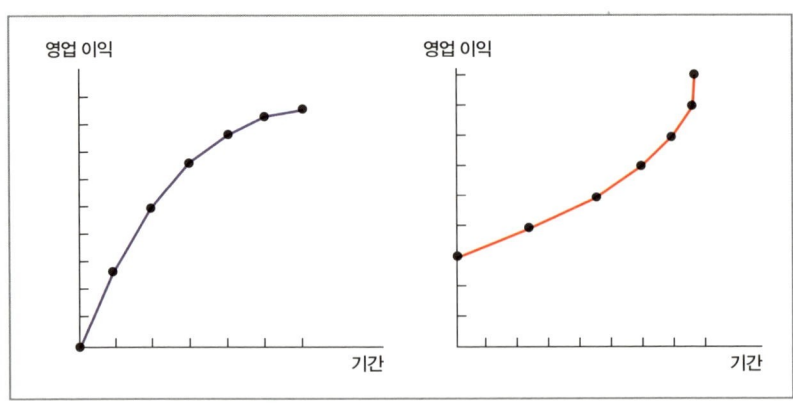

한편 영업 이익률이 증가하는 기업도 그 추세의 강도를 파악하는 것이 중요하다. 무조건 이익이 늘어난다고 긍정적으로만 볼 것은 아니다. 주가는 기업 이익의 상승 모멘텀이 있을 때 강하게 따라 오른다. 하지만 이익은 나도 그 성장세가 주춤해지면 주가의 움직임도 마찬가지로 둔화된다. 그러니 이러한 주기를 잘 파악해야 한다.

대부분 기업은 앞으로 전진한다. 그런데 상황에 따라서 뛰어가는 기업이 있고, 걸어가는 기업도 있다. 투자자가 투자에 있어 가장 큰 이익을 기대할 수 있는 것은 뛰어가는 기업이다. 그런데 영원히 뛸 수는 없기 때문에 뛰던 기업이 걸어가는 순간이 되면, 그 이유를 명확히 파악하여 대응하는 것이 중요하다.

기업들은 외부 변화에 따라 매출 및 이익이 일정한 패턴으로 변할 때가 있다. 경기는 일정 주기로 오르내리는 변화를 겪는데, 이에 영향을 받는 경기 민감주는 경기에 따라 매출과 영업 이익이 크게 변화한다.

또한 계절 효과를 받는 기업도 있는데 단순히 여름, 겨울 효과도 있지만, 일부 기업은 '1분기는 비수기, 2~3분기는 성수기, 4분기는 비수기'라는 패턴을 보이기도 한다. 이런 패턴 역시 각 기업에 따라 다르다. 그러니 투자하려는 기업의 상황에 따른 매출과 영업 이익이 주기적으로 바뀌는 모습도 알아두는 것이 중요하다.

회사 규모 대비 성과를 파악

피터 린치는 우리에게 친숙한 기업의 매출 증가를 하나의 투자 포인트로 삼았다. 예를 들어 코로나19 이후 다시 여행을 떠나는 사람이 늘거나, 새로운 라면이 출시되어 시장에 관심을 끌면 관련 종목을 매수 관점으로 접근하는 방식이다. 이때 새로운 제품의 판매가 해당 기업 매출과 영업 이익에서 차지하는 비중을 보자. 즉 인기가 아무리 있어도 그 비중이 작다면 투자 매력이 떨어진다.

	A 기업	B 기업
신제품 매출	100	100
전체 매출	1000	200
신제품 비중	10%	50%
영업 이익률	?	?

A 기업과 B 기업의 신제품 매출액은 각각 100억 원으로 같다. 하지만 A 기업의 전체 매출은 1,000억 원으로 신제품이 전체 매출에 미치는 영향은 크지 않다. 하지만 B 기업은 매출 비중이 50%로 신제품에 대한 효과는 B 기업에 더욱 뚜렷하게 나타난다. 그러니 신제품에 관심을 두고 투자를 하려면 B 기업에 더 관심을 갖는 게 좋다.

커피숍 운영으로 배우는
재무제표의 이해

재무제표는 한 마디로 기업의 다양한 현황을 일정한 규칙에 따라 정리한 표이다. 기업의 현황이란 기업 운영에 필수적인 돈과 이와 관련된 물건(서비스) 등이 서로 오간 상황 그리고 기업의 구성 요소 등을 말한다. 그러니 재무제표를 이해하기 위해서 실제 돈과 물건이 어떻게 움직이는지 알아보면 많은 도움이 된다. 지금부터 자신이 커피숍을 차려서 운영한다고 가정해 보자. 기업이나 커피숍이나 돈을 투자하여 이윤을 추구하는 기본 원리는 같다.

첫 번째 단계는 커피숍을 차리기 위해 돈을 모으는 것이다. 커피숍을 차리는데 총 1억 원의 돈이 필요하다고 가정하자. 보통 커피숍(기업)을 차릴 때 순수하게 내 돈만 가지고 시작하는 경우는 없다. 부족한 돈은 은행 대출 등 다른 곳에서 빌려와야 하는데, 그러면 총 1억 원에는 내 돈과 빌려온 돈이 섞인다. 1억 원 중 내 돈은 5,000만 원이고, 은행 대출 3,000만 원과 나머지 2,000만 원은 지인에게서 빌렸다고 가정하자. 재무제표에는 돈을 주체별로 구분하여 표시하는데, '내 돈 = 자본'이라고 표시하고, '은행 대출 및 지인에게서 빌린 돈 = 부채'로 표시한다. 좀 더 크게 보면 내 돈이 아닌 것은 모두 부채가 된다. 여기서 자신은 자본을 투자한 주주가 된다.

두 번째는 1억 원으로 커피숍을 차리는 단계이다. 적당한 위치에 가게를 마련한 뒤 본격적으로 커피숍을 차리기 시작한다. 인테리어를 하고, 커피 기계를 비롯하여 커피숍 운영에 필요한 각종 집기를 사고, 종업원을 고용하는 일 등을 한다. 이때 커피숍의 각 구성 항목 즉 기계, 집기 등을 재무제표에서는 '자산'이라고 표현한다.

세 번째로 커피숍이 차려지면, 본격적으로 돈을 벌어야 하는 단계이다. 이제부터 본게임이 시작된다. 정신없이 커피를 팔며 한 달을 보내면 가게 세를 내고, 종업원 급료를 지불하고, 각종 물품 대금 등을 정산한다. 이때 커피숍이 잘 되면 이익이 발생하고, 아니면 안타깝게도 적자가 발생한다. 이를 재무제표에서는 매출과 비용 그리고 손익(이익 혹은 적자)으로 정리한다.

네 번째, 커피숍 운영은 현금만 오고 가는 것이 아니라서 카드 매출과 커피 원두 같은 원재료의 외상 구입 등 다양한 금전 활동이 자연스럽게 섞이는데 이를 정리한다. 커피숍을 운영하는 입장에서는 순수한 현금이 얼마나 남아 있고, 얼마가 쓰이는지 알아야 대금 결제 등 부도를 예방할 수 있다. 상대방과의 거래는 정확한 시기에 돈(현금)이 오가지 않으면 심각한 문제를 일으킬 수 있다. 그러니 현금 흐름만 따로 기록할 필요가 있다.

　이러한 내용을 회계 규칙에 따라 정리한 표가 각각 재무 상태표, 손익 계산서, 현금 흐름표이다. 그러면 지금까지 설명한 커피숍 상황을 재무제표에서 어떻게 기록하는지 알아보자.

1) 자본금 마련 = 재무 상태표(자본, 부채)

　커피숍을 차리는 총 1억 원 중, 내 돈 5,000만 원을 기본으로 하고, 추가로 은행에서 3,000만 원을 대출받고, 부족한 2,000만 원은 지인에게서 빌렸다.

2) 커피숍 오픈 = 재무 상태표(자산)

　마련한 1억 원으로 가게를 얻고, 커피 기계를 사고, 각종 집기와 원두 등 판매 재료를 준비하고, 가게 운영 자금 등을 위해 일정 부분 현금을 남겨 두었다.

커피숍 (자산)	남의 돈 (부채)	현금 2,000만 원 원두 1,000만 원 기계 4,000만 원 각종 비용 3,000만 원	은행 3,000만 원 지인 2,000만 원
	내 돈 (자본)		내 돈 5,000만 원

　이를 실제 재무 상태표로 살펴보자.

삼성전자 재무 상태표

재무상태표
제 57 기 반기말 2025.06.30 현재
제 56 기말 2024.12.31 현재

(단위 : 백만원)

	제 57 기 반기말	제 56 기말
자산		
유동자산	73,013,960	82,320,322
현금및현금성자산 (주3,26)	6,340,234	1,653,766
단기금융상품 (주3,26)	400,291	10,187,991
매출채권 (주3,26)	32,533,367	33,840,357
미수금 (주3,26)	1,879,587	3,249,731
선급비용	1,491,385	1,381,761
재고자산 (주5)	27,102,449	29,154,115
기타유동자산 (주3,26)	3,266,667	2,852,581
비유동자산	249,003,419	242,645,805
기타포괄손익-공정가치금융자산 (주3,4,26)	2,984,660	2,176,346
종속기업, 관계기업 및 공동기업 투자 (주6)	59,214,367	57,427,196
유형자산 (주7)	152,185,493	151,446,870
무형자산 (주8)	10,931,235	10,496,956
순확정급여자산 (주11)	1,680,669	2,249,792
이연법인세자산	17,978,922	14,333,432
기타비유동자산 (주3,26)	4,028,073	4,515,213
자산총계	322,017,399	324,966,127
부채		
유동부채	74,260,678	80,157,976
매입채무 (주3,26)	14,269,059	10,287,967
단기차입금 (주3,9,26)	5,742,590	11,110,972
미지급금 (주3,26)	11,666,474	18,591,524
선수금 (주14)	389,892	350,448
예수금 (주3,26)	480,253	516,454
미지급비용 (주3,14,26)	8,900,597	9,039,886

	제 57 기 반기말	제 56 기말
당기법인세부채	4,115,849	1,380,469
유동성장기부채 (주3,9,10,26)	22,258,278	22,264,226
유동충당부채 (주12)	5,689,268	6,257,389
기타유동부채 (주14)	748,418	358,641
비유동부채	10,411,225	8,411,494
사채 (주3,10,26)	13,470	14,530
장기차입금 (주3,9,26)	2,685,748	795,703
장기미지급금 (주3,26)	4,729,416	4,965,481
비유동충당부채 (주12)	2,317,746	2,602,575
기타비유동부채	664,845	33,205
부채총계	84,671,903	88,569,470
자본		
자본금 (주15)	897,514	897,514
우선주자본금	119,467	119,467
보통주자본금	778,047	778,047
주식발행초과금	4,403,893	4,403,893
이익잉여금 (주16)	234,922,976	233,734,316
기타자본항목 (주17)	(2,878,887)	(2,639,066)
자본총계	237,345,496	236,396,657
부채와자본총계	322,017,399	324,966,127

3) 커피 판매로 수익 창출 = 손익 계산서(매출, 비용, 손익)

커피가 팔리는 것을 매출이라고 하고, 그 과정에서 당연히 일정한 비용이 발생한다. 원두를 사용하여 커피를 만들고, 종업원 급료를 주고, 각종 공과금과 임대료 등을 내야 하고 홍보도 해야 하기 때문이다.

커피를 판 금액에서 이러한 각종 비용을 주고 나면 손익이 발생한다(수익은 이익만을 뜻하는데, 장사하다 보면 적자가 날 수도 있기 때문에 손익으로 표시한다).

매출
매출 원가 일반 관리비
손익

매출 5,000만 원
매출 원가 1,000만 원 일반 관리비 3,000만 원
순이익 1,000만 원

삼성전자 손익 계산서

손익계산서
제 57 기 반기 2025.01.01 부터 2025.06.30 까지
제 56 기 반기 2024.01.01 부터 2024.06.30 까지

(단위 : 백만원)

	제 57 기 반기		제 56 기 반기	
	3개월	누적	3개월	누적
매출액 (주27)	54,765,394	110,300,265	53,734,118	104,973,735
매출원가 (주18)	41,898,847	84,357,522	36,181,464	74,954,314
매출총이익	12,866,547	25,942,743	17,552,654	30,019,421
판매비와관리비 (주18,19)	11,675,715	23,282,638	10,330,163	20,789,550
영업이익 (주27)	1,190,832	2,660,105	7,222,491	9,229,871
기타수익 (주20)	1,647,995	6,067,245	1,348,850	9,597,968
기타비용 (주20)	47,871	95,898	85,299	356,386
금융수익 (주21)	1,938,932	3,769,731	1,660,458	3,071,282
금융비용 (주21)	1,965,795	3,245,504	1,692,067	3,103,005
법인세비용차감전순이익	2,764,093	9,155,679	8,454,433	18,439,730
법인세비용 (주22)	12,073	16,462	1,356,016	1,603,876
반기순이익	2,752,020	9,139,217	7,098,417	16,835,854
주당이익 (주23)				
기본주당이익(손실) (단위 : 원)	411.0	1,360.0	1,045.0	2,479.0
희석주당이익(손실) (단위 : 원)	411.0	1,360.0	1,045.0	2,479.0

4) 현금 흐름을 작성 = 현금 흐름표

커피숍 운영 과정 중 순수하게 현금 흐름이 어떠한지 모아서 기록해 두면 지금 당장 보유한 현금이 얼마나 되는지 쉽게 파악할 수 있다.

영업 현금 흐름	3,000만 원
투자 현금 흐름	2,000만 원
재무 현금 흐름	1,000만 원

삼성전자 현금 흐름표

현금흐름표
제 57 기 반기 2025.01.01 부터 2025.06.30 까지
제 56 기 반기 2024.01.01 부터 2024.06.30 까지

(단위 : 백만원)

	제 57 기 반기	제 56 기 반기
영업활동현금흐름	31,472,600	26,030,140
영업에서 창출된 현금흐름	26,757,586	17,008,300
반기순이익	9,139,217	16,835,854
조정 (주24)	15,384,739	5,345,859
영업활동으로 인한 자산부채의 변동 (주24)	2,233,630	(5,173,413)
이자의 수취	192,655	125,249
이자의 지급	(263,469)	(249,790)
배당금 수입	5,904,510	9,369,762
법인세 납부액	(1,118,682)	(223,381)
투자활동현금흐름	(14,126,604)	(23,306,487)
단기금융상품의 순감소(증가)	9,787,700	(3,263,880)
기타포괄손익-공정가치측정금융자산의처분	8,530	0
당기손익-공정가치금융자산의 처분	0	1
종속기업, 관계기업 및 공동기업 투자의 처분	51,052	105,730
종속기업, 관계기업 및 공동기업 투자의 취득	(664,677)	(298,433)
유형자산의 처분	89,760	40,647
유형자산의 취득	(21,537,065)	(18,568,179)
무형자산의 처분	1,266	13,041
무형자산의 취득	(1,863,014)	(1,267,923)
기타투자활동으로 인한 현금유출입액	(156)	(67,491)
재무활동현금흐름	(12,658,643)	(967,276)
단기차입금의 순증가(감소)	(5,344,447)	4,043,477
사채 및 장기차입금의 차입	2,000,000	0
사채 및 장기차입금의 상환	(134,814)	(105,934)
배당금의 지급	(4,902,418)	(4,904,819)
자기주식의 취득	(4,276,964)	0

지금까지 내용을 정리해보면 다음과 같다.

```
자본금 마련 → 재무 상태표(자본, 부채)
커피숍 오픈 → 재무 상태표(자산)
커피 판매로 수익 창출 → 손익 계산서(매출, 비용, 손익)
현금 흐름을 작성 → 현금 흐름표
```

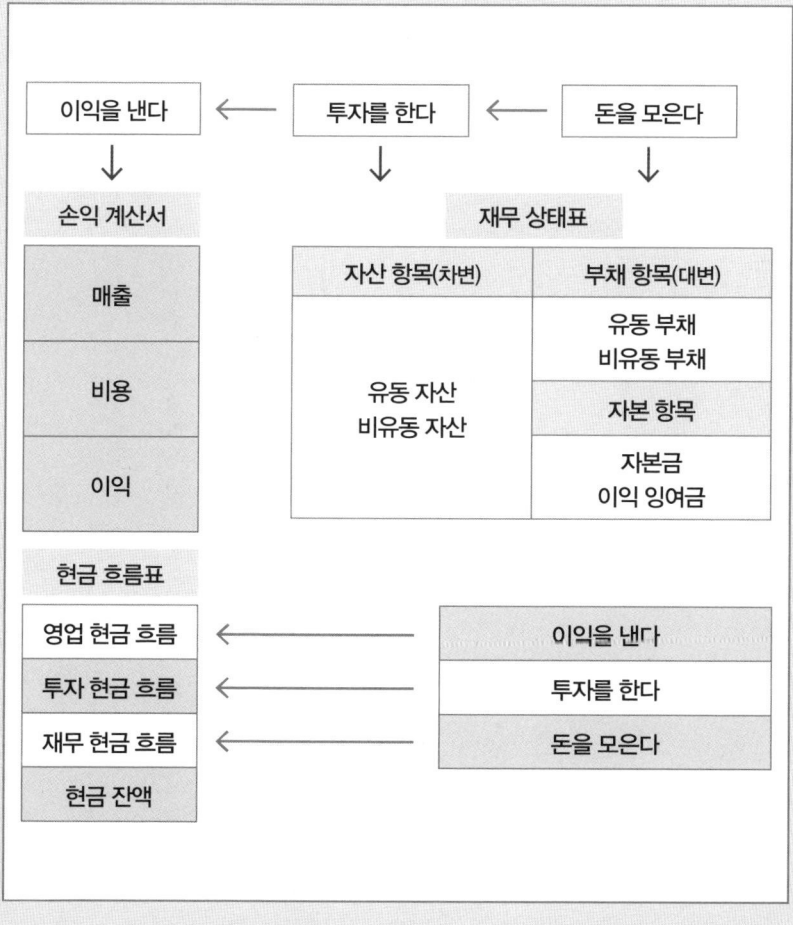

3장

재무제표를 구성하는 삼 형제

들어가며

학창 시절에 갑자기 배가 아픈 적이 있었다. 처음에는 심한 느낌이 없어서 근처 의원에 갔었다. 병원에서는 맹장이 의심되지만, 확신하기 어려우니 일단 약을 먹고 서너 시간 경과를 지켜보자고 했다. 그런데 두어 시간이 지난 후부터 배가 심하게 아프기 시작했고, 결국 대학 병원에서 맹장 수술을 했다.

지금도 거의 매년 건강 검진을 한다. 피를 뽑고 몇 가지 검사를 진행하고 나면 두꺼운 결과지를 받는다. 그리고 거기에는 의사의 소견과 어떻게 몸을 관리해야 하는지 자세한 내용이 담겨 있다.

건강 검진 결과지에는 구체적인 숫자로 내 몸의 구성 요소와 상태가 상세히 기록되어 있다. 이를 보면 콜레스테롤 수치부터 간의 상태 및 근육의 상황도 상세히 알 수 있다. 숫자로 기록된 결과지는 일반적인 수치 및 평균값과 비교하여 내 몸의 상황을 객관적으로 바라보게 해준다.

그렇다면 흔히 생물체에 비유하기도 하는 기업의 본모습을 파악하기 위해서는 어떤 것을 봐야 할까? 기업을 파악하는 방법은 여러 가지가 있지만, 그 기업의 구성 요소들을 하나하나 보는 방법도 매우 유용하다. 기업의 상태를 확인하려면 그들의 내용을 잘 정리한 재무제표를 파악하는 것이 가장 확실하다. 재무제표는 기업의 세세한 사항들을 일목요연하게 정리한 표이다. 이들의 변화를 잘 파악하면 기업이 가지고 있는 다양한 특성을 손쉽게 파악을 할 수 있다.

재무제표는 회계 원리에 따라 작성된다. 회계는 '경영의 언어'라고 불릴 정도로 그

숫자들이 기업의 현재 현황에 대해 여러 가지 이야기를 전한다. 그래서 기업을 경영하는 경영자와 더불어 해당 기업에 투자하고자 한다면, 반드시 재무제표가 이야기하는 기업의 건강 상태를 귀담아들어야 한다. 이제부터 어떻게 재무제표가 전하는 이야기를 들을 수 있는지 알아보자.

기업의 전반적인 모습을
파악하는 재무 상태표

투자자가 중점적으로 봐야 하는 재무제표는 재무 상태표, 손익 계산서, 현금 흐름표 이렇게 세 가지이다. 이들 중 손익 계산서가 가장 익숙하고 보기 편하지만, 자금의 조달과 운용을 먼저 이해하면 기업에 대한 종합적인 판단이 가능하므로 재무 상태표를 먼저 살펴보자.

재무 상태표는 기업 활동에 필요한 자금 조달 그리고 그 자금을 활용한 기업의 세부 구성 사항을 상세히 표시한다. 이들을 구분하여 자본 항목과 부채 항목 그리고 자산 항목이라고 한다.

재무 상태표 : 자산(회사 구성 요소들) = 자본(주주의 돈) + 부채(타인의 돈)
　　　　　→ 자산 항목 = 자본 항목 + 부채 항목

현대차 2025년 2분기 요약 재무 상태표

(단위 : 백만원)

자산	제 71 기	제 70 기	제 69 기
I. 현금및예치금	1,133,867	1,089,657	1,132,375
II. 당기손익-공정가치측정금융자산	7,483,188	7,397,761	6,205,214
III. 기타포괄손익-공정가치측정금융자산	1,061,064	973,747	807,653
IV. 대출채권	1,320,857	1,479,527	1,521,406
V. 기타상각후원가측정 금융자산	196,152	177,834	188,037
VI. 파생상품자산	509,954	229,363	167,941
VII. 관계기업투자주식	113,731	94,895	88,566
VIII. 유형자산	31,401	32,640	32,657
IX. 무형자산	45,810	43,349	40,786
X. 당기법인세자산	36,870	35,772	5,162
XI. 기타자산	59,102	30,712	43,257
자산총계	11,991,996	11,585,257	10,233,054

※ 표가 복잡하므로 오류를 피하기 위해 마이너스(-) 금액은 '괄호'로 표기한다.

먼저 재무 상태표는 '특정 시점'의 기업이 보유하고 있는 재무 상태를 나타내고 있다는 점을 기억하자. 기업은 살아 있는 생물처럼 시시각각 계속 변하하는데, 이를 일일이 살펴보기는 현실직으로 불가능하다. 그래서 한 시점을 찍어서 기업의 전반적인 모습을 유추하는 것이 재무 상태표이다.

기업은 통상 결산 시점(12월 31일) 혹은 분기 단위(3월, 6월, 9월, 12월)의 재무 상태를 표로 만들기 때문에 해당 시점에 기업 내의 주주들

돈과 빌린 돈의 내역 그리고 이들을 바탕으로 기업이 보유하고 있는 각종 자산의 상황 파악이 가능하다. 그렇다면 앞에서 살펴본 커피숍의 재무 상태표를 만들어 보자.

커피숍 (자산)	남의 돈 (부채)	현금 2,000만 원 원두 1,000만 원 기계 4,000만 원 각종 비용 3,000만 원	은행 3,000만 원 지인 2,000만 원
	자기 돈 (자본)		자기 돈 5,000만 원

차변 　　　　　　　　　대변

참고로 자산 항목이 있는 좌측은 '차변借邊', 부채와 자본 항목이 있는 우측을 '대변貸邊'이라고 부른다. 경우에 따라 차변과 대변이라는 용어를 쓰는 경우도 있다.

여기서 중요한 점은 재무 상태표의 좌(차변), 우(대변)는 '항상 일치한다'는 것이다. 이는 자금의 조달과 운영이 같아야 한다는 말이다. 그런데 좌우가 같다는 것은 한쪽이 변할 때 다른 한쪽이 동일하게 변화가 있다거나, 아니면 한쪽에서만 몇몇 항목이 유기적으로 움직이긴 해도 그 전체 합은 변화가 없다는 것을 의미한다. 이 내용은 한 항목의 변화가 다른 항목에 연쇄적인 변화를 일으켜서 기업에 어떠한 영향을 미치는지 종합적으로 판단할 수 있게 도와준다.

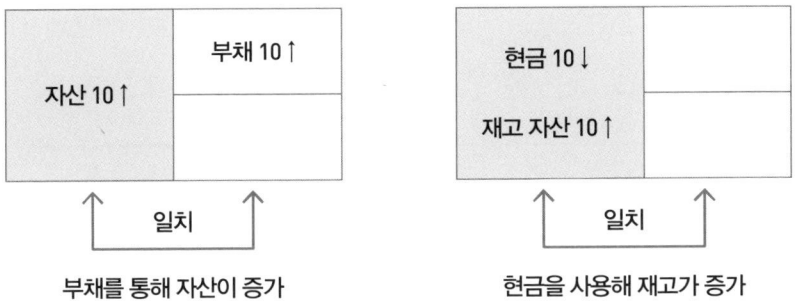

부채를 통해 자산이 증가 　　　　현금을 사용해 재고가 증가

그런데 실제 현대차 재무 상태표를 보면 차변과 대변이 좌우가 아닌 위아래로 되어 있다. 또한 '69기 → 70기 → 71기' 등 3년간의 재무 상태표가 순서대로 표시되어 있는데, 여기에는 중요한 이유가 있다.

투자자가 재무 상태표를 보는 이유는 기업의 현황을 전체적으로 파악하기 위해서이다. 이때 한 시점의 내용도 중요하지만, 연도별 흐름을 통해 기업이 걸어가고 있는 전반적인 상황을 파악하는 것이 중요하다. 즉 과거부터 지금까지 기업이 움직이는 추세를 알아야 미래에 대한 그림을 그릴 수 있다. 이렇듯 과거 대비 현재의 변화된 모습을 한눈에 파악할 수 있도록 재무제표에는 과거의 숫자들을 같이 표시한다. 이때 각 항목들의 추세를 표시하기 위해 자산과 부채, 자본을 상하로 표시한다. 한편 재무제표 변화를 정확하게 비교하기 위해 많이 사용하는 것이 YoY 와 QoQ이다.

재무 상태표를 처음 익히는 단계에서는, 자산부터 보지 말고 앞선 설명과 같이 '자본 → 부채 → 자산'의 순으로 보면 기업의 큰 흐름을 이해하기가 더 쉽다. 이는 '자금의 조달 → 운용'의 순서이기 때문이다. 이후 익숙해지면 표의 순서대로 '자산 → 부채 → 자본'으로 보면 된다. 그러면 본격적으로 기업에 필요한 자금 조달 과정인 자본과 부채를 살펴보자.

자본	자기 돈(주주의 돈)
부채	남의 돈(다른 사람에게 빌린 돈으로 갚아야 함)

주주들의 돈인 자본

'자본'은 한마디로 주주들의 돈이다. 단, 자본과 자본금을 많이 혼동하는데, 이 둘은 엄연히 다르다. 자본금은 자본 항목에 있는 하나의 계정 과목일 뿐이라는 점을 명심하자. 즉 자본은 모음이고, 자본금은 그 구성품이다. 자본은 '자본금, 자본 잉여금, 이익 잉여금'으로 나누어진다.

자본금	주주들이 기업에 직접 투자한 돈
자본 잉여금	주식을 발행할 때 주주들에게 액면가(자본금) 이상으로 받은 돈
이익 잉여금	기업의 영업 활동으로 인해 발생한 이익을 모아 놓은 것(누적)

1) 자본금

주주들이 기업에 낸 돈(투자한 돈)이다. 기업의 자본금은 '액면가×주식 수'로 표시할 수 있다. 유상 증자를 하면 자본금은 그만큼 커진다.

5,000만 원(자본금) = 5,000원(액면가) × 1만 주(발행 주식 수)

(여기서 액면가가 500원으로 줄어들면
발행 주식 수는 10만 주가 된다)

2) 자본 잉여금

　기업이 주주들에게 주식을 팔 때는 통상 액면가보다 비싸게 판다. 그 이유는 액면가에 기업의 가치를 더하기 때문인데, 그 차액이 자본 잉여금이다.

　구체적으로 유상 증자를 통해 액면가 5,000원짜리 주식을 7,000원에 주주들에게 팔았다면, 이때 액면가 5,000원은 자본금이 되고, 추가된 2,000원은 '자본 잉여금(주식 발행 초과금이라고도 한다)'이 된다.

7,000원(유상 증자) → 5,000원(자본금)
　　　　　　　　　 → 2,000원(자본 잉여금)

　자본 잉여금은 수시로 생기는 것이 아니고 기업 공개나 유상 증자 등을 하는 특별한 경우에만 생긴다는 점도 기억하지.

사례 ①

성일하이텍 기업공개IPO (액면가 500원인 주식을 5만 원에 주주들에게 발행)

I. 모집 또는 매출에 관한 일반사항

1. 공모개요

(단위 : 원, 주)

증권의 종류	증권수량	액면가액	모집(매출) 가액	모집(매출) 총액	모집(매출) 방법
기명식보통주	2,670,000	500	50,000	133,500,000,000	일반공모

사례 ②

제주항공 유상 증자(액면가 1,000원 주식을 주주들에게 1만 1,750원에 발행)

유상증자 결정

1. 신주의 종류와 수	보통주식 (주)			27,234,043	
	기타주식 (주)			-	
2. 1주당 액면가액 (원)				1,000	
3. 증자전 발행주식총수 (주)	보통주식 (주)			49,759,668	
	기타주식 (주)			-	
6. 신주 발행가액	확정발행가	보통주식 (원)		7,980	
		기타주식 (원)		-	
	예정발행가	보통주식 (원)	11,750	확정예정일	2022년 10월 31일
		기타주식 (원)	-	확정예정일	-

이를 정리하면 다음과 같다. 자본 잉여금은 '배당'으로 사용할 수 없는 등 그 쓰임새가 제한적이다. 대표적인 쓰임새로는 무상 증자에 활용하는 것이다.

	성일하이텍	제주항공
자본금	500원	1,000원
자본 잉여금	4만 9,500원	1만 750원
자본	5만 원	1만 1,750원

3) 이익 잉여금

이익 잉여금은 기업이 한 해('회계 연도'라고도 한다) 영업 활동을 마감한 뒤, 최종적으로 계산된 '당기 손익'들을 모아 놓은 항목이다. 기업에 이익이 발생하면 이익 잉여금은 '그만큼' 커지고, 반대로 손실이 발생하면 '그만큼' 기존에 모아둔 이익 잉여금에서 빼 주어 이익 잉여금은 줄어든다. 이익 잉여금은 누적의 개념으로, 업력이 오래된 우량 기업은 자본금보다 이익 잉여금이 어마어마하게 큰 경우가 많다.

2025년 2분기 동서 이익 잉여금

자본		
지배기업의 소유지분	1,679,205,929,108	1,694,360,738,168
납입자본	49,850,000,000	49,850,000,000
기타불입자본	(2,858,921,712)	(2,858,921,712)
기타자본구성요소	59,741,339,612	71,384,553,509
이익잉여금	1,572,473,511,208	1,575,985,106,371
비지배지분	14,487,889,332	15,115,811,717
자본총계	1,693,693,818,440	1,709,476,549,885
자본과 부채총계	1,761,168,653,520	1,779,146,551,075

　이익 잉여금이 증가하면 자본이 커지기 때문에 주주들의 돈이 증가한다. 기업은 이익 잉여금을 다양하게 활용할 수 있는데, 월급(소득)이 오르면 집을 새롭게 꾸밀 수도 있고, 자녀들 용돈을 올려줄 수도 있듯이, 기업은 이익 잉여금으로 새로운 설비 투자를 할 수도 있고, 주주들에게 배당을 줄 수도 있다.

기업의 빚, 부채

부채는 한 마디로 그 종류와 상관없이 빚으로, 반드시 갚아야 한다. 기업에는 다양한 형태의 부채가 존재하는데, 이를 항목별로 나누어 보면 다음과 같다.

부채	내용	이자 여부
유동 부채	1년 이내에 갚아야 하는 부채	있음
매입 채무	물건(서비스) 등을 납품 받고 아직 대금을 주지 않은 상태 (상대 기업에 대한 부채로 인식)	없음
퇴직 급여 충당금	직원의 일시적인 퇴직을 대비하여 퇴직금을 준비해둔 것 (직원에 대한 부채로 인식)	없음
비유동 부채	갚아야 하는 시점이 지금부터 1년 후인 부채	있음

보통 부채라고 하면 꼭 이자를 지급해야 한다고 생각한다. 그래서 금리 상승기에는 무조건 부채가 많은 기업의 주가가 하락하기도 한다. 그런데 기업의 부채에는 이자를 지급하지 않는 부채도 상당수 존재한다.

위의 표에서 이자를 내는 부채와 이자를 내지 않는 부채를 구분했다. 금리가 높을 때 부채 비율이 높은 기업은 수작업을 통해 이자를 내는 부채 중심으로 따로 계산해야 올바른 판단을 할 수 있다.

또한 부채는 갚아야 한다는 점에서 기업에 당연히 부담이지만, 이자를 내지 않는 부채를 역으로 이용하면 레버리지 효과를 통해 기업 이익에 크게 기여할 수 있다. 따라서 투자자는 그 내용을 잘 파악하는 것이 중요하다. 부채가 기업 외부뿐만이 아니라 내부에서도 발생하는데, 대표적인 것이 바로 퇴직 급여 충당금이다.

1) 유동 부채

유동 부채는 1년 이내에 갚아야 하는 부채이다. 먼저 회계에서 '유동성'이란 1년을 기준으로 나눈다는 점을 알아두자.

부채와 자산 내역은 관행상 유동성 순서로 기록한다(대한민국 회계 기준인 국제회계기준K-IFRS에서 각 항목의 기록 순서는 기업 자율이다. 그래서 극히 일부 기업은 유동성을 무시하고 작성하기도 한다).

부채를 갚아야 하는 시간에 따라 구분한 것은, 기업이 급작스러운 위기 상황을 마주했을 때 즉각 대처가 가능한지 한눈에 파악하기 위해서이다. 평소 유동성을 기준으로 유동 부채와 비유동 부채로 구분하여 표시하면, 투자자는 이를 바탕으로 다양한 투자 판단을 할 수 있다.

유동 부채는 뒤에 나올 유동 자산(1년 이내에 현금화할 수 있는 자산)과 비교하여 유동 비율을 계산하는 중요한 축이 되는데, 우량 기업은 유동 비율이 높다.

$$\text{유동 비율} = \frac{\text{유동 자산}}{\text{유동 부채}}$$

유동 비율은 1년 이내에 갚아야 하는 빚과 1년 이내에 현금화가 가능한 자산을 비교하여 위기 대처 능력을 파악하는 요소로 활용한다.

2) 매입 채무

매입 채무는 다른 기업으로부터 제품(서비스) 등을 제공받았지만, 아직 그 대금(돈)을 주지 않은 상태를 말한다. '물건은 받았지만, 돈은 일정 기간 후에 주겠다'라는 의미로, 물건을 받은 기업 입장에서는 매우 유리한 상황이다. 더군다나 매입 채무는 이자를 지급하지 않는 무이자 부채이다.

매입 채무를 처음 접하는 투자자들은 다소 혼란스러울 수도 있는데, 돈이 오가지 않았지만, 물건이 오간 것을 기록했기 때문이다. 이는 재무제표 작성 기준에 따른 것인데, 재무 상태표와 손익 계산서는 '발생주의 원칙'에 따라서 기록하고, 현금 흐름표는 '실현주의 원칙'에 따라서 기록한다는 점도 알아두자.

발생주의	행위 발생을 기준으로 재무제표를 작성하는 방식이다. 돈의 움직임과는 상관없다.
실현주의	돈의 움직임을 중심으로 재무제표를 작성하는 방식이다.

매입 채무와 반대되는 재무 상태표 자산 항목의 매출 채권도 같이 살펴보자.

매입 채무(부채)	타인으로부터 제품(서비스) 등을 받고 대금을 지불하지 않은 상태
매출 채권(자산)	타인에게 제품(서비스) 등을 제공하고 대금을 받지 못한 상태

매입 채무는 다른 기업의 물건이 내 회사에 있는 것이고, 매출 채권은 내 회사의 제품이 다른 기업에 있는 것이다. 둘의 공통점은, 돈은 아직 서로 오가지 않았다는 점이다.

3) 유동성 장기 부채

'장기'란 단어가 들어가 있어 상환 기간이 긴 부채로 오해하기 쉬운데, 1년 이내에 상환해야 하는 부채이다. 이 부채의 출발은 1년이 넘는 장기 부채였다. 그러나 시간이 경과하여 1년 이내에 갚아야 하는 부채로 옮겨졌다. 다시 말해 새로 생긴 부채가 아니라 과거로부터 시간이 경과한 부채이다.

기간	부채 잔액	표시 항목	내용
3년	3,000만 원	장기 부채	매년 1,000만 원씩 상환한다는 가정
2년	2,000만 원	장기 부채	
1년	1,000만 원	유동성 장기 부채	

4) 비유동 부채

상환 기간이 1년 이상인 부채이다. 천천히 갚아도 되므로 단기 부채보다는 안정성이 높다.

자산

자산은 자본과 부채를 통해 조달된 돈을 활용하여, 기업 활동에 필요한 항목들을 어떻게 꾸렸는지를 자세히 나타내고 있다. 한마디로 자산은 기업의 각종 구성 요소들이다.

자산 = 부채 + 자본

자산도 보통은 유동성 순서에 따라서 내용을 기록하기 때문에 유동성이 가장 큰 현금 및 현금성 자산이 가장 먼저 나온다.

현금 및 현금성 자산	기업이 보유하고 있는 현금
매출 채권	물건을 팔고 아직 대금을 받지 못한 상태
재고 자산	기업이 판매를 위해 가지고 있는 재고
유형 자산	형태가 있는 자산(기계 등)
무형 자산	형태가 없는 자산(특허 등)

1) 현금 및 현금성 자산

기업은 보유 현금 대부분을 은행에 넣어 둔다. 그래서 '현금성 자산'이란 그 형태가 '현금'은 아니지만 은행 예금, 단기 채권 등의 형태로 되어 있어, 기업이 원하면 언제든지 1년 이내에 현금으로 바꿀 수 있는 자산을 말한다.

2) 매출 채권

매출 채권은 물건(서비스) 등을 다른 기업에 납품하고 아직 돈을 받지 못하고 있는 상황으로, 돈을 받으면 매출 채권은 같은 자산 항목인 '현금'으로 변한다.

기업은 거래 단위가 크기 때문에 물건을 팔고(매출 이후), 바로 현금을 받는 경우는 거의 없다. 그래서 매출이 발생하면, 바로 현금이 증가하는 것이 아니라 매출 채권이 증가하고, 이후 대금(돈)이 들어오면 매출 채권은 재무 상태표에서 사라지며 현금이 증가하는 순서다.

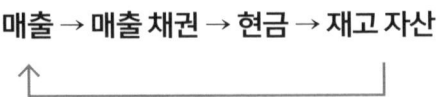

3) 대손 충당금

대손 충당금은 '매출 채권 중 회수가 어려울 것으로 예상되는 금액'을 미리 비용 처리하는 것이다. 안타깝게도 기업은 일정 금액의 돈을 받지 못하는 경우가 있는데, 이를 감안하여 미리 반영한다(회계는 '보수주의 원칙'을 따르는데, 상황이 불명확할 때는 최대한 보수적으로 기록한다는 원칙이다. 대손 충당금도 그런 이유로 작성한다). 대손 충당금은 기업의 과거 평균 데이터를 통해 나름의 부도율을 추정하여 결정한다. 그리고 그 근거는 사업 보고서의 '주석'에 밝힌다. 재무 상태표에 나오는 매출 채권은 대손 충당금을 뺀 금액이다.

매출 채권	100억 원(원래 금액)
(−) 대손 충당금	(2억 원)손익 계산서에서 비용 처리
매출 채권	98억 원(재무 상태표 기록 금액)

대손 충당금은 기업이 닥쳐올 어려움을 미리 반영하는 용도로도 사용되는데, 예를 들어 금융 기관은 특정 기업의 부도 위험이 갑자기 높

아지면 해당 대출금을 대손 충당금으로 미리 반영한다(2021년 자영업 대출 관련 대손 충당금 증가로 은행 이익 감소 → 배당액 축소).

4) 재고 자산

재고 자산은 '판매를 목적'으로 만든 물건(만들고 있는 물건 및 원재료 포함)을 쌓아둔 것을 말한다. 기업이 물건을 만들면 '재고 자산' 항목이 되고, 이것이 팔리면 '매출'이 되며, 재고 자산으로 평가되었던 금액은 '매출 원가'가 된다. 현금을 사용하여 물건을 만들고, 이는 바로 재고 자산이 된다.

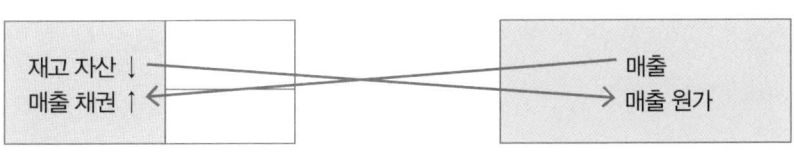

재고를 팔면 매출이 발생하고, 이는 매출 채권이 된다.

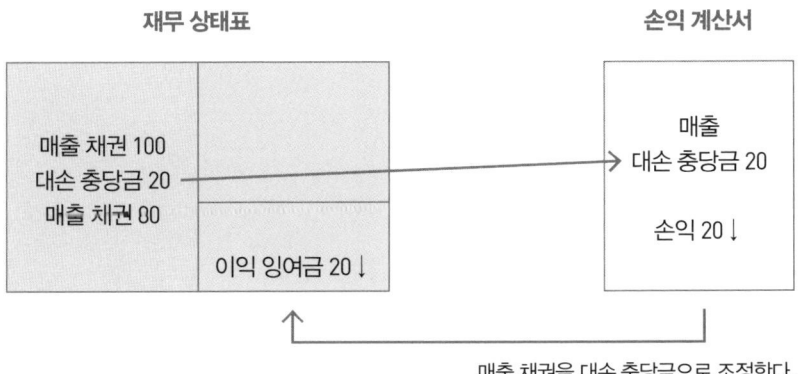

매출 채권을 대손 충당금으로 조정한다.

5) 투자 자산

투자 자산은 기업이 다른 회사 지분 등에 투자하고 있는 현황을 나타낸다. 기업은 본업과 관련이 있든 없든 상관없이 여유 자금 활용을 위해 다양한 분야에 투자한다. 투자 자산은 이러한 것들을 분류하여 기록한 것이다.

6) 유형 자산과 무형 자산

기업이 보유하고 있는 각종 자산의 모음이다. 세부적으로 기계, 비품, 차량, 특허권 등을 말한다. 여기서 유무형 자산은 형태의 차이다. 유형 자산은 형태를 갖추고 있는 자산을 말하고, 무형 자산은 형태가 없는 자산이다. 단, 무형 자산은 그 가치를 '화폐 단위로 표시'할 수 있어야 한다.

꼼꼼히 살펴봐야 하는 손익 계산서

손익 계산서는 투자자들이 가장 먼저 그리고 가장 많이 보는 표로, 기본적인 지식이 없어도 손익 계산서의 '매출'과 '당기 순이익' 정도는 살펴본다. 손익 계산서는 매우 익숙하지만, 잘못 이해하고 있는 부분도 많으니, 꼼꼼히 살펴보도록 하자.

손익 계산서는 재무 상태표보다 간단한데, '매출'과 '비용' 그리고 '손익'으로 구성된 단순한 구조를 가지고 있다. 즉 물건을 판매한 이후, 여기에 관계된 기업의 각종 비용을 구분하여 빼고, 이후 얼마의 이익이 났는지 혹은 얼마이 손실이 발생했는지를 순시대로 정리한 표이나.

손익 계산서 : 매출 − 각종 비용 = 손익 (이익 or 손실)
(여기서는 '이익'이라는 말 대신 '손익'이라는 단어를 사용한다)

다음은 삼성전자의 2024년 12월 결산기에 재무 상태표와 손익 계산서의 기간을 표시한 부분이다.

```
        연결 재무상태표
    제 56 기    2024.12.31 현재
    제 55 기    2023.12.31 현재
    제 54 기    2022.12.31 현재
```

```
        연결 손익계산서
제 56 기 2024.01.01 부터 2024.12.31 까지
제 55 기 2023.01.01 부터 2023.12.31 까지
제 54 기 2022.01.01 부터 2022.12.31 까지
```

그런데 기간을 나타내는 말로, '현재'와 '까지'라는 다른 단어를 사용하고 있다. 이 차이점 또한 중요한데, 재무 상태표는 2024년 12월 31일 '현재 시점stock'의 재무 상태를 나타낸다는 의미이고, 손익 계산서는 2024년 1년 '동안flow'의 매출과 손익을 계산했다는 것을 의미한다.

재무 상태표	특정 시점(결산 시점 등)의 재무 상태 (2024년 12월 31일 현재) → stock
손익 계산서	일정 기간 동안의 매출과 비용을 기록 (2024년 1월 1일부터 2024년 12월 31일까지) → flow

또 '연결'이라는 단어도 있는데 연결 재무 상태표, 연결 손익 계산서로 쓰인다. '연결'이란 회사와 관련 있는 기업의 회계도 같이 더해서 표시하고 있다는 의미이다. 연결의 대상은, 대상 기업의 지분 50% 이상을 보유하고 있거나, 그 이하라도 실질적으로 지배한다고 판단되면 그 비율에 따라 회계를 하나로 합치는 것이다.

기업은 연결 재무제표뿐만 아니라 별도 재무제표도 같이 작성하는

삼성전자 2024년 12월 손익 계산서

연결 손익계산서

제 56 기 2024.01.01 부터 2024.12.31 까지
제 55 기 2023.01.01 부터 2023.12.31 까지
제 54 기 2022.01.01 부터 2022.12.31 까지

(단위 : 백만원)

	제 56 기	제 55 기	제 54 기
매출액 (주29)	300,870,903	258,935,494	302,231,360
매출원가 (주21)	186,562,268	180,388,580	190,041,770
매출총이익	114,308,635	78,546,914	112,189,590
판매비와관리비 (주21,22)	81,582,674	71,979,938	68,812,960
영업이익 (주29)	32,725,961	6,566,976	43,376,630
기타수익 (주23)	1,960,338	1,180,448	1,962,071
기타비용 (주23)	1,625,229	1,083,327	1,790,176
지분법이익 (주9)	751,044	887,550	1,090,643
금융수익 (주24)	16,703,304	16,100,148	20,828,995
금융비용 (주24)	12,985,684	12,645,530	19,027,689
법인세비용차감전순이익	37,529,734	11,006,265	46,440,474
법인세비용(수익) (주25)	3,078,383	(4,480,835)	(9,213,603)
당기순이익	34,451,351	15,487,100	55,654,077
당기순이익의 귀속			
지배기업 소유지분	33,621,363	14,473,401	54,730,018
비지배지분	829,988	1,013,699	924,059
주당이익 (주26)			
기본주당이익 (단위 : 원)	4,950	2,131	8,057
희석주당이익 (단위 : 원)	4,950	2,131	8,057

데, 이때 당연히 숫자가 달라지므로 투자자는 본인이 어떠한 표를 보고 투자 판단을 내리는지 알아야 한다.

가장 먼저 살펴봐야 할 매출

매출은 물건(서비스)을 파는 것이다. 매출을 손익 계산서에 기록하는 시점은, 계약할 때가 아니고 실제 물건을 넘길 때가 기준이다. 즉 커피점에서 손님에게 주문을 받는 것이 아닌, 커피를 만들어서 손님에게 건네는 순간을 매출로 기록하는 것이다.

매출은 손익 계산서 '제일 위'에 기록한다. 올바른 손익 계산서 분석을 위해서는 제일 아래에 있는 당기 손익부터 보지 말고, 맨 위의 매출부터 순서대로 봐야 한다. 기업을 분석하는 것은 한 단면을 보는 것이 아니라 전체를 보는 것이기 때문에 손익 계산서를 흐름에 따라 매출부터 보는 습관을 들여야 한다. 매출은 기업이 존재하는 첫 번째 이유로, 매출의 변화에 따라 기업의 가치가 달라지는데, 매출이 늘어나지 않으면, 생존 문제로 불거지므로 긴장해야 한다.

위대한 투자자들은 매출을 종종 '수원지水源地(물이 흘러나오는 근원이 되는 곳)'라고 비유한다. 강이 마르지 않고 바다까지 흐르기 위해서는 수원지에서 많은 물을 뿜어져 나와야 하는 것처럼 기업도 각종 비용을 빼고 순이익을 남기기 위해서는 근본적으로 매출이 지속적으로 일어나야 한다는 것을 의미한다.

손익에 영향을 주는 비용

제품을 생산하는 과정 및 기업을 운영하는 과정에서 각종 비용이 발생한다. 비용에는 종류가 많은데, 회계에서는 그 성격에 따라 비용을 크게 세 가지로 구분하고 있다. 이렇게 하면 기업의 현황을 파악하는 데 도움이 되기 때문이다.

매출 원가	제품을 만드는 데 들어가는 비용	영업 이익에 영향
일반 관리비	회사를 운영하는 데 필요한 인건비, 운영비 등	
영업 외 비용	환율과 금리 등의 외부 변수에 따른 영향과 일시적인 비용을 모아 놓은 것	당기 손익에 영향

비용은 당연히 들어가는 돈이지만, 기업의 수익을 깎아 먹는 요소이기 때문에 어떠한 비용이 손익에 크게 영향을 주는지 파악하는 것이 중요하다. 비용을 '원가'와 '관리비'로 나눈 것은 제품의 생산과 기업의 운영을 구분하여 정리했기 때문이다.

매출 원가

매출 원가는 제품 생산에 직접적으로 들이긴 비용이다. 그런데 매출 원가를 계산할 때는 원재료비와 재고 등의 관계도 동시에 파악해야 한다. 다소 복잡할 수도 있으니 정신을 바싹 차리자. 기업은 제품을 하나씩 만들지 않고 대량 생산하기 때문이다.

'스마트폰 100대를 팔았다'라면 이를 매출에 기록하고, 100대를 만들 때 들어간 비용을 매출 원가로 계산한다.

매출 : 100대 × 대 당 판매 가격(100만 원) = 100,000,000원
매출 원가 : 100대 × 대 당 생산 가격(70만 원) = 70,000,000원

그런데 기업은 스마트폰을 100대씩만 생산하지 않고, 일정량의 스마트폰을 미리 만들어 두었다가 판다. 기업이 아직 판매하지 않은 스마트폰을 만들면, 이는 재고로 기록한다(재무 상태표 재고 자산). 스마트폰 한 대를 만드는 비용이 70만 원이고, 스마트폰 재고가 1천 대 있다고 하면, 재고 자산은 '70만 원 × 1천 대 = 7억 원'이 된다. 이후 스마트폰을 100만 원씩 100대를 팔면 재고 자산은 6억 3,000만 원이 되고 7,000만 원은 매출 원가가 된다.

	재고	생산 단가 (매출 원가)	재고 자산
생산	1,000대	70만 원	7억 원
100대 판매	900대	7,000만 원	6억 3000만 원

(매출 100만 원 × 100대) − (매출 원가 70만 원 × 100대) = 영업 이익

(판관비를 고려하지 않는다)

이렇듯 물건이 팔리면 재고를 가져와서 매출 원가로 계산한다. 매출 원가는 매출이 늘어나면 같이 늘어나고, 매출이 줄어들면 같이 줄어든다. 그리고 매출 원가를 기록하는 시점의 재고 평가 금액에 따라 매출 원가도 달라진다.

일반 관리비

일반 관리비는 기업을 운영하는 데 들어가는 각종 비용을 모아 놓은 것이다. 대표적으로 인건비, 감가상각비, 각종 소모품비 등으로 구성된다. 일반 관리비는 매출과 연관성이 떨어지지만, 역설적으로 매출과

삼성전자 2024년 12월자 판매비와 관리비

판매비와관리비에 대한 공시
당기 (단위 : 백만원)

			공시금액
판매비와관리비 합계			81,582,674
판매비와관리비 합계	경상연구개발비를 제외한 판매비와관리비 소계		46,584,532
	경상연구개발비를 제외한 판매비와관리비 소계	급여	8,647,408
		퇴직급여	453,164
		지급수수료	8,807,740
		감가상각비	1,689,079
		무형자산상각비	716,646
		광고선전비	5,428,555
		판매촉진비	7,300,311
		운반비	2,960,237
		서비스비	3,843,980
		기타판매비와관리비	6,737,412
	경상연구개발비-연구개발 총지출액		34,998,142

상관없이 일정하게 들어가는 비용으로 불황기에는 손익에 미치는 영향이 커진다.

다음 표에서 보듯이 향후 배울 재무 상태표 중요 내용인 감가상각비용도 이곳에서 처리한다.

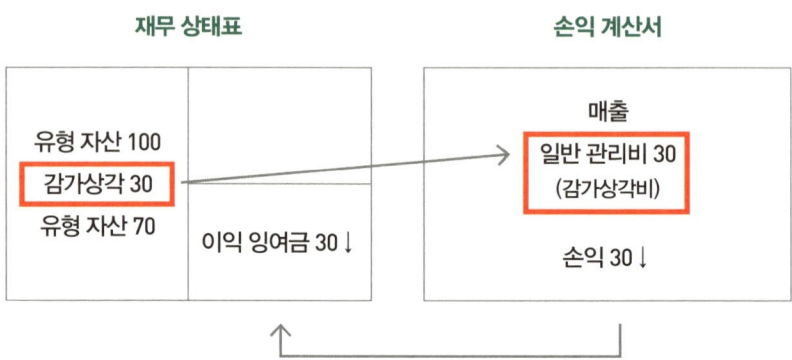

비용을 이렇게 나누면, 기업을 분석하는 데 매우 요긴하다. 이제 관심 기업의 비용이 증가했다면, 그 원인이 원자재와 관련된 비용 때문인지, 인건비 상승 때문인지 파악할 수 있을 것이다. 그리고 이를 통해 기업의 상황을 정확하게 볼 수 있다.

기업 활동의 결과물인 영업 이익

영업 이익은 매출에서 각종 비용인 매출 원가와 일반 관리비를 빼면 나온다.

매출 − (매출 원가 + 일반 관리비) = 영업 이익

영업 이익은 기업 활동의 결과물이므로 투자자들이 가장 관심 있게 봐야 하는 중요한 항목이다. 그래서 투자자에게는 당기 손익보다 더 중요한 요소가 된다. 많은 위대한 투자자도 영업 이익에 집중했다.

부수적인 항목을 계산한 영업 외 손익

영업 외 손익은 본업과의 연관성은 떨어지지만, 기업 활동 과정에서 발생하는 다양한 부수적인 항목들을 추가적으로 계산한 것이다. 대표적으로 이자 수익과 비용, 외화 환산 손익 등이 있다. 이들도 때에 따라 기업 이익에 큰 영향을 미치기도 한다.

1) 이자

많은 기업이 이자가 있는 부채를 가지고 있는데, 이는 금리라는 외부 변수에 따라 기업 이익에 영향을 준다(일부 기업은 막대한 예금에 따른 이자 수익으로 기업의 이익이 증가하는 경우도 있다).

2) 환율

환율의 변동이 기업에 영향을 주는 방식은 두 가지 경로가 있는데, 이는 '환율 효과'와 '환차익'으로 투자자들이 종종 혼동하기도 한다.

이를 정리하면 다음과 같다.

구분	내용	손익 계산서 항목
환율 효과	환율의 변동에 따라서 매출이나 원가 등이 영향 받는 효과	매출 매출 원가
환차익	보유하고 있는 외환에 대해서 손익이 발생하는 것	영업 외 손익

환율 효과는 매출 및 매출 원가 등이 반영되기 때문에 영업 외 손익 항목이 아니다. 즉 원화 약세(1,100원 → 1,300원)가 되면 동일 양의 수출 매출에 대해 금액 증가 효과를 볼 수 있지만, 동시에 원자재 수입 가격은 증가하여 비용이 증가한다. 반대로 원화 강세가 되면 매출이 줄어든다. 환차익은 환율의 변동으로 외환 예금이나, 투자 포지션에 따른 차익을 기록한 것으로 영업 외 손익 항목이 된다.

3) 일회성 손익

기업이 때때로 발생하는 일회성 이익이나 비용은 영업 외 손익에서 처리한다. 대표적인 예는 건물 매각 차익과 소송 비용 등이다. 기업이 보유한 건물을 매각하여 생기는 이익은 일상적인 영업 환경과는 다르다. 또한 다양한 문제로 발생하는 소송 등과 관련된 비용도 영업 활동이 아니다.

이렇듯 투자자는 영업 활동 외에서 발생하는 비용을 구분할 필요가 있다.

기업 활동의 최종 결과물인 당기 손익

당기 손익은 기업이 어떤 활동을 했는가보다는, 최종 결과라는 것에 의미가 있다. 기업의 목표는 매출을 발생시킨 후 각종 비용을 처리한 뒤, 최종적으로 당기 순이익을 남기는 것이다. 만약 기업이 지속적으로 당기 순이익을 남기지 못한다면, 살아남지 못한다. 기업은 이익을 바탕으로 기업의 규모를 계속 키워나가거나 아니면 주주들에게 많은 배당을 주어야 한다. 이렇듯 당기 순이익은 기업의 존재 가치를 확인시켜 주는 매우 중요한 지표다.

한편 손익 계산서의 당기 순이익은 재무 상태표 자본 항목의 이익 잉여금으로 옮겨져 쌓이는데, 이는 주주들의 돈이 불어나고 있음을 의미한다.

현금 보유 상태를
알 수 있는 현금 흐름표

 현금 흐름표는 다른 재무제표와는 다르게 기업 내의 실제 현금 움직임을 중심으로 작성된다. 그런데 재무 상태표와 손익 계산서가 기업의 현황을 잘 나타내고 있음에도, 왜 현금만 따로 떼어서 표를 작성하는 걸까?

 현금 흐름표는 기업에 현금이 중요하다는 인식에서 출발했다. 그리고 재무 상태표와 손익 계산서는 현금으로만 이루어지지 않는다는 점도 작용했다. 매출 채권(자산 항목)과 매입 채무(부채 항목)는 활동과 현금 흐름이 불일치하는 대표적인 항목이다.

 매입 채무가 늘어나면 부채 비율이 올라가지만, 기업은 여기에서 발생한 현금을 활용하고 있기 때문에 불안해 할 사항이 아니라는 점을 앞서 이야기했다. 반면 기업이 원자재 구입 등 비용을 들여 열심히 매출을 만들었지만, 정작 매출 채권으로 쌓이기만 하고 필요한 시기(예를 들어, 대출금을 갚아야 하는 경우)에 기업에 돈이 들어오지 않는다면 문제가 발생한다. 그런데 손익 계산서에는 정작 이러한 내용이 나타나지 않는다. 매출이 발생하고 매출 채권만 쌓여도, 손익 계산서는 자동으로 이익이 남았다는 신호를 주는데, 정작 기업에는 돈이 없어 부도가 나면 이를 '흑자부도'라고 한다. 현금 흐름표의 중요한 목적 중 하나는 이러한 흑자부도 기업을 미리 찾아내기 위한 것도 있다.

손익 계산서의 순이익은 기업의 실제 현금 흐름과 무관하다. 그래서 순이익이 증가한 기업이라도 기업 내에는 현금이 없으면(순이익으로 부채를 상환했거나, 전부 투자를 했을 경우 등), 기업은 외부로부터 자금을 빌려야만 하고, 그를 위해 혹시라도 증자를 하면 주주들의 가치는 희석이 되기 때문에 사전에 이러한 징후를 파악하는 것도 매우 중요하다.

기업이 살아남는 데 현금은 아주 중요하며, 이를 확인하기 위해서는 기업의 현금 보유 상태는 반드시 현금 흐름표를 통해서 확인해야 한다. 오직 현금 흐름표만이 기업 내의 현금 보유 내역을 정확히 알려주고 있다. 현금 흐름표는 재무 3표 중 임의로 수정하기가 가장 어렵다고 하는데, 현금의 움직임이 명확하기 때문이다. 또한 현금 흐름표는 발생주의 원칙에 따른 손익 계산서나 재무 상태표와 달리 실현주의 원칙에 따라 작성한다는 점도 알아 두자.

한화솔루션 2025년 7월 말 기준 현금 흐름표

현금흐름표

제 52 기 반기 2025.01.01 부터 2025.06.30 까지
제 51 기 반기 2024.01.01 부터 2024.06.30 까지

(단위 : 백만원)

	제 52 기 반기	제 51 기 반기
영업활동으로 인한 현금흐름	555,981	98,173
영업으로부터 창출된 현금흐름	543,087	60,104
법인세 납부	(4,934)	20,069
배당금 수취	17,828	18,000
투자활동으로 인한 현금흐름	(8,630)	(726,359)
이자수취	14,923	19,086
배당금 수취	21,241	52,154
기타금융자산의 감소	65,002	82,617
관계기업투자자산의 처분	400,000	6,590
정부보조금의 수령	272	428
유형자산의 처분	31,215	515
무형자산의 처분	337	0
매각예정자산의 처분	12,474	12,883
기타금융자산의 증가	(73,133)	(68,082)
유형자산의 취득	(175,653)	(453,954)
무형자산의 취득	(1,760)	(680)
매각예정자산의 취득	0	(43)
관계기업등투자자산의 취득	(303,548)	(377,873)
재무활동으로 인한 현금흐름	(577,565)	690,106
차입금의 차입	2,197,813	1,913,668
임대보증금의 증가	1	13
신종자본증권의 배당	(20,825)	0
차입금의 상환	(2,537,269)	(994,386)
임대보증금의 감소	(1)	0
이자지급	(153,491)	(164,628)
배당금지급	(51,695)	(51,694)
리스료 지급	(12,098)	(12,867)
현금및현금성자산의 증가(감소)	(30,214)	61,920
기초현금및현금성자산	80,917	98,394
외화표시 현금및현금성자산의 환율변동	(2,063)	339
반기말현금및현금성자산	48,640	160,653

현금 흐름표는 크게 '영업 활동 현금 흐름', '투자 활동 현금 흐름', '재무 활동 현금 흐름'으로 구분된다.

영업 활동 현금 흐름

'영업 활동 현금 흐름'은 말 그대로 기업의 영업 활동에서 발생한 현금 흐름이다. 그런데 이는 내용이 너무 방대하여 일일이 그 내용을 찾아서 작성하는 게 현실적으로 불가능하다. 삼성전자의 영업 활동과 관련된 내용을 일일이 찾아서 기록할 수 있을지를 생각해 보면 쉽게 이해가 간다. 그래서 영업 활동 현금 흐름은 손익 계산서를 이용한 간접법으로 작성한다. 먼저 손익 계산서의 당기 손익을 영업 현금 흐름 제일 위에 둔다. 그리고 그 숫자에 감가상각처럼 실제 현금이 유출되지 않지만, 비용으로 처리했던 항목들을 더 해주고, 현금이 들어오지 않은 항목은 빼 주는 식으로 계산한다. 영업 활동 현금 흐름은 당연히 플러스를 유지해야 기업에 자금이 원활하게 돈다.

삼성전자 2024년 사업 보고서

연결 현금흐름표
제 56 기 2024.01.01 부터 2024.12.31 까지
제 55 기 2023.01.01 부터 2023.12.31 까지
제 54 기 2022.01.01 부터 2022.12.31 까지

(단위 : 백만원)

	제 56 기	제 55 기	제 54 기
영업활동현금흐름	72,902,021	44,137,427	62,181,346
영업에서 창출된 현금흐름	75,830,873	46,547,889	71,728,568
당기순이익	34,451,351	15,487,100	55,654,077
조정 (주27)	42,947,079	36,519,534	33,073,439
영업활동으로 인한 자산부채의 변동 (주27)	(1,567,557)	(5,458,745)	(16,998,948)
이자의 수취	4,008,359	4,786,010	2,136,795
이자의 지급	(675,049)	(844,691)	(714,543)
배당금 수입	268,482	269,169	529,421
법인세 납부액	(6,450,044)	(6,620,950)	(11,498,895)

27. 현금흐름표 (연결)

현금흐름의 회계정책에 대한 기술

연결회사는 영업활동 현금흐름을 간접법으로 작성하였습니다. 당기 및 전기 중 영업활동 현금흐름 관련 조정 내역 및 영업활동으로 인한 자산부채의 변동은 다음과 같습니다.

영업활동현금흐름
당기 (단위 : 백만원)

		공시금액
조정내역 계		42,947,079
조정내역 계	법인세비용 조정	3,078,383
	금융수익	(7,412,419)
	금융비용	3,879,286
	퇴직급여	1,571,338
	감가상각비	39,649,982
	무형자산상각비	2,980,840
	대손상각비	61,705
	배당금수익	(134,952)
	지분법이익	(751,044)
	유형자산처분이익	(81,647)
	유형자산처분손실	124,018
	재고자산평가손실환입	(527,092)
	재고자산평가손실	
	기타	508,681

※ 현금 흐름표 상에 '조정'으로 표시한 것이 감가상각비 등을 가감한 것이다.

투자 활동 현금 흐름

'투자 활동 현금 흐름'은 기업의 투자와 관련된 사항을 모아 놓은 것이다. 투자 활동과 재무 활동은 그 내용이 많지 않아서 하나하나 그 내용을 찾아서 기록하는 직접법을 사용한다. 투자 활동에는 크게 설비 투자와 다른 기업에 하는 지분 투자가 있다. 이중에서 설비 투자CAPEX는 기업의 연속성을 확보할 수 있는 중요한 일로 자금이 가장 많이 들어간다. 그렇지만 기업은 미래를 위해 투자를 지속해야 하는 경우가 많다. 이때 필요한 돈은 영업 활동 현금 흐름에서 만들어진 것으로 하는 것이 가장 좋지만, 상황이 여의치 않다면 뒤에 나오는 재무 활동 현금 흐름을 통해 만들어야 한다.

재무 활동 현금 흐름

재무 활동은 돈을 모으는 행위(빌리는 행위)와 돈을 갚는 행위 모두가 해당된다. 돈을 모으는 것은 증자를 하거나, 대출을 받거나, 채권 등을 발행하는 것이고, 반대로 이를 상환하면 돈을 갚는 행위가 된다. 그래서 '재무 활동 현금 흐름'은 증자나 대출로 돈을 모으면 (+), 돈을 갚으면 (−)가 된다.

현금 흐름표로 기업의 현황을 파악

회사 설립 초기나 막대한 투자를 단행하기 위한 자금 조달의 경우가 아니라면, 재무 활동 현금 흐름은 마이너스(−)를 유지하는 것이 좋다. 투자자들에게 배당을 주어도 당연히 마이너스가 된다.

지금까지 익힌 내용을 종합하여 현금 흐름표를 보고 기업의 현황을 유추하는 방법을 알아보자. 다음 표는 각각 경우의 수를 모아 놓은 것으로, 이를 활용하면 기업 현황을 파악하기 좋으니 활용해 보자. 물론 상세 내역을 꼼꼼하게 확인하는 것은 필수다.

구 분	영업 활동 현금 흐름	투자 활동 현금 흐름	재무 활동 현금 흐름
우량 기업	+	−	−
성장 기업	+	−	+
구조 조정 기업	+	+	−
재활 기업	−	−	+
위험 기업	−	+	−
도산 직전 기업	−	−	−

1) 우량 기업

영업 활동에서 창출된 현금으로 투자 활동에 필요한 자금을 충당하고, 이후 부채 등을 상환하는 모습을 보인다. 즉 기업에 필요한 모든

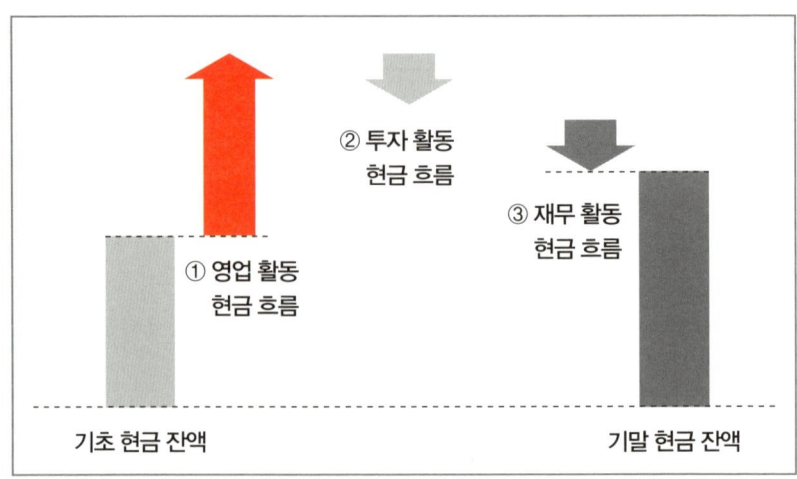

자금을 영업 활동에서 창출된 현금 흐름으로 해결하고 있다. 우량 기업은 앞의 그림과 같은 형태를 나타내야 한다. 한해가 지날 때마다 다양한 활동 이후에 현금이 쌓여야만 하는 것이다. 이를 세부적으로 살펴보면, 영업 활동 현금 흐름은 당연히 (+)가 나와야 하고, 투자 활동과 재무 활동 현금 흐름은 (-)가 나오는 것이 좋다.

2) 성장 기업

영업 활동에서 현금을 창출하고는 있지만, 성장을 위한 투자 자금이 부족하여 외부에서 추가로 자금을 충당(유상 증자 등)하는 모습이다. 이 경우 외부 자금의 유입이 성장세를 뒷받침하는 것으로 봐야 한다. 그렇다면 향후 투자 활동으로 인해 부채를 갚는 우량 기업으로 전환될 수 있다.

3) 구조 조정 기업

부채가 많은데 영업 활동으로 창출하는 현금 흐름이 크지 않다. 그래도 영업 활동에서 현금 흐름이 발생하고 있어 향후 다시 성장 가능성이 있다고 판단한다. 이때 과도한 부채를 줄이기 위한 구조 조정을 진행하기 위해 투자 자산 회수를 통해 부채를 상환하는 모습이다.

4) 재활 기업

현재 영업 활동에서 현금 흐름을 창출하지 못하고 있지만, 신규 투자를 한다면 수익을 낼 가능성이 있는 기업이다. 이때 새 자금을 투입 받아 설비 투자 등을 개시하여, 향후 영업 이익의 발생을 기대한다.

5) 위험 기업

영업 활동에서 현금 창출을 지속적으로 하지 못한 상태로 생존 가능성이 희박하다고 판단해 금융권 등에서 부채 상환 압박을 받는 경우이다. 어쩔 수 없이 투자 자산 등을 매각하여 부채를 상환하고 있다. 투자 자산의 훼손으로 향후 성장성도 부정적으로 예상된다.

6) 도산 직전 기업

영업 활동에서 현금이 발생하지 못하고 투자 자산의 회수도 더는 할 게 없지만, 부채 상환의 압박이 계속되는 경우다.

투자자가 현금 흐름표를 보는 이유는 항목별 움직임을 각각 파악하는 것도 중요하지만, 현재 기업에 얼마의 현금 여유가 있는가를 파악하는 것이 주 목적이다. 이를 위해서는 잉여 현금 흐름을 봐야 한다.

현금 흐름표는 기업을 운영, 생존하는 데 필요한 돈이 실제로 얼마나 있는지 알려준다. 즉 매출은 감소하지만 현재 보유 현금이 많다면, 다른 일을 벌릴 수 있는 여력이 아직 있다고 생각할 수 있다. 또 매출이 줄어들어 이익이 같이 줄어들지만, 보유 현금이 많이 있다면 당분간 회사에 큰 문제는 발생하지 않는다. 이때 관점은 여유 현금을 바탕으로 회사가 향후 먹거리를 빠르게 찾는가 하는 것이다. 투자자는 그러한 관점에서 기업을 추적 관찰해야 한다.

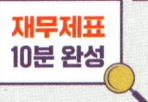

전자공시 분석하기
DART 사이트 활용법

투자자는 다양한 경로로 재무제표를 접하지만, 정확한 데이터를 보기 위해서는 금융감독원 전자공시 사이트인 'DART dart.fss.or.kr'를 통해서 확인해야 한다. 어렵게 분석했는데, 잘못된 데이터라면 낭패를 볼 수 있기 때문이다. 다트는 직접 찾아 들어가거나, 각 증권사 HTS MTS 나 포털 사이트를 통해서 접근할 수 있다.

다트 홈페이지에서 원하는 회사명(종목명)을 입력하고 기간, 자료의 성격을 설정하면 해당 내용을 즉시 확인할 수 있다. 이를 통해 기업의 연간 사업 보고서 및 분기 보고서 그리고 주요 공시 사항은 꼭 챙겨 읽는 습관을 들이자. 기업에 따라서는 사업 보고서 발표 이후에, 주주들과 소통을 위해 기업의 현황 및 전망을 담은 IR 자료를 발표하는데, 이는 다트의 IR 공시를 통해서 해당 페이지와도 연결이 된다.

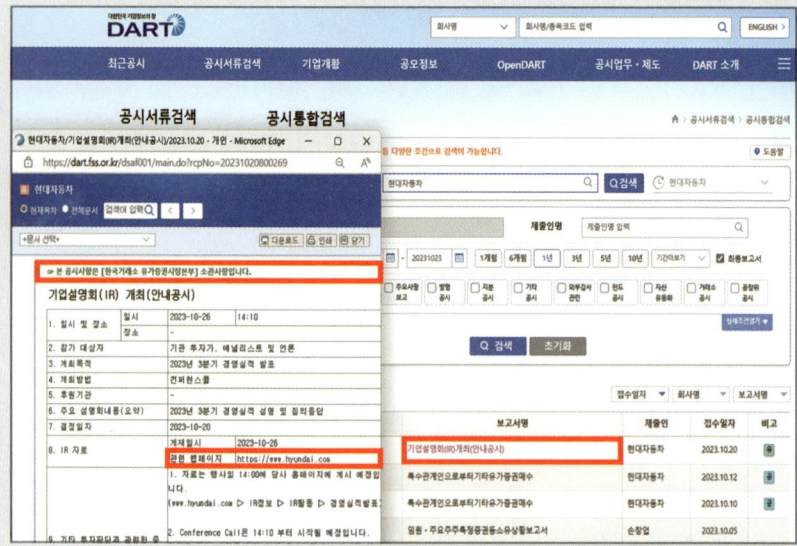

그런데 만약 사업 보고서를 처음 본다면, 사업 보고서 특유의 양식을 이해하는 데 적잖은 시간이 걸린다. 또한 그 양이 생각보다 방대하다. 그래서 이를 익히기 위해서 처음 한두 번 정도는 사업 보고서 전부

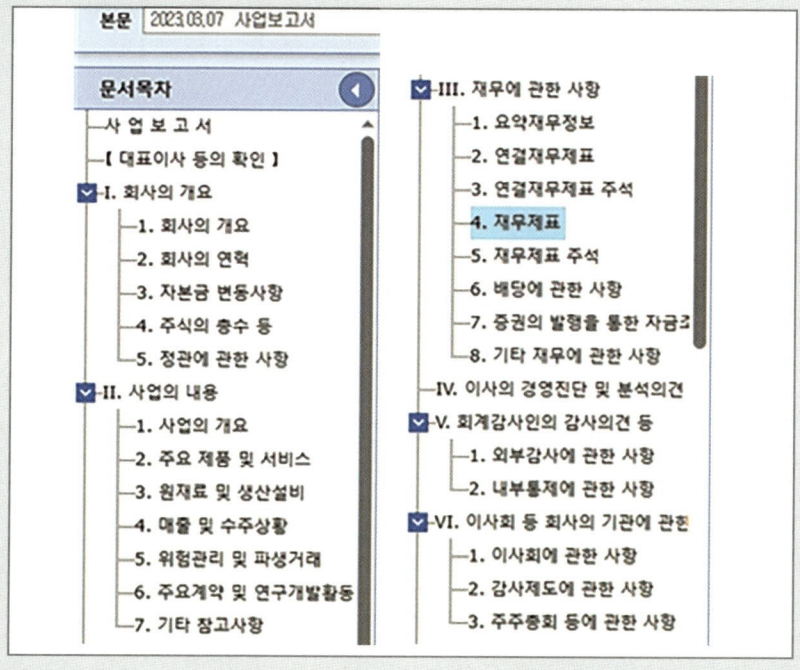

사업 보고서 목차

를 프린트해서 보는 것도 좋다. 사업 보고서 전부를 프린트하면 웬만한 기업도 A4 기준으로 100여 장이 훌쩍 넘어가지만, 전체적인 윤곽을 이해하기 위해서 한두 번은 해볼 만하다. 프린트를 한다면 업종 대표주를 중심으로 활용하면 좋다.

사업 보고서에는 영업 개요, 경쟁 관계 그 속에서 기업의 위치, 실적에 영향을 주는 요소 및 변화 등 기업의 현황을 파악하는 데 중요한 내용이 많다. 워런 버핏이 수시로 읽는다는 보고서는 증권사 리포트가 아니라 바로 기업의 사업 보고서이다.

> **알아 두면 쓸모 있는 주식 정보**
>
> 관심 기업의 중요 공시 내용이 다트에 올라올 때마다 즉각 확인해 본다는 것은 현실적으로 어렵다. 그런데 휴대전화에 'Dart' 앱을 설치하고 관심 기업을 '알리미 서비스'에 등록해 두면 새로운 사항이 입력될 때마다 알람이 오니 편리하게 이용할 수 있다.

나라별로 다른 재무제표 작성 기준

최근 글로벌 각국에 직접 투자하는 투자자들이 많아지고 있으며, 이에 따라 매체에서는 나라별 재무제표를 포함한 다양한 투자 정보를 제공한다. 그런데 각국의 재무제표는 표면적으로 모두 비슷해 보이지만, 작성하는 기준이 나라마다 다르다.

글로벌 각국은 각자의 상황과 기준에 따라 각기 다른 회계 기준을 쓰고 있는데, 큰 틀에서 보면 비슷하지만 세부적으로 들어가면 상황이 다르다. 그래서 글로벌 투자자라면 나라별, 특히 자기가 투자하는 국가는 어떠한 기준에 따라 재무제표가 작성되는지 당연히 알아야만 한다. 재무제표는 작성 기준에 따라 그 내용(숫자)이 확연히 달라진다. 예를 들어, 한국은 K-IFRS 기준에 따라 재무제표를 작성하지만 미국은 GAAP라는 기준에 의해 재무제표를 작성하는데, 큰 차이점은 연결 재무제표 작성 여부이다. 만약 글로벌 기업과 국내 기업의 재무제표를 비교한다면, 작성 기준을 감안하여 수정한 후 통일시켜서 봐야 한다.

사업 보고서와 감사 보고서의 관계

모든 상장사는 1년 활동을 마감(사업 연도)하면 관련 법에 따라 '외부 회계 법인'으로부터 회계 감사를 받고, 이 내용을 주주 총회 7일 전에 '감사 보고서'로 제출해야 한다. 여기서 감사 보고서는 기업이 작성하는 것이 아니고, 회계 자료를 검토한 외부 회계 법인이 작성한다.

투자자가 감사 보고서를 봐야 하는 이유는 다음 두 가지를 확인하기 위해서이다. 첫 번째는 '감사 의견'이다. 감사 의견은 외부 회계 법인이 해당 기업을 감사한 후 최종 의견을 한 마디로 표현한 것으로 '적

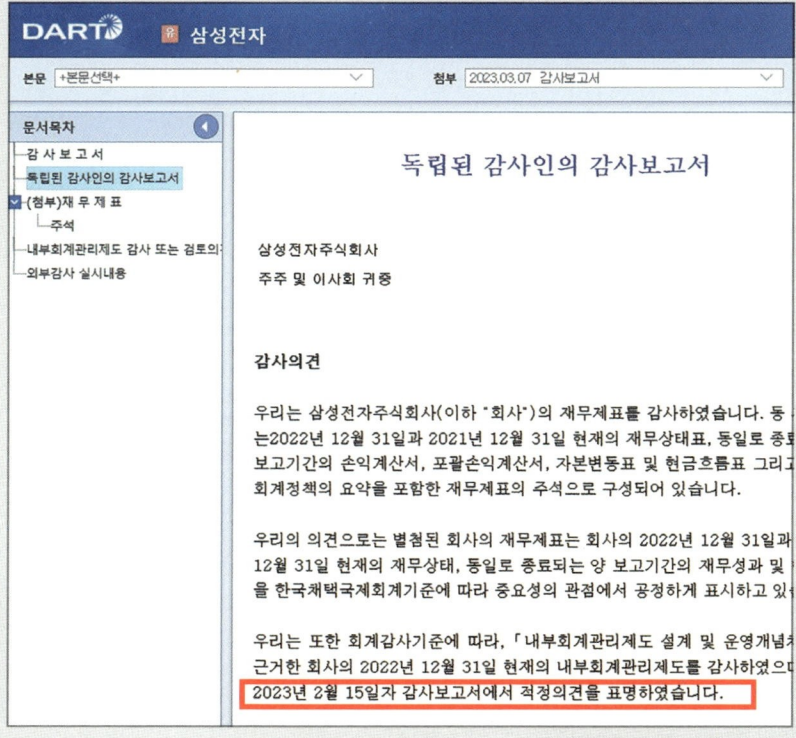

삼성전자 2022년 감사 보고서

정', '한정', '의견 거절', '부적정' 중 하나를 쓴다.

여기서 투자자들이 오해하는 사항이 있는데, 감사 의견 '적정'이 나왔다고 해서 회사가 '우량하다'는 것을 의미하는 게 아니라는 점이다. 감사 의견은 회사의 우량도와는 아무런 상관이 없고, 회사의 회계 처리가 규정에 따라 잘 되어 있는가를 확인해 줄 뿐이다. 역설적으로 재무적으로 부실한 회사가 있는 그대로 부실을 표시하면 감사 의견은 '적정'이 나온다. 문제는 '한정', '의견 거절'이 나오는 기업이다. 이들에게 일정 기간 개선 및 소명의 시간을 주지만, 그래도 감사 의견이 바뀌지 않는다면 상장 폐지 사유가 되기 때문에 매우 긴장해야 한다.

두 번째는 감사 보고서의 '주석'이다. 주석은 재무제표에 단순히 숫자로 표시된 것들이 어떻게 만들어졌고, 그 내용이 무엇인지 설명한 것이다.

감사 의견	의미
적정	기업 회계 처리를 감사한 결과 일반적으로 인정하는 기업 회계 원칙을 적용하여 적절하게 처리했음을 인정한다는 의미한다.
한정	감사 결과 기업 회계 원칙 적용에 문제가 있지만, 그 사항이 재무제표 판단에 크게 영향을 미치지는 않는다고 판단한 경우이다.
의견 거절	감사에 따른 합리적인 근거를 찾을 수 없어 감사인의 의견 표명이 불가능하다는 것을 의미한다.
부적정	감사 결과 기업 회계 기준에 위배되는 사항이 재무제표에 중대한 영향을 미쳐 기업 상태가 전체적으로 왜곡됐다고 판단된 경우이다.

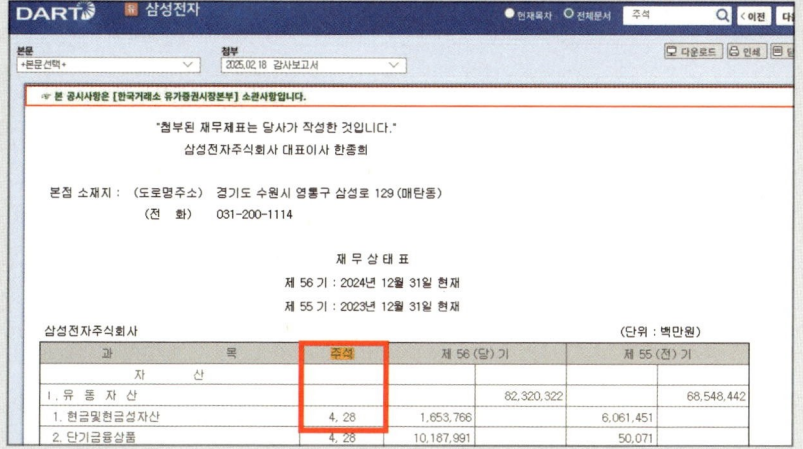

삼성전자 감사 보고서

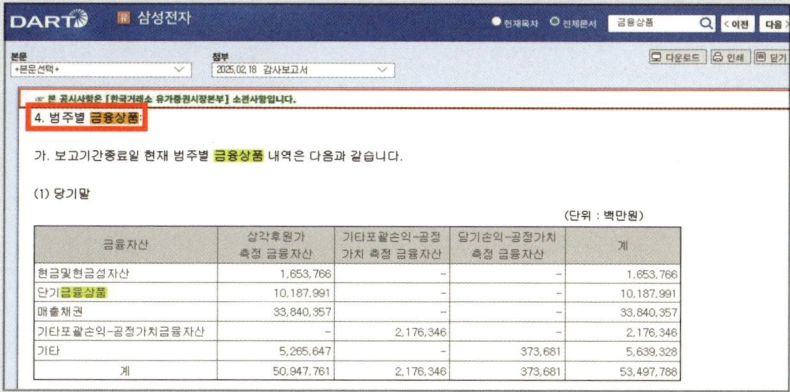

삼성전자 '현금 및 현금성 자산' 주석

    이렇듯 주석은 재무제표 상의 숫자를 이해하는 중요한 자료를 제공한다. 그래서 노련한 투자자들은 사업 보고서보다는 감사 보고서를 주력으로 본다.

재무제표 10분 완성   135

4장

숫자로 속속들이 기업 파헤치기

들어가며

장면 1

사람이 많이 모일 것이 예상되는 지역 축제 장소에서 동창들이 만나기로 했다. 그들은 혼잡에 대비해 몇 날, 몇 시, 어디에서 보자고 구체적으로 약속했다. 하지만 막상 현장에 도착해 보니 그 위치에는 이미 수많은 사람이 모여 있었고, 행사 소음으로 시끄러운 거리에서 사람을 찾는다는 것이 어려웠다. 이때 한 친구가 자신의 빨간 모자를 벗어서 높이 들고 흔들기 시작했다. 그러자 혼란 속에서도 그 모자를 본 친구들이 하나둘 모이기 시작했다.

장면 2

큰 소리로 터지는 굉음을 들으면 사람들은 순간 넋이 빠진다. 전쟁 영화를 보면 쏟아지는 포탄과 총알 사이에 주인공은 정신없이 뛰어다닌다. 전투가 한창 진행되면 포탄 소리도 엄청나고, 또 생사가 한순간에 갈리는 상황에서 온전하게 정신을 유지하기도 어렵다. 이때 대장은 부하들에서 수신호로 명령을 내리고, 병사들은 그 명령에 따라 싸워서 결국 생명을 지킬 수 있다. 이런 혼란스러운 상황에서 서로를 믿고 생명을 유지하게 만드는 것이 바로 수신호이다.

주식 시장은 소리는 없지만 엄청난 혼란이 늘 가득하다. 초 단위로 쏟아지는 뉴스와 변하는 숫자들로 인해 잠시라도 집중하지 않으면 혼란에 빠지기 쉽다. 혼란을 피하기 위해서 기업에 대한 명확한 이해와 기업의 재무 데이터 신호를 빠르고 정확히 포착하여 변화 상황을 확인해야 한다. 일반적으로 보이는 숫자가 아니라 그 숫자가 의미하는 바를 정확하게 파악하고 판단해야 한다. 그러기 위해서는 많은 데이터를 반복적으로 보면서 그 숫자들이 말하는 바를 정확하게 이해해야 한다.

투자자는 투자하려는 기업에 대해 잘 알고 싶고, 기업은 스스로 알려서 많은 투자자를 끌어오고 싶어 한다. 이 둘이 소통하기 좋은 방법 중 하나는 기업 설명회를 자주 하는 것인데, 아이러니하게도 이 방법은 투자자가 오히려 불편할 수 있다. 각 기업을 일일이 쫓아다니면서 그 내용을 파악해야 하기 때문이다. 그래서 기업들은 통일된 양식을 통해서 자신들의 현황을 투자자들에게 알려 주는데, 그것이 바로 재무제표이다. 기업의 내용을 단순히 숫자로 표현하는 것이 때로는 오해를 불러올 수도 있지만, 가장 현실적이라는 측면으로 받아들이자. 기업이 발표하는 숫자를 통해 과거부터의 성장 과정을 파악할 수 있으며, 현재의 상황 및 다른 기업과의 비교도 용이하다. 또한 이 숫자들은 감으로 하는 '묻지마 투자'를 방지해 준다.

숫자의 중요성을 나타내는 일화가 있다. 전투기가 바다에서 정신없이 공중전을 펼치다 보면, 순간 몸에 중력 감각이 사라지면서 하늘과 바다를 구분하기 어려운 상황이 발생한다고 한다. 조종사의 순간의 판단으로 하늘로 수직 상승하거나, 바다로 수직 하락하게 된다. 이때 조종사는 감을 버리고 오로지 계기판을 따라 움직이도록 훈련을 받는다고 한다. 훈련은 익숙하지 않는 것을 능숙하게 하는 연습이다. 생시의 갈림길에서 감이라는 본능과 계기판이 서로 다른 신호를 보낼 때, 조종사는 인간으로서 본능에 따르려는 마음이 강하게 들겠지만, 이를 극복해야 살 수 있기 때문에 이런 훈련을 한다.

투자가 혼란스러울 때 기업의 숫자 역시 올바른 길을 제시한다는 말은 논리적인 비약이 절대 아니다. 2022년 가을, 주식 시장에는 사우디의 '네옴시티'와 관련하여 많은 사람이 기대 섞인 전망을 쏟아내고 있었다. 그래서인지 관련주의 움직임이 강하게 일어났다. 이때 한 언론에서 조용히 이런 기사를 내보냈다.

> 한화건설이 약 100억 달러 규모의 이라크 사업에서 최종 철수한다. 비스마야 프로젝트는 이라크 정부가 전후 복구 사업으로 추진한 '국민주택 100만 가구 건설사업'의 첫 번째 발주 공사로 수도 바그다드 인근에 주택 약 10만 가구와 사회 기반 시설 등을 짓는 사업이다. 도급액만 총 101억 2,000만 달러에 달한다.
> 한화건설은 NIC 측이 공사대금 미지급 등으로 계약을 위반했기 때문에 계약을 해지했다고 밝혔다. 사업은 공정 진행에 따라 NIC가 한화건설에 단계적으로 대금을 지급하는 방식으로 진행됐는데 지난 8월 말을 기준으로 한화건설이 공사를 완료한 부분에 대해 청구한 금액은 49억 5100만 달러였으나 수령한 금액은 43억 2200만 달러에 그쳤다. 6억 2900만 달러의 미수금이 발생한 것이다. 다만 한화건설은 공사 수주 시점에 수령한 선수금으로 미수금 손실을 메울 수 있을 것으로 전망하고 있다. 한화건설은 선수금으로 9억 8,700만 달러를 수령했고, 반제 금액을 제외하고 8월 말 기준으로 6억 6,000만 달러가 남아 있는 상황

> 이다. 한화건설 관계자는 "장기적 관점에서 부실 위험을 예방하기 위해 계약 해지를 결정한 것"이라고 설명했다.
>
> 〈매일경제 2022년 10월 30일 기사〉

내용을 정리하면 한화건설은 2012년 이라크 신도시 관련 약 100억 달러를 수주했고, 공사가 진행 중인 2022년에 약 6억 달러의 미수금이 발생하여 사업을 철수하기로 결정했다. 이 기사는 해외 프로젝트에 대한 중요한 인사이트를 제공하고 있다. 일부 투자자들의 기대처럼 해외 건설 수주는 반드시 황금알을 낳는 거위가 아니라는 점이다. 해외 건설은 공사 중에 많은 요소가 추가된다. 이를 파악하기 위한 기초 지식이 바로 손익 계산서에 대한 이해이다. 손익 계산서의 매출에서 각종 비용을 빼고 당기 순이익을 구하는 방법을 정확하게 이해했다면, 해외 공사는 비용의 변화에 따라 이익이 결정된다는 사실을 알 수 있다. 그래서 더욱 신중을 기해야 한다.

영업 이익률이
높은 기업 찾기

기업의 매출과 영업 이익은 모두 중요한데, 투자자는 이들 중 어디에 더 무게를 두어야 할까? 질문을 바꿔서 투자 매력도는 매출과 이익 중 어느 것이 더 많고 중요할까? 기업이 아무리 훌륭한 물건을 만들어도, 팔리지 않으면 의미가 없다. 그런데 물건을 팔아도 이익이 나지 않으면 그 기업은 살아남을 수 없다. 이익은 기업의 생존을 결정하는 중요한 요소다. 특히 주식 시장에 상장된 기업은 이익을 지속적으로 만들어내야 한다(비영리 기업은 주식 시장에 상장되지 않는다). 그러니 이제부터는 '이익'이라는 단어에 집중해보자.

    기업의 이익을 투자 지표로 활용하기 위해서는 EPSEarning Per Share(주당 순이익)를 사용한다. EPS는 투자자의 지분 가치를 표시하고 있고, 이는 주식의 가격을 구하는 중요한 요소이다.

주가 = EPS × PER

 이 공식은 주가가 기업 이익의 중요한 근거가 된다는 점을 말하고 있다. EPS는 기업의 최종 손익인 당기 순이익을 통해 구해진다. 그런데 투자자에게 더 중요한 의미가 있는 것은 영업 이익이다. 그러면 둘 사이의 차이점은 무엇이고, 왜 구분해서 봐야 하는지 알아보자.

손익 계산서

매출	
− 각종 비용 = 영업 이익	− 영업 외 손익 = 당기 손익

 손익 계산서에는 영업 이익과 당기 손익, 두 가지 이익이 나오는데 이 둘의 차이점을 자세히 살펴보자. 먼저 영업 이익은 매출에서 각종 비용(매출 원가 + 일반 관리비)를 빼면 나오는 이익이다. 이는 기업의 순수한 영업 활동을 통해서 만들어진 이익을 말한다. 좋은 기업은 당연히 영업 활동을 통해서 많은 이익을 만들기 때문에 투자자는 영업 이익을 당기 손익보다 더 중요하게 봐야 한다. 손익 계산서에서 최종적으로 나오는 당기 손익은 영업 이익에 더불어 영업 외 손익이 가감되기 때문에 때에 따라서는 다른 관점의 정보를 제공한다. 예를 들어 영업 이익은 적자이지만, 영업 외 손익을 통해 당기 손익이 흑자로 변할 수도 있다. 대표적으로 자산 매각 차익 등이 발생하면 영업 외 손익이

커진다.

기업 활동을 영업 활동과 영업 외外 활동으로 구분해야 기업의 이익이 어떤 부문에서 발생했는지 파악할 수 있다. 그리고 이에 따라 투자자의 접근 전략이 달라진다. 한편 경영자와 주식 투자자는 재무제표상의 숫자를 서로 다른 관점으로 본다. 외부에 성과를 발표하고 이에 따라 평가를 받는 경영자 입장에서는 당기 순이익이 더 중요하지만, 투자자에게는 실제 영업 활동에 따른 영업 이익이 훨씬 더 중요한 지표가 된다.

윌리엄 오닐William O'Neil은 명저 《최고의 주식 최적의 타이밍》에서 자신의 성공한 투자법을 밝히고 있는데, 그는 3년간 영업 이익이 꾸준히 증가한 기업들을 중심으로 매매했다고 밝혔다. 윌리엄 오닐이 이렇게 투자한 계기는, 뉴욕 증시에서 크게 오른 종목을 후행적으로 살펴본 결과, 공통된 요소 중 하나로 최근 영업 이익이 증가한 사실을 발견했기 때문이다. 그래서 영업 이익이 증가하는 기업에 집중하는 방법을 고안했다. 투자자는 이렇듯 다양한 현상을 파악해서 자신에게 맞는 투자 아이디어를 만들어 가는 것이 중요하다. 하지만 더 중요한 것은 재무제표를 기반으로 판단해야 한다는 점이다.

영업 이익을 바탕으로 한 투자 아이디어

먼저 기업에 '매출이 증가할 때, 어느 정도 이익이 증가하는 것이 좋을까?'에 대한 것이다. 이 질문의 핵심은 매출과 이익 사이에는 각종 비용이 있다는 사실을 인식하는 것이다. 그러니 이 질문을 '비용이 매출과 이익 사이에 어떠한 영향을 미치는가?'로 바꾸어 생각해 보자.

투자자는 모든 기업의 재무제표를 현미경처럼 자세히 보기 어려우므로 큰 구도와 큰 숫자로 각 상황을 이해하고, 이후 상황별로 어떠한 부분을 깊게 봐야 하는지 알아 두어야 한다. 먼저 매출이 증가하면 당연히 영업 이익이 증가할 것이라는 생각부터 바꿔야 한다. 매출 아래에는 매출 원가, 일반 관리비 등 각종 비용이 영업 이익에 다양한 영향을 미친다.

매출 증가 → 영업 이익 증가
매출 증가 → 영업 이익 감소

둘 다 일반적인 기업의 모습으로, 둘의 차이점은 한눈에 봤을 때 비용이다. 기업의 비용은 크게 고정비와 변동비로 나눌 수 있는데 고정비는 생산과 상관없이 일정하게 들어가는 비용으로 인건비, 감가상각비 등을 말한다. 변동비는 물건 생산 등과 연동하여 들어가는 비용으로 재료비, 제작비 등을 들 수 있다. 어떤 기업이든지 일정한 고정비가 있는데, 고정비는 매출이 늘면 상대적으로 부담이 줄고, 매출이 낮아지면 부담이 커진다. 이를 '고정비 효과'라고 부른다.

	변화	내용
매출	100 → 200	2배 증가
비용	80 → 120	1.5배 증가
이익	20 → 80	4배 증가(고정비 효과)

고정비 효과를 고려하면, 우량 기업은 영업 이익 증가율이 매출 증가율보다 더 커야만 한다. 만약 매출 증가율보다 영업 이익 증가율이 낮다면, 이때는 비용 증가 등 다양한 문제를 알아봐야 한다. 기업의 현황 및 실적을 파악하는 과정에서 투자자들이 상대적으로 소홀히 다루는 것이 바로 비용에 대한 고민이다. 비용은 기업이 어렵게 만들어낸 매출에서 이익을 감소시키는 중요한 원인이 된다. 이를 바탕으로 매출과 영업 이익 관계를 표로 정리하면 다음과 같다.

	매출액	영업 이익	내용	비고
①	▲	▲	최고	영업 이익 증가율이 더 높은 경우
①-1	▲	▲	고민	영업 이익 증가율이 낮은 경우
②	▲	▼	별로	비용 통제 문제가 발생
③	▼	▲	나쁨	불황기 전략 (원가 절감 + 낭비 줄임)
④	▼	▼	최악	

①번은 우량 기업의 전형적인 모습이다. 매출 증가보다 영업 이익 증가 폭이 더 크다. 이 경우 대부분 주가는 상승한다. ①-1번은 별로

좋지 못한 경우로, 매출 증가보다 비용 증가가 더 크다는 걸 의미한다. 이 경우 비용 증가가 고정비 때문인지, 아니면 중요 원자재의 급등에 따른 결과인지 그 원인을 찾아야 한다. 고정비 때문이라면 더 많은 매출 증가를 기대하고, 원자재 문제라면 원자재 가격 하락 시 투자 고려 등 내용에 따라 대응 방법이 달라진다.

②~④번에 해당하는 기업에 투자했다면 긴장해야 한다. 이들은 각각의 문제점이 있는데, ③번과 ④번 기업은 가장 먼저 매출이 감소한 원인을 파악하는 것이 중요하다. 앞으로 매출 개선에 대한 기대감이 없다면 투자하기 어렵다. ②번의 핵심은 이익 감소의 원인이 일시적인지 아니면 영구적인지 파악하는 것이다. 특히 기업의 비용 통제 가능 여부 등에 대해 집중적으로 살펴봐야 한다. 그렇다면 기업이 비용을 무조건 줄이기만 하면 될까? 아니다. 대표적인 비용인 인건비 절감은 기업의 미래 성장을 보장하는 우수 인재를 영입하거나, 유지하기 위해서 결정하기 쉽지 않다. 중요 원자재 가격은 기업이 통제하지 못하는 것이 대부분이다. 기업이 비용을 줄이는 가장 좋은 방법은 다양한 생산 자원을 효율적으로 사용하는 것이다.

비용에 대한 기업들의 영업 전략

지금부터는 비용을 바탕으로 기업들의 영업 전략을 살펴보자. 투자자는 기업의 비용 전략을 파악하여 이를 투자 아이디어로 연결하는 것이 중요하다. 현대자동차는 2018년 중국에서 판매 부진에 직면했는데, 그 원인은 다른 기업과의 경쟁 심화에 있었다. 경쟁은 기업에게 공격과 방어 둘 중 하나를 선택하도록 강요한다. 즉 현대차는 판매량을 지키기 위해 비용(홍보비, 인센티브 등)을 쓰는 방법을 택할 것인가? 아니면 상황을 받아들여 기업의 이익이 줄어들긴 하지만, 다른 전략(신차 등)을 모색할 것인가? 둘 중에 하나를 선택해야 하는 상황이다. 우수한 제품을 만드는 것이 기업이 해야 할 일이지만, 단기적으로는 광고나 판매 인센티브 등을 추가하여 판매를 독려한 것도 종종 단기 처방으로 사용된다. 그런데 이때 매출이 증가하지 않으면 이익은 크게 감소한다. 반면 기업의 이익을 지키는 전략은 시장의 판매량(외형) 저하를 받아들이는 것이다. 하지만 이 전략도 장기화하면 이익은 지속적으로 감소한다.

당시 현대자동차는 시장 점유율을 지키는 전략을 취했고, 그래서 딜러 등에게 판매 보조금 지급 등을 동원하였다. 결과는 비용의 과다 사용으로 이익이 급감했다. 이러한 내용은 2018년 초 현대자동차의 신년사와 2018년 말 현대자동차의 실적을 통해 확인할 수 있다.

> 현대자동차가 지난해 최악의 성적을 기록했다. 25일 금융권에 따르면 현대차는 국제회계기준IFRS 적용이 의무화된 2010년 이후 최악의 연간 실적을 기록한 것으로 나타났다. 수출 주력 시장인 미국과 중국에서 모두 사업이 부진했고, (…) 현대차는 2018년 경영 실적 발표회를 열고, 지난해 97조 2,546억 원의 매출액을 기록했다고 밝혔다. 매출액 기

> 준 사상 최고치다. 하지만 영업 이익은 2조 4222억 원으로 전년 대비 반토막(47.1%)이 났다. 현대차의 영업 이익이 3조 원 이하로 내려간 것은 2010년 이후 처음이다. 파업과 마케팅 비용 지출이 늘었기 때문으로 관측된다.
>
> 〈민주신문 2019년 1월 25일 기사〉

이번에는 2022년 9월 현대차 관련 기사이다. 그런데 여기서는 또 다른 내용을 설명하고 있다.

> 현대자동차는 8월 한 달간 총 33만 4,794대를 판매했다고 1일 밝혔다. 국내에서 4만 9,224대, 해외에서 28만 5,570대 등 전 세계 시장에서 총 33만 4,794대를 판매했다. 이는 지난해 같은 기간 대비 국내 판매는 3.5% 감소, 해외 판매는 14.7% 증가한 수치다. 현대차 관계자는 "지난달 22일부터 사전 계약을 시작한 아이오닉 6를 비롯해 올해 말 신형 그랜저 등 경쟁력 있는 신차를 출시하고, 생산 및 판매 최적화 전략을 통해 점유율 확대와 수익성 강화를 이룰 것"이라고 밝혔다.
>
> 〈뉴시스 2022년 9월 1일 기사〉

> 지난달 미국 시장에서 현대자동차와 기아의 신차 판매량이 각각 역대 8월 최고치를 기록했다. 현대차 미국판매법인HMA은 1일(현지 시간) 미국 시장에서 지난 8월 한 달간 총 6만 4,335대의 신차를 판매했다고 발표했다. 이는 1년 전보다 14% 증가한 수치로, 8월 기준 역대 최다 판

매 기록이다. 엘란트라 HEV를 포함해 아이오닉 5 등 친환경 차량 판매도 48% 급증했다. 랜디 파커 HMA 대표는 "재고가 다시 늘어나면서 지난달 판매가 호조를 보였다"며 "업계 전반의 판매 침체에도 불구하고 SUV 및 친환경 자동차 제품군이 높아 역대 8월 기준으로 가장 많은 6만 6,089대가 판매됐다"고 밝혔다. 작년 8월보다는 판매량이 22% 늘었다. 또 올해 2월부터 판매를 시작한 EV 6가 1,840대 팔리는 등 친환경 차량도 151% 증가했다.

〈연합뉴스 2022년 9월 2일 기사〉

기사를 보면 첫 번째 기사는 전반적인 상황 설명을 하고, 두 번째 기사는 그중에 미국 시장 판매만 따로 떼어서 말하고 있다. 만약 기사를 대충 보면 혼란이 올 수도 있다. 전체적으로 현대차의 판매량이 늘었다는 사실 하나만으로 '긍정적이다'라고 생각하면 될까? 기사에서 몇 가지 사항을 정리해 보면, 보다 명확해진다. 안타깝게도 해외 판매는 개선이 됐지만, 국내는 감소했다.

2022년 8월 자동차 판매량이 증가한 이유는 신규 계약에 대한 판매

지역	판매량	전년 대비
국내	4만 9,224대	3.5% 감소
해외	28만 5,570대	14.7% 증가
미국	6만 4,335대	14% 증가 (친환경 48% 증가)

보다 차량용 반도체 부족으로 대기했던 물량이 차량용 반도체 공급이 풀리며 차량 생산량이 증가하고 그게 판매량 증가로 이어져 발생한 상황이다. 이는 단기적으로 수요 중심의 시장이 아닌 공급 위주의 시장이 형성되었다는 것을 말한다. 그래서 이는 현대차 마음에 따라 국내용과 해외용 조절이 가능하다는 논리가 형성된다.

여기에 더해 중요한 내용 두 가지가 더 추가되는데, 하나는 환율이다. 2022년 8월 환율은 1,330원 이상으로(2022년 11월 1,430원 고점), 해외 매출은 환율로 인한 이익의 증가로 나타난다. 다음은 미국에서 보조금법(IRA법) 시행 직전에 전기차 판매를 최대한 당겨야 하는 상황으로 이에 대한 판매에 주력했다.

결론적으로 투자자는 이러한 기사를 통해 현대차의 영업 전략을 읽어내야 한다. 그리고 현대차가 상황을 적절하게 잘 대처하고 있다는 점에 방점을 찍어야 한다. 한정된 자원(차량용 반도체)을 가지고 전략 지역인 미국 판매에 집중하고, 또 이를 통해 환율 효과라는 두 마리 토끼를 다 잡겠다는 것이다. 단지 이를 위해 국내 판매가 줄어든 것이 아쉽기는 하지만 투자자 입장에서 보면 잘한 결정이다. 그렇다고 이 소식으로 마냥 차량이 잘 팔린다고 해석하는 것은 경계해야 한다. 차량용 반도체 적체 해소와 공교롭게도 글로벌 경기의 조정 시기기 맞물릴 수 있기 때문이다. 그러므로 투자자는 현재 판매량이 아니라, 2022년 급격한 글로벌 금리 상승으로 경기 둔화가 예상되는 시점 이후 신규로 들어오는 수요를 확인하는 것이 더 중요하다. 결국 꾸준한 투자를 위해서는 기업의 현황(뉴스)과 재무제표를 동시에 살펴보면서 추적 관찰하는 것이 중요하다.

한편 기업이 매년 오르다시피 하는 여러 비용 인상 요소들을 어떻게 효율적으로 처리하고 있는지도 관심 있게 지켜봐야 한다. 이중 인건비는 기업 비용 중 가장 어려운 분야다. 기업은 인재를 확보하기 위해서 높은 임금을 제시하기도 하지만, 불황기에는 비용 절감 차원에서 인력 구조 조정을 단행하기도 한다. 그런데 이 모두는 기업의 장기 성장성과 연관이 있다(이를 적절하게 처리하는 경영진 능력이 척도 중 하나가 된다. 위대한 투자자들이 경영진을 보는 이유가 여기에 있다).

2022년 상반기 네이버는 영업 이익이 감소한 실망스러운 실적을 발표했는데, 그 요소 중 하나로 인건비의 증가를 들었다. 1분기 대비 2분

네이버 2022년 2분기 IR 자료

비용/손익   NAVER

- 비용 재분류 사항 : 기본 적립금 (파트너 → 마케팅), 클라우드의 네이버 대내향 서비스 항목 (인프라 → 인건비, 파트너, 마케팅 등)
- **기존 인력에 대한 임금 상승, 신규 채용 및 신규법인 연결편입 영향 등 있었으나, 주식보상비용 감소로 인건비 YoY 11.7% 증가**
- 파트너비는 이북재팬 인수 영향, 티빙 등 멤버십 비용으로 증가
- 마케팅비는 페이 결제액 증가에 따른 기본/추가 포인트 적립, 콘텐츠 부문의 해외 마케팅, M&A 인수 법인의 마케팅 확대로 증가

단위 : 십억원	2Q21	3Q21	4Q21	1Q22	2Q22	Y/Y	Q/Q	2Q22 M&A 반영전
영업비용	1,327.9	1,377.5	1,576.5	1,543.4	1,709.6	28.7%	10.8%	1,609.5
개발/운영	432.0	419.6	494.9	472.1	515.1	19.2%	9.1%	504.3
ㄴ 인건비	388.1	368.0	431.0	400.2	433.7	11.7%	8.4%	425.1
ㄴ 기타	43.9	51.6	63.9	71.9	81.4	85.5%	13.2%	79.2
파트너	526.9	548.8	638.3	623.7	720.1	36.7%	15.5%	639.5
인프라	120.5	127.6	139.5	132.7	141.4	17.3%	6.6%	141.4
마케팅	248.5	281.6	303.8	315.0	333.0	34.0%	5.7%	324.2
영업이익	335.6	349.8	351.2	301.8	336.2	0.2%	11.4%	338.3
영업이익률 (%)	20.2%	20.3%	18.2%	16.4%	16.4%	-3.7%p	0.1%p	17.4%
유형/무형 자산상각비	85.7	89.3	95.3	94.6	96.6	12.6%	2.1%	95.4
주식보상비용	59.0	71.0	37.0	23.6	(0.1)	N/A	N/A	(0.5)
조정 EBITDA*	480.4	510.1	483.5	419.9	432.6	-9.9%	3.0%	433.2
조정 EBITDA 이익률 (%)	28.9%	29.5%	25.1%	22.8%	21.1%	-7.7%p	-1.6%p	22.2%
당기순이익	540.6	322.7	299.5	151.4	158.5	-70.7%	4.7%	
당기순이익률 (%)	32.5%	18.7%	15.6%	8.2%	7.7%	-24.7%p	-0.5%p	

기의 짧은 기간에 인건비가 무려 11% 증가한 것이다.

2022년 IT 업계는 당시 삼성전자가 2022년 임금을 9% 인상하는 등, IT 관련 종사자들의 몸값은 부르는 게 값일 정도로 급작스럽게 상승했다. 또 2022년 상반기 현대중공업 등 일부 기업은 임금 인상을 두고 파업을 하기도 했다. 코로나 이후 경제 상황이 호전되면서 인건비 상승을 요구하는 목소리가 커진 것이다. 이에 대해 매년 임금 인상을 주장하는 노조를 탓해서는 문제가 해결되지 않는다. 임금은 무조건 증가하기 때문이다. 그래서 이러한 일들에 대한 투자자들은 나름의 기준이 있어야 한다.

혹자는 현대차의 경쟁력을 노조가 해치고 있고, 매년 반복되는 임금 인상 관련 이슈가 없다면 기업의 이익이 늘어나 주가에 도움이 된다는 주장을 하기도 한다. 물론 그럴 수도 있지만, 투자자는 임금 인상의 현실을 있는 그대로 보는 것이 투자에 도움이 된다고 생각한다.

투자자가 해야 할 일은 각 상황에 대처하는 기업의 능력을 측정하는 것이다. 임금 인상이라는 현실을 받아들이는 대신, 이를 초과하는 매출과 이익의 증가를 이루어내는 전략을 수립하는 것이 경영진의 능력이다. 즉 임금 인상은 투자자들이 할 고민이 아니다. 투자자는 경영진이 투자자에게 내놓은 성적표(영업 이익의 증가 등)를 가지고 냉정한 판단을 내리면 된다.

지금부터는 불황이 오면 기업들이 비용 절감을 위해 실시하는 인력 구조 조정에 대해서 알아보자. 기업의 큰 고정 비용은 인건비와 임대료인데, 임대료는 회사 정책의 큰 변화 없이는 쉽게 줄이기 어려운 항목이라서 보통은 상대적으로 쉬운 인건비를 줄이려 한다.

> S&P500 지수 내 11개 업종이 모두 하락했으며, 기술과 임의 소비재, 에너지 관련주는 2% 이상 떨어졌다. 개별 종목 중에 테슬라 주가는 미국 일부 제품군에 대한 가격 할인 소식에 9% 가량 하락했다. 엔비디아와 AMD의 주가가 각각 7%, 5% 이상 하락했고, 퀄컴의 주가도 3% 이상 떨어졌다. 이들 주가는 전날 마이크론테크놀러지의 실적이 예상치를 밑돈 것이 영향을 미쳤다.
> 마이크론테크놀러지는 실적 부진과 인력의 10%를 감원할 것이라고 밝히면서 3% 이상 하락했다.
>
> 〈연합뉴스 2022년 12월 23일 기사〉

그러면 표를 통해서 불황에 직면한 기업의 다양한 전략이 어떠한 결과를 가져왔는지 살펴보자.

항목	현재	매출 20% 증가	비용 절감 4%	단가 15% 인하
매출액	100	120	100	85
변동비(80%)	80	96	77	80
공헌 이익(20%)	20	24	23	5
고정비	15	15	14	15
영업 이익	5	9	9	−10

※ 공헌 이익: 기업의 영업 비용을 고정비와 변동비로 나누었을 때 매출액에서 변동비를 뺀 값

1) 매출 20% 증가 추진

기업 매출이 증가하면 변동비도 일정하게 같이 증가하지만, 매출을 증가시킬 수만 있다면 기업의 이익은 당연히 증가한다.

2) 비용 절감 4% 추진

기업에 비용을 4% 절감하면 어려운 매출을 20%나 증가시킨 효과가 나타난다. 경연진이 이러한 표를 보고 어떠한 판단을 내릴 수 있을까? 여기서 비용은 인건비 및 원재료 절감 등 모두를 말한다. 처음부터 인건비를 줄이려 하지는 않겠지만, 여의치 않다면 선택할 수밖에 없을 것이다. 하지만 이는 기업의 장기 성장성을 훼손시키는 요소가 될 수 있다.

3) 단가 15% 인하

매출 부진을 극복하기 위해 단가를 인하했는데도 매출이 증가하지 않는다면 기업에 치명타가 된다. 고정비 효과로 이익이 급감해 버리기 때문이다. 이때 단가 인하 효과로 매출이 증가해야만 어려움에 빠지지 않는다. 현실에서 매출 증가는 쉽지 않고, 할인 판매는 자칫 기업에게 치명적이기 때문에 많은 기업이 선택하는 것이 비용 절감 방법이고, 그중 가장 큰 인건비를 줄이는 것이다.

두 번째로 비용 상승을 바탕으로 판매 가격을 인상하는 경우를 살펴보자. 그런데 판매 가격 인상은 아무 기업이나 쉽게 할 수 없다. 즉 비용이 오른다고 가격을 올릴 수 있는 기업과 올리지 못하는 기업이 구분된다. 비용 상승에 따라 판매가를 올릴 수 있는 대표적인 예로, 라면 등 먹거리를 들 수 있다. 이들은 중요한 소비재로 가격 인상에도 소비가 줄지 않고, 어느 정도 시간이 지나면 가격에 둔감해진다는 특성을 이용하여 자신 있게 가격을 올려왔다. 소비자로서는 불쾌하지만, 투자자 입장에서는 이러한 포인트를 잘 잡는 것이 중요한데, 이들은 다음 행태로 이익의 변화가 나타나면서 주가에 반영이 된다.

	매출	원가	이익	투자 관점
1단계	100	70	30	관찰
2단계 (원가 상승)	100	90	10	비중 축소
3단계 (판매가 인상)	120	90	30	관찰(분할 매수)
4단계 (원가 안정)	120	80	40	비중 확대

원재료비 상승으로 1998년 이후 24년 만에 국내 영업 분기 적자를 기록한 농심이 결국 '신라면' 등 주요 품목의 가격을 추석 이후 대폭 올리기로 했다. '팔수록 적자'라는 말이 나올 정도로 적자가 심했던 라면은 평균 11.3%, 비교적 사정이 나았던 스낵은 5.7%씩 각각 인상한다.

농심이 라면값을 올린 것은 지난해 8월, 스낵은 올 3월이다. 러시아-우크라이나 전쟁이 촉발한 인플레이션으로 소맥분, 전분 등 원재료 가격이 급등하고 환율이 상승하면서 원가 부담이 심해졌다는 게 농심의 설명이다. 올 상반기 농심의 실적을 보면 매출은 1조 4,925억 원으로 전년 같은 기간보다 16.4%나 성장했다. 그러나 영업 이익은 386억 원으로 같은 기간 15.4%나 감소했다. 농심 관계자는 "내부적으로 원가 절감과 경영 효율화를 추진하는 등 원가 인상 압박을 감내해 왔지만, 2분기 국내에서 적자를 기록할 만큼 가격 조정이 절실한 상황이었다"라고 말했다.

〈서울신문 2022년 8월 25일 기사〉

이와는 반대로 비용(주요 원자재 가격)이 상승해도 판매가를 쉽게 올리지 못하는 기업들이 있는데, 대표적으로 대기업 협력업체를 들 수 있다. 이들은 납품처가 허락하지 않으면 가격을 올릴 수 없다. 또한 누구나 쉽게 만들 수 있는 제품을 판매하는 기업들도 마찬가지이다. 경쟁자들이 서로 눈치를 보기 때문이다. 이들은 비용 상승기에 이익이 감소할 수밖에 없고, 따라서 투자 매력도는 떨어진다.

영업 이익 증가와 영업 이익률 증가

지금부터는 재무제표의 변화를 좀 더 세밀하게 살펴보자. 재무제표의 변화를 잘 이해하고 해석하는 실력에 따라서 투자 관점이 달라진다. 기업 이익의 증가는 매우 중요한데, 이 부분의 핵심은 이익이 '어느 정도 증가'를 하고, 또 '어떠한 의미를 가지는가' 하는 점이다. 기업 이익이 증가하는 상황은 성장성에 대한 중요한 아이디어를 제공한다. 즉 이익 증가의 정도는 '고속 성장하는 기업'과 '고속 성장을 멈춘 기업'을 알려주는 매우 중요한 포인트다. 이를 살피기 위해서 YoY와 QoQ의 의미를 기억해 보자.

현재의 기업 현황을 파악하기 위해서 과거 상황과 비교하는 방법을 주로 사용한다. 즉 과거 대비 어느 정도 성장했는가, 혹은 성장을 멈췄는가 하는 것을 파악한다. 이를 통해 현재 회사의 성장 상황과 추세를 확인하고 미래를 예측하는 도구로 활용한다.

투자자는 기업의 현황을 과거와 비교하여 일정한 패턴을 찾는 데 주력해야 하며, 이를 미래 추세를 예측하는 데 활용해야 한다. 이를 영업 이익의 숫자로 보면 다소 복잡해진다. 영업 이익이 200억 원에서 220억 원으로 늘었다면 긍정적으로 보이지만, 매출이 이보다 큰 폭으로 증가했다면 이야기가 달라진다. 그래서 투자자는 영업 이익의 절대적인 증가도 중요하지만, 매출 대비 영업 이익이 한눈에 보이는 영업 이익률의 변화를 살펴봐야 한다. 즉 영업 이익이 증가했지만 영업 이익률이 줄었다면 평가를 다르게 가져가야 한다. 반면 영업 이익의 숫자는 줄었어도 영업 이익률이 증가했다면 긍정적이라고 볼 수는 없어도, 유심히 관찰할 필요가 있다.

업종 내 영업 이익률 변화 관찰

영업 이익률은 업종 및 기업마다 다르다. 예를 들면 의료 기기 같은 경우 영업 이익률이 높은 반면, 방산 업체의 영업 이익률은 매우 낮다. 또 일반 제조업체의 영업 이익률은 10%를 잘 넘지 못한다. 하지만 업계 평균 영업 이익률이 10%를 넘는 업종도 존재한다. 이렇듯 영업 이익률은 업종마다 다르다. 그래서 이를 무시하고 특정 업종의 영업 이익률이 높다고 흥분해서는 안 된다.

투자자가 기준점으로 삼아야 하는 것은 업종별 영업 이익률보다는 개별 기업의 영업 이익률에 대한 상대 평가와 절대 평가이다. 상대 평가는 업종 내에서 해당 기업이 상대적으로 어느 정도 영업 이익률을 나타내고 있는가를 살피는 것이다. 한 기업의 영업 이익률이 15% 나왔는데, 그 기업이 속한 업종의 평균 영업 이익률이 20%라면 우량하다고 판단하기 어렵고, 평균이 10%라면 우량하다는 평가가 가능하다.

이렇듯 절대적인 평가보다는 상대적인 평가가 필요하다. 절대 평가는 한 기업의 영업 이익률 흐름을 살펴보는 것이다. 한 기업의 영업 이익률이 15%라면 과거부터, 즉 10% 영업 이익률부터 발전해 왔는지 아니면 20%에서 줄어왔는지 살펴본다. 만약 영업 이익률이 들쑥날쑥한 움직임을 보인다면 투자에 신중해야 하며, 장기적인 관점을 갖기 어렵다. 이처럼 투자자는 영업 이익률의 변화를 다각도에서 살펴봄으로써 기업을 입체적으로 이해하도록 노력해야 한다.

기업을 보호하는 경제적 해자

세상의 모든 기업은 많은 이익을 내기 위해서 치열하게 경쟁한다. 그런데 한 기업이 홀로 막대한 이익을 내고 있다면 어떨까? 당연히 그 기업의 이익을 나누고자 수많은 경쟁자가 달려든다. 유명한 먹거리 단지를 가면 손님을 유혹하는 원조 집이 한둘이 아니다. 경쟁은 피하기 어려운 본능이다. 그런데 '남다른 독특한 무언가'를 가지고, 경쟁자들을 물리치면서 막대한 이익을 내는 기업이 있다면 어떨까? 그 '무언가'는 남들이 쉽게 만들기 어려운 제품일 수도 있고, 기술일 수도 있고, 특허 등일 수도 있다. 또 막대한 설비 투자 규모일 수도 있다. 이는 치열한 경쟁에서 해당 기업의 영업 이익률을 높게 보장해 주는 보호막이 된다. 이런 보호막은 장기적으로 기업 이익의 안정성 및 지속성을 보장하며, 주식 시장에서는 이 보호막을 '경제적 해자'라고 부른다.

'해자垓字'는 '적의 침입을 막기 위해 성城 밖에 둘러 연못으로 만든 곳'을 뜻한다. 과거 중세 시대에, 평지에 있던 성을 외부의 침입으로부터 보호하기 위해 주변에 인공으로 연못을 파 두었던 것이다. 주식 시장에서는 이를 '다른 기업이 침범하지 못하는 특정 기업이 가지고 있는 특별함'이라는 의미로 사용하고 있다.

경제적 해자는 결코 추상적인 개념이 아니다. 경제적 해자는 기업이 하는 일을 통해서 확인할 수 있지만, 거꾸로 높은 영업 이익률로도 판단할 수 있다. 경제적 해자를 가지고 있다면, 그 기업은 '반드시' 높은 영업 이익률이 나와야 한다. 물론 높은 영업 이익률이 꼭 경제적 해자를 의미하는 것은 아니기 때문에 여러 요소를 추가적으로 살펴봐야 한다.

경제적 해자가 있는 대표적인 기업 중 하나는 산업 폐기물 처리 업체인 인선이엔티로, 2021년 영업 이익률이 약 17%에 달한다. 이는 제조업 평균보다 높다. 산업 현장에서 나오는 각종 폐기물 처리와 관련해서는 허가와 님비 현상에 따라 상당한 규제가 가해지고 있어 신규 업체가 진입하기 어려운 대표적인 업종이다. 그래서 인선이엔티는 기존에 '허가를 받은 기업'이라는 경제적 해자를 가지고 있다.

인선이엔티 영업 이익률

주요재무정보	연간				분기			
	2020/12 (IFRS연결)	2021/12 (IFRS연결)	2022/12 (IFRS연결)	2023/12(E) (IFRS연결)	2022/09 (IFRS연결)	2022/12 (IFRS연결)	2023/03 (IFRS연결)	2023/06(E) (IFRS연결)
영업이익률	23.47	16.98	13.98	16.10	15.04	9.96	12.40	16.76

2
트럼프
관세 정책

 트럼프 관세의 목적은 미국에서 설비를 갖추고 제품 생산을 하라는 것이다. 그를 통해 미국내 생산 안보를 지키고 고용 증대를 도모하겠다는 것이다. 하지만 당장 한국 기업 입장에서는 여러모로 곤혹스러운 상황에 놓이게 된다.

 트럼프의 관세 정책은 판매자 경로와 소비자 경로로 나누어 판단을 해야 한다. 소비자 경로는 미국의 소비자(수입 업자)의 부담이 커진다는 것이다. 관세는 수입 업자가 부담을 하며, 이는 소비자에게 전가되어 소비자 가격의 상승으로 이어지고, 일부 제품의 경우 소비의 감소로 이어질 가능성이 크기 때문이다. 이는 판매자에게도 추가적으로 영향을 미치게 된다.

 판매자 입장에서는 부과된 관세를 어떻게 받아들여야 하는가가 새로운 과제가 되었다. 기존대로 물건을 팔게 되면 판매량을 유지하기 어려울 수 있다(여기서 글로벌 차별화된 관세 정책과 그에 따른 경쟁력을 이야기하지는 않겠다. 그러면 변수가 너무 많기 때문이다).

> 도널드 트럼프 미국 대통령의 관세 정책으로 인해 글로벌 주요 자동차 제조사들이 이미 118억 달러(약 16조 4천억 원) 규모의 손실을 봤으며 손실 규모는 앞으로 더 확대될 수 있다고 월스트리트저널(WSJ)이 7일(현지시간) 보도했다.
>
> WSJ은 최근 글로벌 자동차 제조사들의 2분기 실적 발표를 토대로 자체 집계한 결과를 통해 이처럼 전했다. 보도에 따르면 도요타는 이날 실적 발표에서 미국의 관세 부과 조치로 2분기 영업 이익이 30억 달러(약 4조 2천억 원) 감소시키는 악영향을 미쳤다고 밝혔다. 도요타의 피해액은 글로벌 주요 자동차 업체 중 가장 큰 규모다.
>
> 그 뒤를 이어 폭스바겐의 피해액이 15억 1천만 달러로 많았고, GM 11억 달러, 포드 10억 달러, 혼다 8억 5천만 달러, BMW 6억 8천만 달러, 현대차 6억 달러, 기아 5억 7천만 달러, 마쓰다 4억 7천만 달러, 닛산 4억 7천만 달러 등의 순이었다. 현대차 그룹의 이번 분기의 트럼프 관세 피해액도 11억 7천만 달러(1조 6천억 원)였다. 중국을 제외한 글로벌 상위 10개 자동차 제조사의 올해 순익은 전년 대비 약 25% 감소할 것으로 예상됐다. 이는 팬데믹 발발 직후인 2020년 이후 가장 큰 감소 폭이다.
>
> 자동차 제조사들이 관세 인상으로 이익에 직격탄을 받는 이유는 관세에 따른 비용 상승을 제품 가격 인상을 통해 소비자들에게 전가하거나

> 미국 바깥의 생산 시설을 미국으로 이전하는 것이지만 두 가지 모두 단
> 기간에 실현하기는 어렵다고 WSJ은 지적했다. 이는 관세로 인한 자동
> 차 업계의 타격이 앞으로도 지속될 수 있음을 시사하는 대목이다.
>
> 〈연합뉴스 2025년 8월 8일 기사〉

그렇다면 판매가를 스스로 낮춰야 하는가에 대한 문제를 고민하게 된다. 이는 앞선 표에서 보듯이 이익을 크게 훼손하는 결과를 초래하게 된다. 따라서 판매가를 낮추는 결정도 쉽지가 않다.

어떠한 결정을 하든 관세의 부과는 기업의 자율성을 침해하는 문제가 되어서 결국 영업 이익과 영업 이익률을 일정 부분 훼손하는 것으로 나타나게 될 가능성이 크다. 미국도 이를 잘 알고 있을 것이고, 기업이 이를 극복하는 것은 미국으로 생산 기지를 옮겨야 한다. 그래서 미국에서 생산하라고 강하게 압박을 하는 것이다.

관세 장벽은 만들어진 완제품이 국경을 한 번 넘을 때 부과되는 것이 아니다. 제품을 생산하는 과정에서 어떠한 이유로든지 미국 국경을 넘을 때마다 부과가 된다(미국산 자동차의 경우도 멕시코 국경의 서너 차례 넘는다고 한다). 따라서 기업 전반에 걸쳐 비용이 증가하는 문제도 발생하게 되는데, 이 또한 기업의 이익을 훼손하게 된다.

향후 이 문제는 트럼프 정책과 기업의 대응에 따라 이익의 변화를 면밀하게 체크해야 한다.

한편 관세와 관련 반대급부로 미국이 한국에 주문을 줄 것으로 판단이 되는 조선 등에 대한 영업 이익률에 대해서도 특별히 많은 이익이

날 것으로 봐서는 안 된다. 정부가 나선다면 이익률에 대한 고려가 있을 것으로 판단이 되기 때문이다. 이는 기존의 주문과 다른 관점으로 접근해야 한다. K-방산의 경우 수출을 함으로써 높은 영업 이익률(기본 2% -〉 수출 8%)을 달성했지만, 미국으로 조선 수출은 이와 반대일 수도 있다는 점을 고려해야 한다.

그렇지만 연결 재무제표의 매출과 이익이 늘어난다면, 이는 긍정적인 측면이 있는 것으로 평가할 수 있다.

적자에서 흑자로
전환될 때

기업의 여러 행태 중 투자자에게 가장 매력적으로 보일 때가 언제일까? 다음 비유를 한번 살펴보자.

A 학생	학교에서 1-2등을 하다가 이번 시험에 5등을 했다.
B 학생	학교에서 20등을 하다가 이번 시험에 10등을 했다.

이 두 학생의 부모 반응은 다르게 나타난다. A 학생은 여전히 잘하고 있지만 등수가 떨어져 혼이 날 수도 있고, B 학생은 A 학생에 비해 여전히 부족하지만 등수가 올라 오히려 칭찬을 받을 수 있다.

주식 시장도 이와 같다. 2022년 12월 기준으로 보면 대한항공과 제주항공의 주가는 확연히 다른 모습을 보였다. 당시 대한항공은 국내 1위 기업으로 여전히 이익을 내고 있었고, 제주항공은 적자 중이었다. 더군다나 코로나 팬데믹 기간 동안 대한항공은 역대급 실적을 보였고,

대한항공 손익 계산서

주요재무정보	연간			
	2020/12 (IFRS연결)	2021/12 (IFRS연결)	2022/12 (IFRS연결)	2023/12(E) (IFRS연결)
매출액	76,105	90,168	140,961	149,588
영업이익	1,073	14,180	28,306	16,324
영업이익(발표기준)	1,073	14,180	28,306	
세전계속사업이익	-9,357	8,431	25,621	14,015
당기순이익	-2,300	5,788	17,295	10,379

제주항공 손익 계산서

주요재무정보	연간			
	2020/12 (IFRS연결)	2021/12 (IFRS연결)	2022/12 (IFRS연결)	2023/12(E) (IFRS연결)
매출액	3,770	2,731	7,025	15,804
영업이익	-3,358	-3,172	-1,775	1,545
영업이익(발표기준)	-3,358	-3,172	-1,775	
세전계속사업이익	-4,051	-3,548	-2,172	1,413
당기순이익	-3,065	-2,723	-1,739	1,112

제주항공은 자금난을 유상 증자로 버티고 있었다.

 이 두 회사 주가의 움직임이 다른 모습을 보인 이유는 앞서 이야기한 상대적인 개념이 들어가 있기 때문이다. 대한항공은 2021~2022년 초까지 화물 부문이 실적을 이끌었는데, 이 부분이 감소하는 과정에서 실적이 다소 주춤했고, 이는 이익 성장이 잠시 쉬어 가는 국면으로 투자의 매력이 감소했다. 반대로 제주항공은 어렵게 버텨오던 기업이 이제 흑자의 발판을 마련하는 국면으로 기대감이 솟아나는 상황이었다. 감소와 기대, 이 두 가지 사안이 두 기업의 주가 움직임의 차이를 만들었다.

현명한 투자자는 기업의 모습을 단순히 숫자 하나로 고정해 보지 않고, 기업 변화의 전반적인 과정에 관심을 두고 투자에 나선다. 특히 평소 성적(재무제표)이 저조하여 소외 받던 기업이 긍정적인 변화를 나타내면, 투자자에게 큰 매력으로 다가온다는 점을 잘 안다. 기업의 긍정적인 변화의 정도가 매우 크다면 강한 자극으로 인해 주가의 큰 상승 모멘텀이 된다. 재무제표를 잘 관찰하면 이러한 실마리를 찾을 수 있다.

기업은 이익을 내야만 하고, 그렇지 않으면 투자 대상으로서 의미가 없다는 점을 수차례 강조했다. 이러한 생각을 바탕으로 그동안 적자를 보인 기업이 흑자로 전환이 되었다면 기업이 본질에 접근했다는 뜻이기 때문에 매우 중요한 투자 포인트가 된다. 이를 상황별로 살펴보자.

기업 전체가 적자에서 흑자로 전환

적자를 보이던 기업이 흑자로 전환되었다는 것은 기업이 비로써 자신의 존재 이유를 달성했기 때문에 투자 매력도가 증가했다고 볼 수 있다. 그런데 여기서 확인해야 하는 점은 일시적인 흑자 전환이냐, 아니면 구조적으로 이제부터는 꾸준히 흑자를 이어갈 수 있느냐의 여부를 판단하는 것이다. 주가를 강하게 이끄는 것은 당연히 꾸준한 흑자의 지속이다.

그런데 이를 파악하는 데는 다소 시간이 걸린다. 당장 결정해야 하는 투자자 입장에서는 그래서 결정이 쉽지가 않다. 무턱대고 기업의 장밋빛 전망을 마냥 믿을 수만도 없다. 2022년 조선업은 매번 다음 분기 흑자 전환을 이야기했어도, 글로벌 이슈로 인한 원자재 가격의 상승, 인건비 상승 등 돌발 변수로 인해 이익을 내지 못해서 주가는 하락했다. 이는 기업이 투자자들에게 거짓말한 것이 아니라, 예측 불허의 상황이 발생한 것으로 볼 수 있다. 결국 미래는 아무도 모른다.

반면 분기 단위로 나오는 재무제표에서 확실한 흑자 전환을 확인하려면 여러 분기를 지나야 하고, 그 사이 주가는 크게 올랐을 수도 있다. 이를 고려하여 이익 발생이 일시적인지, 지속적인지를 파악하는 방법과 이에 따른 투자 전략을 알아야 한다.

흑자 구조를 파악하려면 비용을 성격별로 자세히 구분해야 한다. 그리고 이를 바탕으로 각 비용이 향후 어떻게 움직일지 예측한다. 인건비가 추가로 오를 요소가 있는지, 주요 원자재 가격의 과거 변화 추이와 앞으로 변화하는 미래 예측은 어떠한지 등을 구분한다. 이는 기업의 대략적인 미래를 가늠하게 도와준다. 설혹 미래를 못 맞춘다고 하더라도, 작은 변화에도 민감하게 대응할 수 있어서 매우 유용한 방법이다.

주요 사업부가 적자에서 흑자로 전환

회사 전체가 아닌 적자 사업부가 드디어 흑자로 전환되는 경우에 주가의 움직임은 흑자 전환 사업부의 위상에 달려 있다. 변화하는 사업부가 중요하다면 주가는 폭발적으로 움직일 가능성이 크다. 특히 기업이 미래 먹거리에 막대한 투자를 한 사업부가 흑자 전환이 되는 변화를 나타낸다면, 그 의미는 실로 어마어마하다. 기업으로서는 새로운 먹거리를 찾았다는 의미와 더불어 더 이상 비용이 안 들고, 오히려 이익이 발생하므로 자금 사정이 원활하게 바뀌는 것이다.

카카오 (2020년)	그동안 미래 성장 동력으로 투자만 지속하던 다양한 사업부의 흑자 전환 달성(이후 이들을 상장시킴)
LG화학 (2021년)	석유 화학 사업부에서 번 돈을 바탕으로, 새로운 사업인 2차 전지 셀 사업에 지속적인 투자. 그리고 2021년 흑자 전환(이후 LG화학과 LG에너지솔루션으로 물적 분할 됨)
대덕전자 (2022년)	새로운 FC BGA라는 비메모리 기판 사업부에 진출하면서 시너지 효과를 나타낼 것으로 기대

신사업의 영업 이익이 더 증가

이제 다른 기업의 인수 합병이나 새로운 사업부의 신설 등으로 아이디어를 확장시켜 보자.

기업은 각각 주력으로 하는 일이 있다. 그런데 시대 및 기술의 변화, 경쟁자의 출연 등 다양한 이유로 기존의 주력 사업이 지속해서 수익을 창출하기가 어려운 상황이 발생한다. 그래서 기업은 항상 새로운 먹거리를 찾아야 하고, 이는 훌륭한 기업가가 갖추어야 할 자세 중 하나이다.

문제는 새로운 먹거리라고 해서 당장 매출과 수익이 기대만큼 발생하지 않는다는 점이다. 오히려 새로운 사업이 자리 잡기까지 막대한 비용을 쏟아부어야만 한다. 새로운 분야에 진출하기 위해서 일정 기간 고통을 견뎌야 하고, 이는 화려한 빛을 보게 될 때까지 이어진다. 그래서 투자자는 시점을 잘 잡아야 한다.

현대차가 2022년 상반기 기준으로 새로운 먹거리로 인수한 기업들(로봇 회사인 보스턴다이나믹스 사 등)의 적자 폭이 여전히 크게 이어지고

출처: 금융감독원

있다. 기존 사업부와 시너지 효과도 뚜렷하게 나타나지 않지만, 투자자는 이들이 돈을 버는 시점을 잘 추적하는 게 중요하다.

> "대덕전자의 올해 2분기 연결 기준 영업 이익은 619억 원으로 전년 대비 366% 증가해 컨센서스를 상회한 이후, 3분기 영업 이익도 전년보다 176% 늘어난 708억 원으로 컨센서스 646억 원을 다시 상회할 전망"이라며 "3분기 매출은 40.9% 증가한 3,603억 원으로 추정된다"고 진단했다. 실적 호조가 기대되는 것은 지난해 투자한 FC BGA 부문이 본격 가동하며 나타나고 있는 믹스 효과 때문이라는 분석이다. FC BGA 매출은 올 3분기까지 누적 1,817억 원을 기록해 전체 매출의 18.1%를 기록할 것으로 예상했다. 반면 저수익과 경쟁력이 낮은 연성 인쇄 회로 기판PCB와 전장향PCB 매출은 감소하면서, 사업 축소로 인해 오히려 믹스 개선에 기여했다는 진단이다. 대덕전자가 비메모리 중심의 반도체 패키지 업체로 전환하고 있다고 짚었다. 대덕전자는 오는 2024년까지 FC BGA 부문에 총 5,400억 원을 투자하기로 했다. FC BGA 매출은 올해 2,618억 원에서, 내년 4,099억 원, 2024년 4,795억 원으로 매년 증가할 것으로 봤다. 특히 FC BGA의 주력 분야인 자동차, 전장화 및 자율주행, 전기자동차 비중이 확대될수록 반도체 수요가 증가하면서 FC BGA도 동반 성장할 것으로 점쳤다.
>
> 〈이데일리 2022년 8월 22일 기사〉

투자자라면 이러한 기사를 잘 추적 관찰할 필요가 있다. 큰 수익을 안겨주는 중요한 모멘텀을 찾을 수 있기 때문이다. LG화학을 살펴보면 2022년 LG화학과 LG에너지솔루션의 물적 분할을 단행한 이후에 석유 화학 업체로서 투자자들에게 인식되었다. 이후 2022년 상반기 글로벌 유가의 폭등 수혜주로 주가는 반응했다. 그런데 2022년 2분기를 기준으로 2차 전지 소재를 담당하는 '첨단 소재' 사업부가 투자자들의 눈에 띄기 시작했다. 첨단 소재 사업부의 매출은 LG화학 전체 매출의 약 20%에 불과하지만, 영업 이익은 전체의 약 50% 수준으로 나타났다. 이에 주가는 다른 석유 화학 기업보다 안정적인 흐름을 보였다.

LG화학	2022년 2분기 LG화학의 매출은 약 12조이다. 이중 첨단 소재 사업부의 매출은 2조 정도다. 그런데 영업 이익 8,000억 중에 첨단 소재 사업부가 약 3,500억 원을 달성했다.
코스모화학	2021년 300억 원, 2022년 159억 원 투자를 통해 배터리 리사이클 사업에 진출해 약 3,000억 원의 추가 매출을 기대했으며, 이는 2022년 매출 기준 약 50% 수준이다.

손익 분기점으로
흑자를 예측하는 방법

기업의 흑자는 매우 중요하다. 그렇다면 적자 기업이 흑자로 전환되는 상황을 투자자가 미리 예측할 수 있다면 투자는 매우 유리해질 것이다.

   그 상황을 알아채는 가장 좋은 방법은 애널리스트 분석을 보는 것이다. 기업 및 업종에 대한 리포트를 추적 관찰하면 상황을 예측하는 데 많은 도움이 된다. 이들과 더불어 추가되는 관련 뉴스 등을 살피며 종합적으로 판단하면 희미하지만 윤곽이 드러난다. 지금부터 흑자로 전환되는 상황을 어떻게 예측하는지 구체적으로 살펴보자.

고정비형과 변동비형 기업의 손익 분기점

손익 분기점은 기업이 이익을 내는 시점을 말한다. 이를 이해하기 위해서는 먼저 비용을 그 성격에 따라 고정비와 변동비로 구분해야 한다. 고정비는 매출과 크게 상관없이 항상 일정하게 드는 비용으로, 커피숍이라면 임대료, 인건비, 각종 공과금 등이 여기에 해당한다. 반면 변동비는 기업의 매출에 연동하여 들어가는 비용으로 커피 원두, 각종 재료 등을 들 수 있다. 기업에 따라 고정비와 변동비를 명확하게 구분하기 어려운 경우도 있지만, 이해를 돕기 위해 둘을 나누어 생각해 보자.

'총비용 = 고정비 + @(변동비)'로 표시할 수 있다. 이때 매출이 총비용을 넘어서면 이익이 발생하는데, 그 지점을 '손익 분기점'이라고 한다. 기업에 고정비는 기본적으로 드는 비용이므로 손익 분기점을 넘는 매출이 발생하기 전까지는 적자가 나는 구간을 지난다.

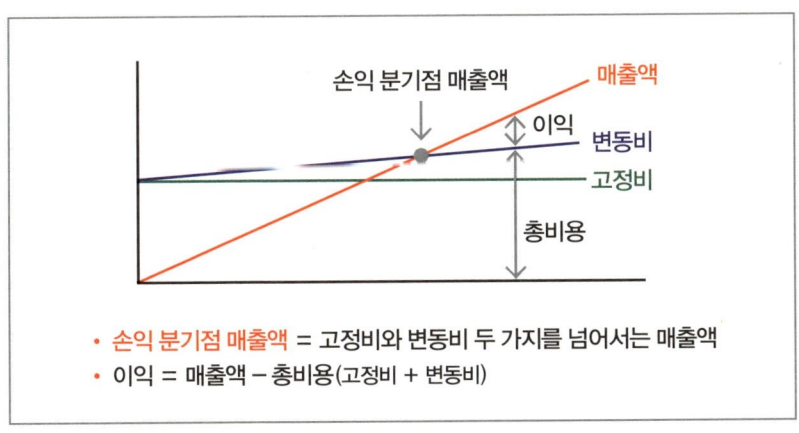

매출액 그리고 고정비와 변동비

- 손익 분기점 매출액 = 고정비와 변동비 두 가지를 넘어서는 매출액
- 이익 = 매출액 − 총비용(고정비 + 변동비)

손익 분기점은 기업(업종)마다 다르다. 일단 기업은 그 형태에 따라 고정비형 기업과 변동비형 기업으로 나눌 수 있다. 투자하고자 하는 기업의 손익 분기점 구조를 잘 파악해야 기업의 매출과 이익에 따른 향후 전망을 할 수 있다.

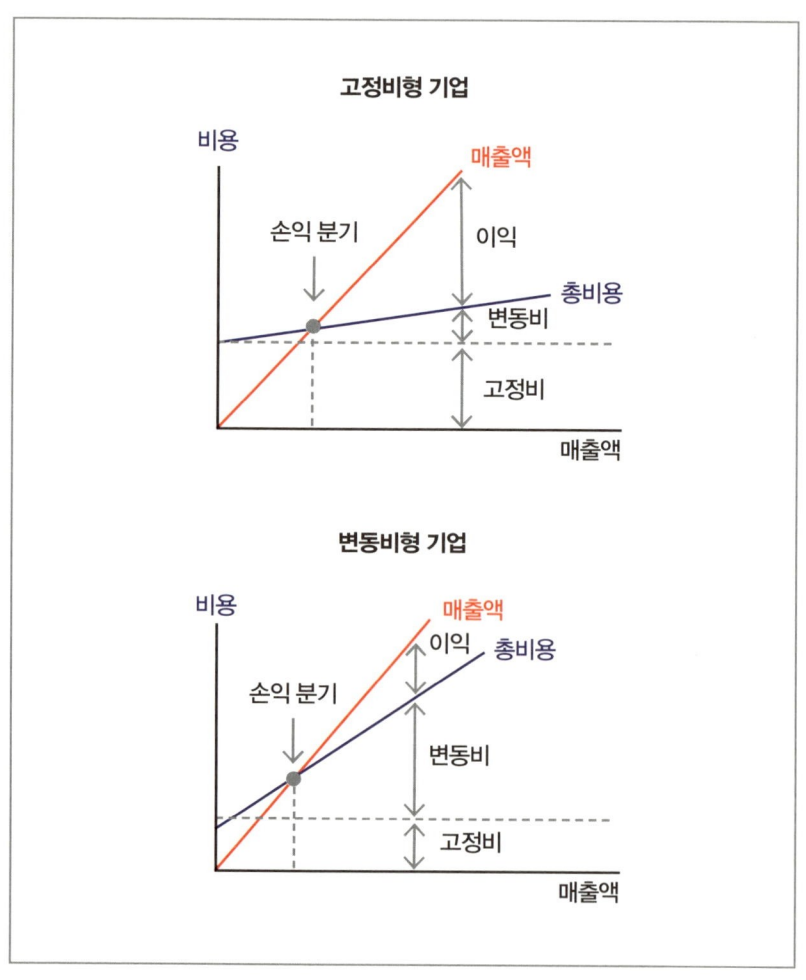

고정비형 기업과 변동비형 기업의 차이

고정비형 기업	고정비 비중이 상대적으로 높은 기업	대체로 규모가 큰 장치 산업(중후장대) 기업들이 해당한다. 이들은 평소 기업을 유지하기 위해 막대한 비용이 고정적으로 들어간다. 조선, 화학, 반도체 등이 대표적이다.
변동비형 기업	매출에 따라 비용이 민감하게 늘어나는 기업	평소 고정비가 많이 들지는 않지만, 매출 증가에 따라 비용이 같은 수준으로 증가하는 기업이다. 소매점처럼 싼 물건을 취급하여, 많이 팔아서 이익을 내는 경우이다.

고정비형 기업과 변동비형 기업의 손익 분기점은 위치한 곳이 다르다. 그리고 손익 분기점을 넘어선 이후에 이익이 발생하는 규모(추세)도 다르다. 고정비형 기업은 손익 분기점이 매출 대비 다소 높은 지점에 있고, 변동비형 기업은 다소 낮은 지점에 위치한다. 두 기업의 손익 분기점은 고정비와 총비용 곡선의 기울기 변화에 따라서 달라진다. 이를 손익 계산서를 통해 살펴보면, 고정비형 기업은 손익 분기점을 넘기 전까지는 고정비 문제로 고전하지만, 이를 넘어서면 비용이 상대적으로 많이 증가하지 않아서 이익이 크게 늘어난다.

반면 변동비형 기업은 매출에 연동하여 비용도 같이 증가하므로 손익 분기점을 넘어도 이익이 상대적으로 작게 증가한다. 고정비형 기업과 변동비형 기업은 손익 분기점 이후에 이익 크기가 다르다는 것을 그래프에서 확인할 수 있다. 이러한 내용을 투자 아이디어로 가져와 보자.

고정비형 기업은 경기가 호황일 때 늘어나는 매출로 인해 큰 이익을 창출할 수 있다. 그러면 그동안 이익 부진으로 억눌렸던 주가는 상승

고정비형 기업과 변동비형 기업의 이익 차이

	1년 차	2년 차	3년 차	4년 차	3년 차와 4년 차 비교
매출	300	500	800	1000	20% 증가
고정비	100	100	100	100	
변동비 (매출의 80%)	240	400	640	800	
이익	-40	0 (손익 분기점)	60	100	40% 증가

세를 나타낸다. 반면 경기 하강 및 침체 국면에서는 고정비가 작은 변동비형 기업의 이익이 상대적으로 돋보이므로 주가 탄력성은 이들이 더 높다. 이렇듯 고정비형 기업은 경기 상황에 맞는 투자 포인트를 살펴야 하고, 변동비형 기업은 경기 방어주로서의 투자 포인트를 이해하고 기업의 매출 변화와 이익 변화를 살펴야 한다.

한편 산업별 특징에 따라 손익 분기점을 파악하면 투자에 굉장히 유리해진다. 예를 들어 기업은 물건을 미리 만들어 놓고 판매하는 제조업과 고객의 요청에 따라 그에 맞는 물건을 만들어 파는 수주 산업으로 나눌 수 있다. 제조업은 가전이나 휴대 전화, 자동차 등을 만드는 기업으로 보통 재고를 보유한다. 반면 수주 산업은 조선이나 건설업 등으로 재고가 없으며, 만약 재고가 생기면 문제가 커진다.

제조업은 항상 보유 자원을 최적으로 활용하지만, 수주 산업은 언제 어떻게 수주가 들어올지 모르기 때문에, 때에 따라서는 자원 낭비가 발생한다. 특히 수주 산업은 대부분 기업의 규모가 크기 때문에 막대한 고정비 처리가 중요하게 작용한다.

수주 산업의 고정비는 일감이 많을 때는 문제가 되지 않지만, 수주 잔고(납품을 해야 할 금액으로, 수주 잔고가 많으면 계약된 물량이 많다고 보면 된다)가 없다면 기업에 큰 고통을 안겨준다. 그래서 수주 산업은 상황에 따라 다른 전략을 세우는데, 불황기에는 고정비의 일부라도 감당하기 위해 싸게라도 수주를 받으려 한다. 그래서 수주업은 경기 상황에 따라 판매 가격이 달라진다는 특징이 있다. 그러므로 투자자는 기업들의 수주(매출)에만 집중하지 말고, 경기 상황에 따라 기업이 이익을 낼 수 있는가를 확인하는 게 꼭 필요하다.

반면 수주 잔고가 많은 기업은 어떠한 전략을 펼칠 수 있을까? 수주 잔고가 많아지면 기업은 고정비 걱정에서 벗어나기 때문에 판매 가격에서 더욱 자유로워진다. 또한 당장의 수주 잔고로 인해 추가 주문을 바로 받기 어려우므로 이를 기다리지 못하는 고객사에게는 더욱 유리한 조건을 제시할 수 있고, 때에 따라서는 저가 수주 때와는 달리 전략적으로 (경쟁사 대비) 가격 할인이 가능하다. 그래도 이익이 크게 훼손되지 않기 때문이다.

2022년 8월 현대미포조선은 밀려드는 수준 건으로 인해 추기 수주를 받아도 배를 만들려면 몇 년 뒤에나 가능해졌다. 이러한 점을 활용하여 현대미포조선은 그동안 10%의 계약금을 받아온 관행을 깨고 무려 50%를 받았기 시작했고, 이에 주가는 강하게 반응한 바 있다.

기업 이익을 예측하는 또 다른 방법

1) 시계열 분석

시계열로 재무제표의 각 항목을 분석한다. 이 방법은 누구나 비교적 쉽게 할 수 있는데 기존에 기업이 걸어온 길을 앞으로 계속 진행할 것이라는 가정하에 이익을 계산하는 방식이다.

2) 경기 순환론

우리나라의 많은 기업은 경기 및 수출과 연관이 있다. 이들의 관계를 함께 살피면서 기업의 상황을 예측한다. 수출 기업은 글로벌 경기 사이클에 따라 매출과 이익이 달라진다. 그래서 세계 경제 예측치 및 사이클을 파악하여 선제 대응이 필요하다.

3) 회사의 계획 및 경영진의 의지

이 부분은 기존 예측에 추가적인 계산이 들어가야 한다. 회사의 계획이 이루어진다는 점과 경영진의 관심 등을 더해서 기존에 회사가 걸어온 길에 플러스 요인으로 계산한다.

4) 뉴스에 따른 이익 계산

이 방법에서 가장 중요한 점은 뉴스의 사실 확인이다. 진위가 확인된 뉴스를 바탕으로 매출과 영업 이익을 예측한다.

기업 설비 투자가 알려 주는 투자 포인트

주식 시장에는 기업의 설비 투자 뉴스가 자주 등장을 한다. 기업 입장에서 설비 투자는 매우 신중하게 결정되지만, 주식 시장에 상장된 기업이 많다 보니 때로는 가볍게 다뤄지기도 한다. 그런데 기업의 설비 투자를 개인이 살고 있는 집을 넓혀가는 개념에 비교해 보자. 먼저 집을 왜 옮겨야 하는지에 대한 이유가 있어야 한다. 그리고 그에 따른 자금 계획을 세우고, 다양한 생활 환경을 고려하여 이사할 곳을 찾고, 또 집수리와 금전 문제 등 신경 써야 하는 일들이 한둘이 아니다.

기업은 이보다 더 복잡한 과정으로 설비 투자를 결정하는데, 투자자는 기업의 발표 내용을 보고 앞으로 예상되는 상황에 집중해야 한다. 기업의 설비 투자는 기업의 성장과 영속성을 보장하는 매우 주요한 이벤트가 된다. 2차 전지 관련 기업들은 2022년을 기점으로 다양한 이유로 설비 투자를 단행하거나 계획을 세우고 있다. 또한 미국발 이슈로 인해 많은 기업이 해외에 공장을 지어야 하는 상황이 생기고 있다.

투자자는 이러한 상황을 어떤 관점에서 바라봐야 할까? 일단 기업은 설비 투자를 단기간에 쉽게 결정하지 않는다. 설비 투자의 선택에 따라 기업의 운명이 바뀔 수 있기 때문이다. 어떠한 기업도 미래가 확실하지 않은 가운데 보조금 등 몇 가지 사항만으로 투자를 결정하지는 않는다. 이점은 매우 중요한 투자 포인트가 된다.

기업이 설비 투자를 진행하는 이유

1) 기업의 자유 의지에 의해

기업 스스로 미래에 대한 전망, 즉 매출의 증가가 기대될 때 막대한 돈을 들여서라도 투자를 단행한다. 만약 기업에 돈이 충분하지 않으면, 증자나 CB 등의 발행 및 차입을 통해서라도 설비 투자를 한다. 이때 투자자는 기업의 강력한 의지를 잘 파악해야 한다. 한편 2022년 SK하이닉스처럼 결정된 투자 계획을 보류하는 것도 기업이 여러 상황을 보고 판단을 내린 것이니, 단순히 악재로 판단하면 안 된다. 상황이 급격히 변하여 미래가 불투명해지면, 기업은 일부 손해를 감수하고서라도 물러서는 결단력이 필요하다.

2) 경쟁 기업의 상황에 따라

2022년 2차 전지 소재 업종은 대부분 증설에 나섰다. 커지는 미래 수요에 대응하고 선점 효과를 기대해서다. 하지만 개별 기업 단위의 증설을 모두 모아서 시장의 규모와 같이 계산해 볼 필요가 있다. 자칫 나중에 공급 과잉이 될 수 있기 때문이다. 한편으로는 업종 대부분 기업이 거의 동시에 설비 투자에 나선다면 업황의 강력한 변화도 예상해야 한다. 앞서 설비 투자는 갑작스럽게 결정이 되는 것이 아님을 강조했다. 같은 업종이라도 기업마다 처한 상황이 다를 텐데, 공교롭게도 거의 동시에 설비 투자에 나선다는 것은 그들이 보는 미래가 그만큼 강력하다는 방증으로 읽어야 한다.

3) 전방 산업의 요구에 의해

기업의 설비 투자가 거래처의 요구에 따라서 이루어지는 일도 있다. 물량의 증가나 신제품의 생산을 위해, 혹은 글로벌 시장 진출에 동행을 요구하는 경우다. 이때는 거래처의 매출에 따라 성과가 좌우되기 때문에 신중함이 필요하다.

기업의 설비 투자 증설에 대한 고민

기업의 제품이 잘 팔리면 당연히 더 많이 생산하고자 하는 욕구가 생긴다. 문제는 현재 상황만으로 무턱대고 설비를 증가시킬 수 없다는 것이다. 설비 투자는 자금 계획과 부지 여건 그리고 인허가 문제 등 물리적인 시간과 살펴야 하는 것들이 많다. 이러한 기간에 의외로 제품 판매가 유지되지 못하면 문제가 크게 발생한다. 설비 증설에 대한 상반된 결정의 한 예로 빙그레의 '꼬꼬면'과 농심의 '허니버터칩'을 들 수 있다. 두 제품 다 혜성처럼 등장하여 단기에 큰 히트를 친 상품이라는 공통점을 가지고 있고, 공급 부족 사태로 인해 제품을 구하지 못하는 소비자들의 원성이 컸다는 점도 같다. 이에 두 기업은 각기 다른 선택을 한다. '꼬꼬면'은 수요에 부응하고자 즉시 라인 증설(설비 투자)을 단행하였지만, '허니버터칩'은 소비자들의 원성에도 불구하고 설비 투자에 신중을 기했다. 안타깝게도 이후 두 제품에 대한 소비자들의 선호는 빠르게 식어 버렸다. 일정 시간이 지나자 초기 희소성에 대한 가치가 사라지면서 인기가 사라진 것이다. 그 결과 빙그레는 라인 증설에 따른 부담이 고스란히 기업 부담으로 돌아왔고, 농심은 그 부담에서 자유로웠다.

이렇듯 설비 투자에 대한 부담을 어떻게 활용하는가에 따라 기업의 손익과 시장 지배력이 달라진다. 이는 기업 경영자의 능력에 따라 결정되는 부분이 많다. 그래서 위대한 투자자들은 CEO의 경영 능력을 투자의 잣대로 삼는다는 점을 명심하자.

금리 인상과 인하에 따른
대응 포인트

2025년 글로벌 기조는 금리 인하에 달려 있다. 그렇다면 금리의 변동에 따라 기업은 어떠한 변화를 겪게 되고 투자자들은 어떻게 대응을 해야 하는지 알아보자.

금리 인상

금리 인상기에는 기업의 자금 부담이 커지게 된다. 그래서 통상 악재로 인식을 하는 경우가 많다. 하지만 금리를 인상한다는 것은 역설적으로 경기가 좋다는 것을 의미한다. 과열된 경기를 잡기 위해 금리를 인상하는 것이 일반적인 현상이기 때문이다. 그렇다면 경기와 금리와의 상관관계는 어떻게 될까?

일반적으로 알려진 바에 따르면 경기와 금리는 반대의 관계로 알려져 있다. 경기 과열을 금리 인상이 막아주기 때문이다.

하지만 현실에서 투자자는 다르게 인식을 해야 한다. 경기 과열은 주가의 상승을 의미하고, 이에 대한 대응으로 초기에 금리를 인상하는 구간에서 주가는 오히려 더욱 상승 한다는 것이다. 즉 경기의 과열이 기업의 이익 증가와 관계가 있다면 그 결과인 금리 인상은 주가 상승과 일정 기간 동행한다는 것이다.

금리 인상기에는 먼저 경기 호황에 대한 투자자들의 낙관적인 인식으로 대부분의 업종이 상승하는 모습을 보이게 된다.

하지만 금리 인상이 과도하게 증가하면 경기는 꺾이게 되고, 주가도 조정을 받게 된다.

금리 인하

금리 인하기에는 당연하게도 기업의 부담이 줄어들게 된다. 하지만 금리 인하는 경기의 둔화를 의미한다. 따라서 금리 인하기에는 경기와 민감성이 떨어지는 업종의 주가가 상승을 보일 가능성이 높다. 그로 인해 대부분의 섹터보다는 소수의 섹터 주가가 상승을 나타내게 된다. 따라서 투자 업종을 늘리기보다는 오히려 줄이는 노력을 하는 것이 필요하다.

기업의 현재와 미래를 보여 주는 감가상각

감가상각에 대한 내용은 조금 어려울 수 있지만, 완벽하게 이해한다면 투자에 긍정적인 변화를 가져올 수 있다. 감가상각은 기업에 필요한 설비 투자 시기와 사용 시기가 불일치하는 것을 회계상 일치시켜 주기 위한 장치이다.

다시 한번 커피숍 예를 들어보자. 커피숍에서 '커피를 만드는 기계'를 구입하기 위해 큰돈을 투자한다. 그리고 이 기계를 오랜 기간 사용한다. 즉 기계 구입 단계에서 돈은 한꺼번에 들어가지만, 오랜 시간 사용한다는 특징이 있다. 그러다보니 회계적으로 비용이 나가는 시기와 이를 이용하여 수익을 창출하는 기간이 일치하지 않는 상황을 임의로 맞추어 주는 것이 바로 '감가상각'이다.

이해를 위해 '매출 – 각종 비용 = 손익'이라는 간단한 공식으로 이루어진 커피숍의 손익 계산서를 작성해 보자.

(예시 – 커피 기계: 2,000만 원에 구입 / 커피 기계 사용 연한 : 5년 / 커피숍 연 매출 : 5,000만 원 / 기타 비용 : 연 3,000만 원)

	1년 차	2년 차	3년 차	4년 차	5년 차
매출	5,000만 원	5,000만 원	5,000만 원	5,000만 원	5,000만 원
기계 구입비	2,000만 원	–	–	–	–
기타 비용	3,000만 원	3,000만 원	3,000만 원	3,000만 원	3,000만 원
이익	0	2,000만 원	2,000만 원	2,000만 원	2,000만 원

위 표에서 이 커피숍은 개업 1년 차에는 이익이 발생하지 않았지만, 2년 차부터는 이익이 꾸준히 유지되고 있다. 이때 1년 차에는 장사를 못해 이익을 내지 못했고, 2년 차부터 장사를 잘하고 있으니 수익이 좋은 커피숍이라고 판단할 수 있을까?

커피숍 1년 차에 커피 기계 구입비를 제외하면 다른 해와 비교하여 매출 및 기타 비용은 변함이 없다. 즉 커피숍 운영에 본질적인 변화가 없는데, 커피 기계로 인한 차이가 발생한다. 그래서 2년 차에는 기계 구입비가 없어지면서 마치 이익이 늘어난 것처럼 보인다. 작은 커피숍처럼 기업에 기계가 하나라면 이야기는 간단하지만 수많은 기계 구입과 투자가 이루어지고 있다면 계산이 복잡해지고, 파악하기도 어렵다. 그렇다면 이를 회계적으로 정리해 보자.

	1년 차	2년 차	3년 차	4년 차	5년 차
매출	5,000만 원	5,000만 원	5,000만 원	5,000만 원	5,000만 원
기계 구입비 (감가상각)	400만 원	400만 원	400만 원	400만 원	400만 원
기타 비용	3,000만 원	3,000만 원	3,000만 원	3,000만 원	3,000만 원
이익	1,600만 원	1,600만 원	1,600만 원	1,600만 원	1,600만 원

커피 기계 구입비를 1년 차에 한번에 처리하지 않고, 사용 연한 5년에 맞추어 균등하게 처리하면 커피숍의 실적이 보다 확실하게 드러나 보인다. 즉 동일한 매출과 동일한 이익이 나는 안정적인 모습이 확연히 나타난다.

이렇게 커피 기계를 사용 기간에 맞게 조절하여 회계 처리하는 것을

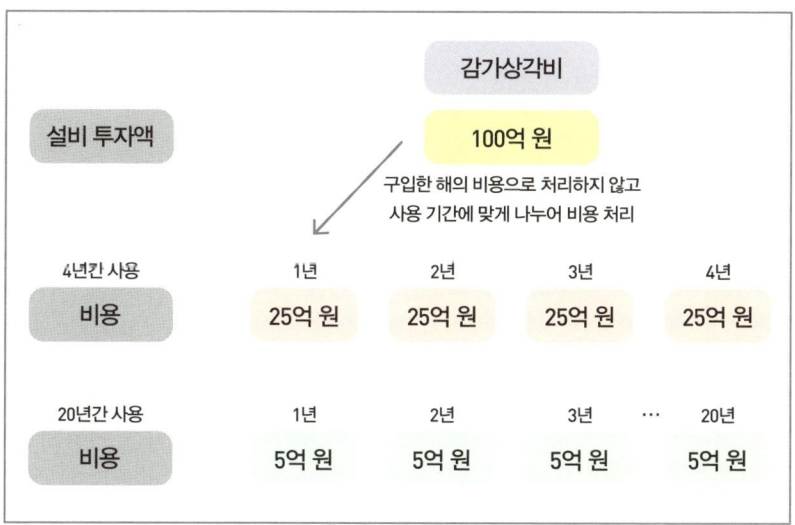

감가상각비의 비용 처리 방법

1년 차

기계(유형 자산)	2,000만 원(초기 구입가)
감가상각	400만 원(손익 계산서에서 비용 처리 함)
기계(유형 자산)	1,600만 원(재무 상태표에 기록되는 숫자)

2년 차

기계(유형 자산)	1600만 원(전년도 장부가)
감가상각	400만 원(손익 계산서에서 비용 처리 함)
기계(유형 자산)	1,200만 원(재무 상태표에 기록이 되는 숫자)

※ 감가상각 비용(400만 원)은 손익 계산서 매출 원가 또는 일반 관리비에서 처리

'감가상각'이라고 한다. 감가상각은 기업에 부담이 되는 큰 비용을 일정 기간 균등하게 나누어 처리하는 것으로, 그 목적은 일과 회계를 맞추는 것이다. 감가상각은 토지를 제외하고 기업이 보유한 모든 유무형 자산에 대해서 이루어진다.

그러면 감가상각을 실제 재무 상태표에 표시하는 방법을 알아보자. 커피 기계는 유형 자산으로, 초기 구입비 2,000만 원에서 매년 400만 원씩 뺀 금액으로 기록한다. 이때 1년 차의 커피 기계 가치는 2,000만 원이 아니라 1,600만 원으로 기록한다. 재무제표는 연말을 기준으로 작성되기 때문이다.

감가상각은 매우 중요한 몇 가지 특징이 있는데, 첫째, 감가상각 기록 방법으로는 정액법과 정률법이 있어 과거에는 기업에 따라서 선택

할 수 있었지만, 지금은 정액법으로 통일하여 사용한다(K-IFRS 회계기준).

정액법	기간을 나누어 일정 금액씩 균등하게 부과하는 방식
정률법	기간을 설정한 뒤 처음에는 많이 부과한 이후에 점차 줄여가는 방식

둘째, 품목별 감가상각 기간은 기업이 자율로 정하고, 이는 '감사 보고서의 주석'에서 설명한다. 구체적으로 자동차는 4년, 설비 투자는 10년 등으로 기업이 스스로 정한다. 그런데 감가상각 기간을 합리적 이유 없이 중간에 바꿔서는 안 된다(기간이 길어지면 단기간에 부과되는 비용이 줄어드는 효과가 있다).

셋째, 감가상각은 한번 시작되면 멈출 수가 없다. 그래서 투자자는 기업이 자산을 취득(설비 투자 등)하면, 일정 기간 비용이 부과된다고 연결해서 생각해야 한다. 기업이 투자 이후에 생각보다 매출이 나오지 않으면 비용 때문에 이익이 감소한다는 것을 알고 있자. 감가상각은 일정 기간 비용을 고정으로 부과한다.

한편 감가상각에 대해서는 투자의 관점에 따라 이견이 존재하기도 한다. 투자 관점에서 보면 감가상각을 빼고 재무제표를 다시 작성해서 참고해야 한다는 의견도 있다. 감가상각은 회계상 비용일 뿐 실제 기업에서 매년 돈이 나가는 것은 아니라는 주장이다(이 부분은 뒤에 나올 EBITDA를 다루며 한번 더 살펴보자).

> **알아 두면 쓸모 있는 주식 정보**
>
> **감가상각을 싫어하는 워런 버핏**
> 워런 버핏은 통신주 같이 지속적으로 투자해야 하는 기업을 좋아하지 않는 것으로 유명하다. 통신주는 매출을 유지하기 위해서 지속적으로 투자해야 하는데, 이는 반도체 업종도 마찬가지이다.
> 삼성전자는 2022년 초에 약 50조 원의 투자 계획을 밝혔는데, 기업은 미래를 위해 매년 막대한 투자를 해야 하는 것만은 확실하다. 그러한 삼성전자의 감가상각 비용은 매년 증가하고 있는 것이 확인된다(16조 → 20조 → ?). 이는 반도체 업종의 특성상 꼭 필요한 부분이다. 그런데 워런 버핏은 큰 투자가 필요 없는 코카콜라 같은 기업을 선호한다고 알려졌다.

이러한 투자에 대한 관점 차이는 어느 방법이 옳다고 확정할 수 없다. 다만 그 의미를 정확하게 안다면 투자에서 활용도가 높아질 것이다.

무형 자산을 감가상각 하는 방법

감가상각은 유형 자산과 무형 자산 모두에 동일하게 해당되는데, 유형 자산은 앞서 살펴본 바와 같이 진행된다. 이제부터는 무형 자산의 감가상각에 대해 알아보자. 무형 자산은 말 그대로 형태가 눈에 보이지 않는 자산을 말한다. 무형 자산을 감가상각 처리하기 위해서는 가격이 있어야 하는데, 무형 자산의 가격을 평가하기 위해서는 명확한 기준이 필요하다. 흔히 '삼성'이나 '애플' 같은 상표를 무형 자산이라고 생각하기도 하는데, 회계에서 무형 자산은 '가치를 화폐 단위로 표시할 수 있어야 한다'라고 정의한다. 이 기준에 따르면 기업의 브랜드는 그 가치가 얼마일지 객관적으로 파악할 수 없으니 무형 자산이 될 수 없다.

반면에 휴대 전화 등에 집약된 각종 '특허'는 그 가치가 시장에서 객관적인 금액으로 계산되기 때문에 무형 자산이 된다. 그런데 특허를 기업이 개발하는 것과 구입하는 것에 있어서 회계상 차이가 발생한다. 특허를 구입하면 그 금액에 대해 감가상각을 진행하면 간단하다. 하지만 특허를 개발한다면 이야기가 복잡해진다. 대표적인 사례는 바로 신약 개발이다.

다음 제약 바이오 업종의 신약 개발 과정을 살펴보자(신약의 성격상 정형화된 단계를 밟아가지는 않을 수도 있고, 임상별 내용이 다를 수도 있다).

바이오 회사의 신약 개발 과정

전 임상	신약 후보 물질을 동물 실험 등을 통해 부작용과 독성 등을 알아보는 단계이다.
임상 1상	건강한 성인을 대상으로 안전하게 약물을 투여할 수 있는지 파악하는 단계이다.
임상 2상	대상 질환 환자 중 조건에 맞는 소수의 환자를 대상으로 효능 및 부작용을 평가하는 단계이다.
임상 3상	수백 명에서 수천 명의 다수 환자를 대상으로 장기 투여 시 안정성을 테스트하는 단계이다. 이 단계를 넘어서면 신약으로써 판매가 가능하다.
후 임상	신약을 판매한 후 조사를 계속하는 것을 말한다.

신약을 만드는 과정에서 기업은 막대한 돈을 쓰는데, 신약이 성공하여 매출이 나오기 전에 이 모든 돈을 비용으로 처리하면, 기업은 회계상 적자의 늪에 빠지게 된다. 하지만 신약이 성공을 거두면 그동안 비용을 다 처리하고도 남을 만큼 막대한 이익이 생긴다. 그래서 비용을 연구비와 개발비로 나누어 처리하도록 하고 있다.

개발비	무형 자산이 되는 비용. 비용을 감가상각으로 나누어 처리
연구비	무형 자산이 되지 못하는 비용. 비용을 해당 분기에 한꺼번에 처리

둘의 차이점은 감가상각 여부이다. 개발비는 감가상각을 통한 비용 처리로 기업에 부담을 완화시켜 주지만, 연구비는 비용을 일시에 처리해야 하므로 부담이 크다. 그래서 기업은 신약 개발 비용을 개발비로 처리하는 것이 유리하다. 하지만 이 부분은 기업 마음대로 처리할 수 없다. 비용을 어느 항목으로 처리해야 하는가의 기준은 신약 개발의 성공 여부에 달려 있다. 기업이 신약 개발에 지출하는 비용은 임상 2상까지는 연구비(비용)으로 처리하고, 임상 3상부터 지출하는 비용은 개발비(자산)로 처리하며, 신약 개발이 완료되어 시판되면 자산으로 잡아 놓았던 개발비는 상각하여 비용으로 떨구기 시작한다. 그런데 안타깝게도 많은 노력이 성공하지 못하고 실패한다. 이때 기업은 다시 절차를 밟으면서 쉽게 포기하지 않는다. 막대한 돈이 들어갔는데 중간에 멈추기란 쉽지 않은 것도 물론이지만, 무엇보다 회계 처리 때문이다.

임상이 실패를 확정하면 일시에 비용을 처리해야 하고, 이는 기업

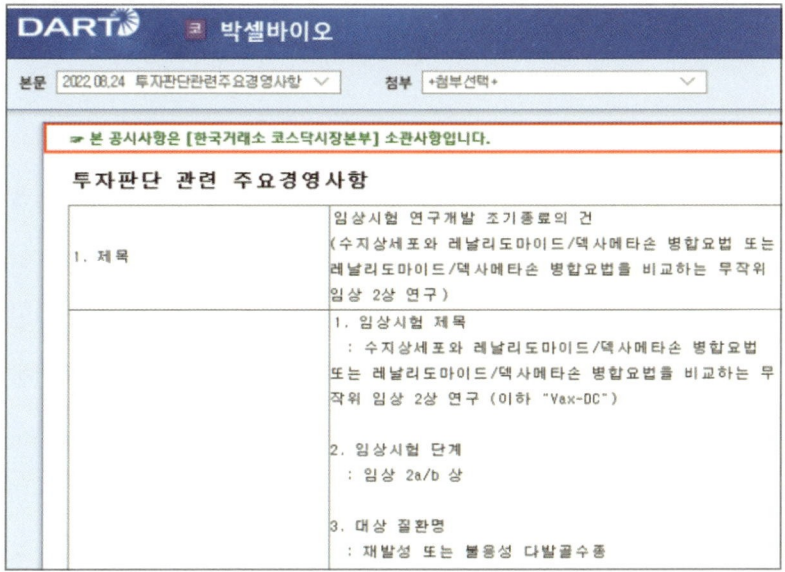

재무제표를 악화시킨다. 그래서 기업은 왠만해서는 실패를 선언하지 않는다. 2022년 8월, 한 제약사는 임상 2상에서 실험을 중단한다고 발표해서 주가가 큰 폭으로 조정받았다. 이 회사는 3분기에 그동안 들어갔던 모든 비용을 영업 외 비용인 '손상차손'이라는 일회성 비용으로 반영했다. 그렇게 되면 재무 구조의 단가 악화를 각오해야 한다. 재무제표를 잘 아는 투자자라면 이때 어떻게 행동해야 하는지 잘 알 것이다. 이렇듯 감가상각을 잘 이해하면 기업의 다양한 전략을 파악할 수 있으며, 투자에 있어 매우 중요한 아이디어를 얻을 수 있다.

감가상각의 투자 활용 전략

이제부터는 다른 관점으로 커피숍 이야기를 해보자. 홍길동이 커피숍을 차려 사람들이 줄을 설 정도로 대박이 났고, 이로 인해 영업 이익률이 무려 약 40%에 달한다는 소문이 났다고 가정해 보자. 이 소식을 들은 이몽룡과 장발장이 인근에 커피숍을 차렸다. 하지만 이몽룡과 장발장은 아직 단골이 없고, 커피숍 운영 노하우도 부족하다. 단지 홍길동의 40% 영업 이익률을 보고 가게를 차려 수익을 내려는 의욕만 강하다. 상황이 이렇게 되면 홍길동은 긴장할 수밖에 없다. 아무리 잘해도 시간이 지나면 경쟁자에게 매출을 빼앗길 것이 분명하기 때문이다. 또 커피라는 것이 가격에 민감한 상품이기 때문이다. 이때 홍길동이 취할 수 있는 전략 중 하나가 감가상각을 이용하는 것이다.

이를 기업 간의 경쟁으로 확장시켜 보자. A 기업이 한 분야에서 선제적인 설비 투자로 제품을 생산하면, A 기업은 당연히 투자에 따른 감가상각도 동시에 시작된다. 이때 A 기업은 초기 시장 선점 효과에 따라 경쟁이 없어 높은 영업 이익률을 누리기 쉬워진다. 이후 B, C 기업 등이 A 기업의 높은 이익을 보고 현재 시장에서 형성된 제품 가격에 따라 이익을 계산한 뒤, 승산이 있다고 판단되면 막대한 투자를 단행한다. 그러면 A 기업은 자신의 입지를 지켜야 하는 상황에 직면한다.

이제부터 감가상각을 통한 기업의 전략이 발휘되기 시작한다. 회계상 A 기업은 B, C 기업보다 감가상각이 먼저 끝난다. 감가상각이 끝났거나, 끝나간다는 것은 비용 면에서 유리한 위치에 올라설 수 있음을 의미한다. 즉 동일한 제품에 대해 원가가 달라진다는 것으로 이는 감가상각 유무에 따른 결과이다. 이에 따라 A기업이 감가상각을 제외한 원가 수준으로 시장 가격을 인위적으로 낮춰 버리는 전략을 취한다면 어떻게 될까? 그러면 시장 가격은 A가 주도한 낮아진 가격으로 이동하고, 뒤늦게 뛰어든 B, C의 원가는 'A 원가 + 감가상각 비용'이 되기 때문에 이익이 발생하기 어려운 구조가 되어 버린다. 이를 극단적으로 끌고 가면 후발 주자는 자금난 등으로 버티지 못하고, 시장에서 A의 지위는 더욱 올라간다.

대표적인 예로, 예전에 태양광 '폴리실리콘' 시장이 그랬다. OCI는 태양광 발전의 중요 원료인 '폴리실리콘'을 생산하는 대표적인 기업으로 현재의 입지를 갖기까지 앞에 이야기한 길을 걸어왔다. OCI가 2008년 처음 폴리실리콘을 생산할 당시 시장 가격은 톤당 약 60달러라는 높은 가격이었고, 이에 태양광은 미래 먹거리라는 인식과 높은 이익으로 국내 업체 서너 곳이 이 시장에 뛰어들었다. OCI는 선제적 투자로 후발 기업 대비 공장 설비에 대한 감가상각이 대부분 끝난 상황이었고, 시장 방어 전략으로 스스로 가격 하락, 즉 제품 가격을 낮춰서 싸게 팔기 시작했다. OCI는 새로운 경쟁사 대비 감가상각 비용 치이로 손익 분기점이 낮았다. 당시 폴리실리콘에 대한 가격과 비용은 다음과 같았다.

시장 가격	60달러
후발 업체 손익 분기점	45달러
OCI 손익 분기점	15달러

 선발 주자인 OCI가 가격을 낮추자 후발 주자들은 어쩔 수 없이 낮은 가격에 제품을 팔아야 했고, 여기에 후발 주자 진입에 따른 공급이 늘어나면서 매출마저 기대했던 것만큼 나오지 않자 어려움이 더해졌다. 이러한 상황이 장기적으로 해결될 기미가 보이지 않자, 후발 주자들은 결국 하나둘씩 시장에서 철수했고, 그나마 총수의 결단으로 꿋꿋하게 버틴 한화솔루션과 OCI가 이 시장을 양분하게 되었다.

 하지만 선제적인 감가상각 전략이 항상 성공하는 것은 아니다. 잘못된 투자로 인한 감가상각은 오히려 기업에 독이 되기도 한다. 시장 지배를 위해 선제적으로 과감한 설비 투자를 했지만, 생각과 다르게 해당 업황이 살아나지 않아 비용 부담(= 감가상각비)으로 주가가 하락했던 대표적인 기업으로 LG이노텍을 들 수 있다. LG이노텍은 미래 먹거리로 LED 시장을 예측하고, 빠른 선점을 위해 다른 기업은 하지 않은 약 2조 원의 자금을 투입하여 대규모 설비 투자를 단행했다. 통상 이 정도 자금이면 장기간에 걸쳐 감가상각을 하지만 LG이노텍은 단기간에 감가상각을 단행하여, 4년 동안 매출과 상관없이 매년 약 5,000억 원의 비용을 균등하게 부담했다.

 하지만 LED 매출은 LG이노텍의 판단과 다르게 쉽게 증가하지 않았고, 이에 LG이노텍은 막대한 감가상각 비용 부담으로 인해 매년 큰 폭의 적자를 기록하는 상황이 되었다. 기업 내 다른 사업부 이익으로 LED 부문 감가상각을 제외하면 충분히 흑자를 기록할 수 있는 상황이었지만, 주식 시장은 당장 눈에 보이는 회계상 손실 숫자에 집중했고, 당연히 주가는 하락세를 나타냈다. 이때 LG이노텍이 주식 시장을 향해, 자신들의 재무제표를 보기와 다르게 평가해 달라면서 이야기한 것이 바로 EBITDA 이익이다.

EBITDA는 기업이 영업 활동을 통해 벌어들인 현금 창출 능력을 나타내는 수익성 지표로서 '법인세·이자·감가상각비 차감 전 영업 이익'을 말한다. 즉 이자 비용Interest, 세금Tax, 감가상각비Depreciation& Amortization 등을 빼기 전 순이익을 뜻한다. EBITDA는 기업의 실제 가치를 평가하고, 각 기업의 수익 창출 능력을 비교하는 데 활용되고 있다.

투자 실무에서 EBITDA의 활용은 기업의 감가상각을 제외하고 계산된 재무제표를 사용하는 것을 말한다. 기업 입장에서 LED 설비 투자 비용은 초기에 이미 지불한 것이고, 이후에는 그 비용이 나가지 않는다는 항변인 것이다. 그렇다면 LG이노텍의 주장처럼 감가상각이 큰 기업은 이를 제외하고 기업의 이익을 평가해야 할지 투자자에게 매우 민감한 문제 중 하나이다. 매년 비용으로 부과되는 감가상각은 실제로 돈이 기업 밖으로 계속 나가고 있는 것은 아니다. 그래서 일부 애널리스트는 적자 기업인 LG이노텍을 평가할 때 EBITDA라는 회계 방식을 사용하여 평가하기도 했다. EBITDA는 기업이 영업 활동으로 벌어들인 실제 현금 창출 능력에 집중하도록 도와준다. 그래서 이를 통하면 현금 중심의 손익이 드러나고, 이로 인해 기업 활동이 원활히 이루어지고 있는지 파악할 수 있다. EBITDA는 과도한 감가상각 비용으로 기업이 적자를 보일 때, 다른 부문의 흑자 여부를 파악하기 위해 주로 사용한다.

이제부터는 이야기를 좀 더 확장시켜서 EBITDA가 무엇인지, 그리고 투자에 있어 어떠한 의미로 사용되는지 알아보자. EBITDA는 일부 가치 투자자들 중심으로 사용하는데, 기업의 또 다른 현황을 파악하게 해주는 매우 중요한 요소이다. EBITDA의 개념이 일반적으로 주식 시장에서 사용될 때는 '감가상각비' 부분만이 부각되고, 세금 등 나머지 비용은 그렇게 크게 생각하지 않는다는 점도 기억해 두자.

2022년 에코프로비엠은 12월 초 기업 설명회에서 2027년까지 막대한 설비 투자 계획을 밝혔다. 설비 투자를 하면 당연히 감가상각 비용이 생기고, 이는 당분간 기업 이익이 줄어들게 됨을 의미한다. 이럴 때 어떠한 투자 아이디어로 접근해야 할지가 문제이다. 먼저 항상 설비 투자를 해야 성장이 지속되는 반도체, 통신 같은 업종과 어쩌다 한 번 막대한 투자를 하는 기업을 구분해야 한다. 이 부분은 EBITDA를 활용하는 데 매우 중요한 구분점이 된다.

	대표 기업	설비 투자 내용	감가상각 여부
①	SK텔레콤	5G 설비 투자 감가상각 기간은 8년이며, 언젠가는 6G 투자를 해야 함	항시
②	에코프로비엠	단기 투자 이후 막대한 추가 투자 가능성이 높지 않음	일시
③	코카콜라	신규 설비 투자를 할 가능성이 없음	없음

①~③번 기업들의 감가상각에 대해 투자자는 각기 다른 전략을 취해야 한다. ① 기업군은 감가상각 비용이 항상 들어가므로 이를 빼고 생각해서는 안 된다. 이들은 지속적인 투자를 해야만 향후 이익이 보장되기 때문에 이익과 감가상각을 동일하게 봐야만 한다. ③ 기업군도 작은 감가상각 비용이 있겠지만, 중요하게 생각할 필요는 없다. 문제는 ② 기업군이다. 여러 가지 업종이 속한 상황을 고려해야겠지만, 여기서는 기본적인 개념을 살펴보자.

예를 들어 A 기업이 사업을 확장하기 위해 대규모 투자 계획을 세운 후, 향후 3년 차에 투자하고 이를 5년 동안 감가상각 처리한다고 가정하자(나머지 숫자는 전부 동일). 그러면 손익 계산서는 다음 표와 같이 작성할 수 있다.

	1년	2년	3년	4년	5년	6년	7년	8년	9년
매출	100	100	100	100	100	100	100	100	100
비용	50	50	50	50	50	50	50	50	50
감가상각			30	30	30	30	30		
이익	50	50	20	20	20	20	20	50	50
EBITDA	50	50	50	50	50	50	50	50	50

표에서 이익과 EBITDA의 변화를 살펴보자. 이때 감가상각에 대한 이해가 없는 투자자는 A 기업에 대해 이익의 변동성에 따라 장기 투자의 매력을 느끼지 못한다. 장기 투자를 하기 위해서는 이익의 변동성

이 작을수록 좋기 때문이다. 반면 감가상각에 대한 회계적인 이해도가 높으면 매도가 늘어날 때 싸게 매수할 기회가 된다. 이를 면밀하게 관찰하도록 도와주는 것이 바로 EBITDA이다. A 기업의 이익 변화를 보기 위해서는 EBITDA를 보는 것이 좋다. 최근에는 직접 계산할 수 있게 증권사 리포트에서 이부분을 친절하게 표시해 준다.

  이때 중요한 것은 A 기업의 투자가 미래 먹거리를 위한 것인지 확실해야 한다. 그리고 그 효과가 빠르게 나타나야 한다는 것도 체크 포인트다.

투자를 위한
매출 구조 파악하기

경제학 용어로 '한계 효용 체감의 법칙'이 있다. 같은 물건을 반복적으로 사용했을 때 그 만족감이 처음보다 줄어든다는 뜻으로, 배가 고플 때 먹는 첫 번째 자장면보다 어느 정도 배가 부른 후 더 먹는 두 번째 자장면이 같은 자장면임에도 불구하고 만족도가 크게 떨어지는 것을 말한다. 기업의 제품도 마찬가지로 대부분 상품은 계속 변하지 않으면 판매는 점점 줄어든다. '한계 효용 체감의 법칙'은 기업 및 투자자들에게 매우 중요한 인사이트를 제공한다. 기업에 있어 매출은 수원지와 같아서 물처럼 계속 뿜어져 나아야 한다. 그렇다면 투자자는 수원지의 형태를 자세히 살펴봐야 한다. 뿜어 나오는 물줄기가 하나가 아닌 기업이 대부분이기 때문이다. 그래서 각각의 상황이 어떻게 변화하는지 파악해야 한다. 이를 파악하는 방법은 두 가지로, 순서대로 하는 것이 가장 좋다.

첫 번째로 사업 보고서에 나타난 기업의 매출 구조를 파악하는 것이다. 공식적인 자료를 통해서 기업의 매출 구성을 파악하면 해당 기업의 재무제표를 이해하는 데 많은 도움이 된다. 매출 구성은 각 제품의 과거부터 현재까지의 흐름을 파악하는 것이다. 기존 제품의 판매량과 회사 내의 비중 변화, 신제품의 개발 주기와 판매 비중의 변화 등을 분석한다. 중요한 점은 이 작업을 한 번만 해서는 안 된다. 해당 기업의 사업 구조는 주기적으로 그 변화를 살펴야 한다. 한 기업의 몇 년치 사업 보고서에서 매출 구조만 따로 떼어서 살펴보면, 그 기업이 걸어온 길이 보인다. 또한 각 비중의 변화를 통해 회사가 어떠한 곳에 집중하고 있는지도 파악할 수 있다. 피터 린치의 '잘 팔리는 제품 파악과 더불어 매출 비중을 살펴라' 하는 격언을 잊어서는 안 된다.

두 번째로 할 일은 기업의 리포트를 살펴보는 것이다. 기업의 리포트는 기업 매출 변화를 시시각각 생생하게 전달해 주는 역할을 한다. 리포트는 부문별 매출 변화와 이익의 변화 그리고 미래 예측까지 실시간으로 알려준다. 이를 사업 보고서와 같이 비교 분석하면 기업이 미래를 예측하는 데 도움이 된다.

세 번째는 다른 기업과의 경쟁 구도를 보는 것이다. 기업의 이익은 경쟁 관계를 통해서 크게 변화하는데, 본인이 투자하고자 하는 기업 제품의 경쟁력을 다른 기업의 영업 이익과 비교하여 크로스 체크해야 한다.

매출이 말하는 '갑'과 '을'의 진실

기업 간 거래는 안타깝게도 항상 대등하게 이루어지지 않는다. 서로 물건을 사고파는 과정에서 물건을 만들어 다른 기업에 납품하는 기업을 통상 협력 업체 '을乙'이라고 하고, 납품받는 기업을 '갑甲'이라고 한다. 이렇듯 기업은 갑과 을로 구분할 수 있는데, 이를 바탕으로 투자 아이디어를 생각해 보자.

통상 갑은 을보다 유리한 위치에 있기 때문에 투자는 갑 기업에 하는 것이 좋지 않을까 생각하기 쉽지만, 투자의 기준은 기업의 단순한 위치가 아니라 우수한 제품이나 품질로 높은 가격을 부를 수 있는지에 집중해야 한다. 이 점을 재무제표를 통해서 살펴보자.

매입 채무로 확인하는 기업의 위치

앞에서 배운 매입 채무와 매출 채권에 대한 내용을 다시 한번 짚어 보자. 이 둘은 재무 상태표에 기록되는데, 매입 채무는 부채 항목에, 매출 채권은 자산 항목이다.

매입 채무	A 기업이 B 기업으로부터 물건을 받고 아직 그 대금(돈)을 주지 않은 상태	부채
매출 채권	B 기업이 A 기업에 물건을 주고 아직 대금(돈)을 받지 못한 상태	자산

기업 입장에서 매입 채무와 매출 채권 중 어느 항목의 증가가 더 유리

할지는 상황에 따라 다르겠지만, 투자자는 기업 자금 부담을 기준으로 각 항목의 의미를 이해하면 기준점을 잡을 수 있다. 기업 입장에서는 당연히 매입 채무 증가가 더 좋다. (공짜로) 물건을 받은 뒤, 일정 기간 물건을 팔아서 돈을 갚으면 되기 때문이다. 반면 이로 인해 매출 채권이 쌓이는 기업은 곤혹스러울 수밖에 없다. 돈이 돌지 않기 때문이다. 매입 채무 증가는 기업 내에 돈이 돈다는 것이고, 매출 채권은 다른 기업에 돈이 돈다는 것을 의미한다.

두 항목의 증감은 기업 간의 상대적인 위치를 말해 준다. 매입 채무 증가는 속된 말로 돈을 빨리 주지 않아도 상대방이 뭐라고 하지 못하는 위치를 뜻한다. 그만큼 물건을 납품하는 쪽이 아쉽고, 따라서 매입 채무가 늘어나는 기업은 갑의 위치에 있다고 본다. 반대로 매입 채무가 줄어든다는 것은 회사의 위치가 갑의 지위(경쟁력)를 잃고 있다고 봐도 된다. 이를 확인하는 방법은 매입 채무 회전율을 보는 것이다.

$$\text{매입 채무 회전율} = \frac{\text{매출액}}{\text{매입 채무}}$$

반대로 매출 채권 회전율도 같이 알아보자.

$$\text{매출 채권 회전율} = \frac{\text{매출액}}{\text{매출 채권}}$$

물론 매입 채무 하나만으로 갑과 을을 단정적으로 이야기할 수는 없다. 기업 간의 상황은 단순하지 않기 때문이다. 하지만 매입 채무를 다루는 과정에서 '갑을' 관계를 고민해 볼 필요는 있다. 통상 을의 운명은 대체로 갑이 가지고 있는 경우가 많다. 그래서 을은 한두 군데 거래처에 얽매이기보다는 여러 곳과의 거래를 통해 자신의 미래를 개척해 나가려고 하고, 투자자는 그러한 노력이 돋보이는 기업을 찾아야 한다. 을의 넓은 활동 반경은 매출 및 이익의 안정성을 가져오기 때문이다.

그러면 갑의 전략도 고민해 보자. 갑도 동일 제품에 대해 보통은 두세 군데 을 기업을 두고 있다. 하나의 기업에 의존도가 높을 때 생길 수도 있는 리스크를 방지하고, 또 을 간의 경쟁을 유도하여 자신의 이익을 추구할 수 있기 때문이다.

단일 거래처 vs 다양한 거래처

투자자는 한 기업이 대기업의 협력 업체(벤더사)가 되면 꾸준한 수익이 발생해서 좋다고 생각하기 쉽다. 하지만 이런 경우는 장점도 있지만, 단점도 많다. 대표적으로 애플 휴대전화 부품주 취급을 받고 있는 LG이노텍을 살펴보자. LG이노텍에는 다양한 사업부가 있지만, 매출의 상당수는 애플과 연계되어 있다. 그러다 보니 다른 사업부의 노력이 주가에 잘 반영되지 않고, 애플의 실적이 주가에 따라 동일하게 움직이는 모습을 보인다.

당사는 전자제품과 반도체 산업용 3D SPI, 3D AOI 등의 검사장비를 생산하여 전방산업인 전자제품 전문 생산업체 및 자동차 전장부품 업체, 모바일 등의 전자제품 생산업체 및 반도체 생산업체에 공급하고 있습니다.

가. 주요 제품 등의 현황

(1) 연결재무제표 기준
(2021. 12. 31 기준)
(단위 : 백만원,%)

사업부문	품 목	구체적용도	주요상표등	매출액	비율
3D AOI	Zenith 등	전자제품/반도체 생산용 검사기	품목명과 동일	120,277	48.6%
3D SPI	aSPIre, KY 8030 등			97,215	39.3%
기타	Meister, Neptune, KY P-3 및 부품 등			29,809	12.1%
합 계				247,301	100.0%

(2) 별도재무제표 기준
(2021. 12. 31 기준)
(단위 : 백만원,%)

사업부문	품 목	구체적용도	주요상표등	매출액	비율
3D AOI	Zenith 등	전자제품/반도체 생산용 검사기	품목명과 동일	113,672	49.4%
3D SPI	aSPIre, KY 8030 등			102,952	44.7%
기타	Meister, Neptune, KY P-3 및 부품 등			13,520	5.9%
합 계				230,144	100.0%

나. 주요 제품 등의 가격변동 추이

당사의 모든 제품은 주문제작형태로 옵션사양, 고객의 요청사항 등에 따라 제품별 가격에 큰 차이가 있습니다. 이에 따라 제품별 가격변동 추이의 기재를 생략합니다.

주요재무정보	연간				분기			
	2019/12 (IFRS연결)	2020/12 (IFRS연결)	2021/12 (IFRS연결)	2022/12(E) (IFRS연결)	2021/09 (IFRS연결)	2021/12 (IFRS연결)	2022/03 (IFRS연결)	2022/06(E) (IFRS연결)
영업 이익률	15.01	8.82	16.72	17.02	16.74	16.86	16.91	17.96
순이익률	13.31	5.10	16.01	15.36	19.92	10.21	15.89	15.54

　　대기업과 거래하면 많은 물량으로 인해 작지만 안정적인 수익을 달성할 수 있다. 하지만 대기업의 현황 즉 휴대 전화 판매량에 얼마든지 휘둘릴 위험에 고스란히 노출되어 있다. 더군다나 원재료비 상승으로

제조 원가가 올라가도, 대기업이 이를 받아들이지 않거나 오히려 단가 인하를 요구하면 실적이 크게 훼손된다.

이러한 어려움에서 탈피하기 위해 자신들의 역량으로 시장을 개척하기도 하는데, 한 예로 반도체 검사 장비 업체인 고영을 들 수가 있다. 고영은 삼성전자 및 SK하이닉스 등과 거래하고 있었지만, 거래처가 이들뿐만 아니라 글로벌 시장으로 확대되어 있다. 그래서 고영의 영업 이익률은 동종 부품사 대비 매우 높게 유지된다.

고영은 한두 군데 거래처에 문제가 발생해도 기업 활동에 크게 지장 받지 않는 구조를 가지고 있다. 그래서 납품 가격을 적게 받을 이유가 없다. 투자자는 이러한 관점으로 기업을 찾아야 한다.

자기만의
투자 기준 세우기

지금까지 다양한 방식으로 재무제표를 활용하는 방법을 알아봤다. 그런데 처음부터 이들을 자유자재로 활용하기는 쉽지 않다. 자기 역량에 따라 일정 기간 익히고 활용하는 시간이 필요하다. 간혹 투자의 대가들이 제시한 방식을 적극적으로 따라하기만 하는 투자자도 있다. 예를 들어 피터 린치는 PER이 20 이하(50이면 매매 안 함), 부채 비율이 80% 이하, 배당 수익률이 3% 이상, 워런 버핏은 ROE가 15% 이상, EPS 성장률이 15% 이상 등으로 자기만의 기준을 만들어 현재 그에 충족한 기업만 매매한다. 이때 한 가지 기준만이 아니라 여러 가지를 섞어서 거기에 부합하는 종목을 찾으면, 우량 기업이라고 단정한다.

물론 이러한 매매 방식이 잘못됐다고 단정할 수는 없다. 하지만 이를 따르려면 몇 가지 사항을 고려해야 한다. 먼저 투자 대가들의 투자법은 안타깝게도 대가들마다 다르기 때문에 공통점을 찾아서 연결한다는 것은 불가능하다. 즉 저마다 기준점이 다르다(투자자가 임의로 좋다고 느끼는 것만을 모아서 연결하는 방식도 여러 고려 사항에 따라 결과가 의도치 않은 방향으로 흐를 수 있다).

지금 이 책을 보고 있는 투자자의 매매 성향도 각양각색일 수밖에 없다. 쇼윈도에 걸려 있는 다양한 옷 중에 자신이 좋아하는 스타일, 자신의 몸에 맞는 옷이 모두 다른 것처럼, 투자의 대가들이 이야기하는 것은 계절에 따라 어떠한 옷을 입어야 된다는 점을 각자 기준에 따라 제시했다는 점으로 이해해야 한다. 그러니 투자자는 이들을 참고로 자신에게 적합한 원칙을 세우고 실천하면 된다. 물론 초기에는 대가들의 방식을 따라 해 보면서 그 의미를 파악해 보는 것도 좋은 공부다. 그러면 시행착오를 줄일 수 있기 때문이다. 하지만 대가들의 방식을 절대적으로 따라해서는 안 된다. 특히 숫자로 제시된 내용을 이해하지 못하고 무조건 숫자만 따라하면 대응 못하는 경우도 생긴다. 또 대가들의 방식을 무조건 따르면, 시행 과정에서 종목이 줄어들 수 있다. 그리고 현재 시장 상황과 맞지 않는 종목을 만나게 되기도 한다.

투자는 시대를 반영해야 한다. 물론 변하지 않는 원칙도 있지만, 시대에 따라 경제 구조 및 산업의 발전 과정을 반영해야 한다. 과거의 방식만 고집한다면 급변하는 성장주를 놓치게 된다. 예를 들어 플랫폼 업체에 PBR을 적용하려면 어떻게 해야 할까? 이들을 평가하는 데 PBR이 중요할까? 이렇듯 위대한 투자자들의 투자법에서 그들이 말하고자 하는 의미에 주목하고, 그들의 재무 데이터 이용법을 참고하여 자신에게 적합한 방법을 찾는 것이 무엇보다 중요하다.

보조 지표의 활용

투자자들이 처음 재무제표를 활용하는 과정에서 겪는 혼란 중 하나는, 많은 지표 중에서 어떠한 것을, 그리고 어떠한 기준에 따라 투자해야 하는가에 대한 점이다. 이러한 혼란에서 벗어나기 위해서는 각종 지표에 대한 이해가 우선이다. 기술적 분석(차트 분석)에 주지표(거래량, 이동 평균선 등)와 보조 지표(오실레이터, OBV) 등이 있듯이, 재무 분석에도 주지표와 보조 지표가 있다. 주지표는 재무제표 상에 있는 숫자를 말하고, 보조 지표는 이를 활용한 가공한 숫자를 말한다.

주 지표	매출, 영업 이익, 당기 손익, 자본 등
보조 지표	PBR, EV / EBITDA 등

비슷해 보이는 지표를 이렇게 나누는 이유는, 여러 지표가 보내는 신호가 일치하지 않을 때는 주 지표를 기준으로 투자해야 하기 때문이다. 지금부터는 보조 지표를 실전에서 어떻게 사용하는지 살펴보자.

1) PER (PER = 주가 / EPS)

PER은 객관적인 지표가 아닌 심리 지표라는 것을 앞서 이야기했다. 그래서 PER을 가지고 한 기업의 가치를 정확하게 평가하기는 어렵다. 투자자들의 심리는 상황에 따라서 얼마든지 달라지기 때문이다.

PER을 유용하게 쓰는 방법 중 하나는 동종 업계 기업들 PER을 비교하는 것이고, 기업 자체의 영업 이익 성장률과 비교하는 방법이 있다. 동종 업계 기업들과 PER을 비교하는 방법은 가장 보편적으로 활용하는데, 업계 내에서 한 기업의 PER이 낮다면 '저평가'라고 인식하고, 또 상장을 앞둔 기업이 상장 가격을 계산할 때 예상 EPS에 업종 평균 PER을 적용하여 계산하기도 한다. PER은 규모가 다른 기업들 사이에서 현재 위상을 알려주는 매우 유용한 지표이다.

또한 영업 이익 성장률과 비교하기 위해서는 PER을 적극적으로 활용한 미국의 피터 린치와 영국의 짐 슬레이트의 저서를 참고하자. 이들도 PER의 적절성에 대한 고민의 흔적이 저서에 그대로 드러난다. 그래서 그들이 개발한 또 다른 보조 지표가 바로 PEG이다.

$$PEG = \frac{PER}{이익\ 성장률}$$

한 기업의 PER의 절댓값만을 가지고는 현재 평가 영역을 올바로 알 수 없다. PER 5와 PER 50을 각각 저평가 혹은 고평가라고 할 명확한 근거는 미흡하다. 이를 알기 위해서 이익 성장률을 대입했고, PER이 5라도 이익 성장률이 2%라면 고평가이고, PER이 50이라도 이익 성장률이 60%이면 저평가라고 할 수 있다. 이는 절대적인 것은 아니지만 이렇듯 기업의 상황을 여러 관점에서 보기 위한 노력의 하나로 다양한 지표들이 개발되며 활용되고 있다.

2) PBR

PBR은 기업의 자산 가치를 따지는 지표로, 주식 시장의 조정 국면에서 주가의 하단이 어디쯤에서 형성되는가를 따질 때 많이 사용한다. PBR은 재무 상태표의 자산 가치를 통해 구해지는데, 이렇게 구해진 숫자를 투자의 관점에서 그대로 인정하는 것에 아무런 문제가 없을까?

PBR은 '장부 가치'이다. 재무제표에서 숫자를 뽑아서 계산했음으로 당연한 이야기가 된다. 그런데 투자자 입장에서 자산 가치는 장부 가치로서의 의미가 아니라, '청산 가치'로서의 의미를 따져야 하는 것이 아닐까? 다시 말해 장부에 100억 원짜리 기계를 그대로 인정하고 주가를 계산하는 것과, 그것을 팔아서 주주들에게 돌려주는 가치를 계산하여 주가에 반영하는 것은 다르다. 자산은 물건을 만드는 과정에서 의미가 있지만, 그 자체로는 돈이 되지 않는다. 돈이 되는 것은 자산을 팔 때인데, 이것은 청산 가치가 된다. 즉 PBR은 안정성을 나타내는 지표이지, 수익성을 나타내는 지표가 아니라는 점이다.

그래서 '자산 = 자본 + 부채'를 '자본 = 부채 - 자산'으로 바꿔서 생각해야 하는데, 이때의 자산 가치는 대폭 할인해서 계산한다. 장부상 100억 원짜리 기계가 물건을 만들 때는 그 의미가 있지만, 만약 그 기계를 팔 때는 장부 가격을 못 받기 때문이다.

그래서 PBR 개념을 확립한 벤저민 그레이엄도 장부 가치는 대폭 할인하여 사용하라고 말했다. PBR은 할인 상황에 따라 달라지므로, 그 역시 의미에 절대성을 크게 부여해서는 안 된다. 즉 일상적으로 이야기하는 PBR 1선 부근이 꼭 매수 타이밍이 될 수는 없다는 것이다. 그리고 PBR은 업종마다 다른 의미가 있다. 플랫폼 기업의 자산 가치와 석유 화학 업종의 자산 가치는 다르다. 그러니 하나의 의미로 사용해서는 안 된다.

앞서 이야기한 바와 같이 현대적 기업인 플랫폼 등의 소위 테크 기업들 때문에 자산 가치의 의미가 많이 퇴색되어 버렸다. 자산 가치가 더 이상 기업 발전의 유일한 원동력이 아니기 때문이다. 이에 따른 또 다른 평가 방법에 대한 고민이 필요한 시점이다(이 모든 것에서 추세 지표가 중요하다. 한 시점의 절대치와 추세 지표는 다른 의미를 제공한다. 추세는 현상을 파악하는 데 매우 유용한 자료이다).

5장

보이는 게 전부가 아닌 재무제표 특성

들어가며

우리 몸에는 수많은 균이 살고 있는데, 이들 중에는 몸에 이로운 균이 있는가 하면 몸에 치명적으로 해로운 균들도 있다. 평소에는 이들이 적절하게 균형을 이루고 있지만, 상황에 따라서 어느 한쪽이 우세하면 긍정적이든, 부정적이든 몸에 변화가 나타난다.

우리 몸에 살고 있는 수많은 균 중 하나인 유산균 역시 장내에서 적절하게 균형을 맞추는 것이 좋다. 보통 유산균은 장벽을 튼튼하게 하고 장내 세균을 억제하는 좋은 균으로 알려져 있다. 그래서 자세한 것은 몰라도 일단 많으면 좋다는 인식이 강하다. 하지만 천하의 유산균이라도 과하면 탈이 나게 마련이다. 유산균을 과다 복용하면 장내에 가스가 많아지면서 복부 팽창감이 올 수 있다. 또한 우리 몸에는 나쁜 균도 적절한 양이 꼭 필요하다고 한다. 우리 몸이 건강하기 위해서는 좋은 것이 절대적으로 좋고, 나쁜 것이 절대적으로 나쁘다고 하기는 어렵다.

재무제표도 같은 원리로 봐야 한다. 유상 증자는 EPS를 감소시키는 대표적인 행위 중 하나이다. 그래서 유상 증자는 투자자들이 일단 긴장을 하고 살펴봐야 하는 상황이다. 유상 증자의 이유가 미래를 위한 투자인지, 아니면 현재 기업을 꾸려가기 위한 운영 자금인지 일차적으로 파악해야 한다. 그리고 그 의미와 그를 통한 미래 전망 등을 두루 살펴야 한다. 미래 투자를 위한 유상 증자라면 이는 악재가 아닌 호재로써 검토해야 하는 요소다.

재무제표는 기업 활동의 결과물이다. 투자자는 이를 통해 기업의 전략을 파악하고,

이를 바탕으로 자신만의 관점에서 활용해야 한다. 이는 투자자들의 입장에 따라 충분히 다르게 해석이 된다. 변비가 있는 사람에게 유산균 음료는 좋은 약이 되지만, 그렇지 않은 사람에게는 굳이 먹어야 할 필요가 있는 음료는 아니다. 이처럼 재무제표를 해석하는 것은 그 기업의 상황에 따라 다르게 해야만 한다.

한편 유산균을 먹어야 하는지는 본인이 결정한다. 꼭 먹어야 하는 것은 아니기 때문이다. 유상 증자도 마찬가지이다. 투자자가 꼭 유상 증자에 참여할 필요는 없다. 투자자가 보기에 기업의 유상 증자가 맘에 들지 않으면 유상 증자에 참여하지 않거나 오히려 주식을 매도해도 된다. 결국 모든 결정은 투자자가 직접 결정하며, 그 결과 또한 본인의 몫이라는 점을 명심하자.

악재도 호재가,
호재도 악재가 된다

투자자들은 기업의 현재 상황이나 변화를 기업 공시나 뉴스를 통해 알 수 있다. 하지만 이런 내용은 모든 투자자가 동일한 시점에, 동일하게 아는 것으로, 이때 자기 나름대로 그 내용의 의미를 정확히 판단해야 남들과 다른 자신만의 투자가 가능해진다.

투자자가 판단과 관련해서 가장 많이 하는 오류 중 하나는 기업 내용을 과거에 익힌 익숙한 의미로만 해석하려 하는 것이다. 즉 A 유형의 뉴스가 나오면 바로 B 상황으로 확정해 버리는 경향이 있다. 하지만 기업이 직면한 상황은 그렇게 단순하지 않다. 이제부터는 대표적인 기업의 변화를 상황에 따라 어떻게 봐야 하는지 살펴보자.

호재이기도, 악재이기도 한 증자

증자增資는 말 그대로 기업의 자본금을 증가시키는 것이다. 자본은 크게 '자본금 + 자본 잉여금 + 이익 잉여금'으로 구성되며, 이는 기업 활동의 재원이 된다. 우량한 기업은 이익 발생을 통해 이익 잉여금을 증가시켜 자본을 증가시키지만, 그러지 못한 기업은 증자를 통해 자본금을 증가시킨다. 증자는 주주들의 돈이 외부에서 유입되어 이루어지는 유상 증자가 있고, 기업에 이미 쌓여 있는 자본 잉여금을 자본금으로 회계상 전환하는 무상 증자가 있다.

1) 유상 증자

유상 증자는 주주들에게 돈을 받아서 자본금을 늘리는 것으로, 주주들에게 추가로 투자(돈)를 요구하는 것이다. 일단 유상 증자를 하면 주당 순이익EPS은 당연히 하락하므로 주주들이 살펴봐야 할 일이 많다.

순이익 100억 / 1,000,000주 = 10,000원(EPS)
순이익 100억 / 2,000,000주 = 5,000원(EPS)

(100% 유상 증자 시 주가는 EPS × PER로,
PER의 변화가 없는데 EPS의 감소는 주가 하락 요소이다)

유상 증자는 주주뿐만 아니라, 제3의 새로운 투자자를 대상으로도 이루어지는데, 기존 주주들을 대상으로 할 경우 '주주 우선 증자'라고 하고, 회사에 지분이 없던 제3의 투자자를 대상으로 할 경우 '제3자 배정 증자'라고 한다. 모두 새로운 돈이 회사로 유입된다.

기업이 유상 증자를 실시하는 이유

1	기업 성장 과정에서 설비 투자 등에 막대한 자금 수요가 생기는 경우 (설비 투자 목적이 확실한 미래 먹거리를 위한 투자인지 관찰이 필요하다)
2	기업 운영에 필요한 일상적인 자금이 필요한 경우 (통상 운영 자금으로 표시되는데, 급여 등 일상적인 운영비로 간주한다)
3	부채를 갚아야 하는 경우 (부채 발생의 원인을 파악하는 것이 중요하다)

우량 기업이라면 1~3번의 경우 모두 평소 기업이 벌고 있는 돈으로 충당하는 것이 옳다. 하지만 증자를 한다는 것은 역설적으로 그럴 수 없다는 것을 의미한다. 투자자들은 기업의 증자 요구를 받았을 때 종합적인 판단으로 돈을 낼 것인지 아니면 오히려 해당 주식을 매각할 것인지 결정하면 된다. 주주들은 유상 증자 참여 권리와 함께 포기할 수 있는 권한도 당연히 가진다. 투자자의 판단에 따라 세 가지 경우의 수가 발생한다.

유상 증자 참여	기존 보유 주식 수 + 새롭게 투자한 주식 → 회사 내 나의 지분 비중 동일
유상 증자 불참	기존 보유 주식 수 → 회사 내 나의 지분 비중 감소 (증자에 참여하지 않고 주식을 보유할 경우 그만큼 지분 일부가 줄어듦을 감수해야 한다)
보유 주식 매각	

그러면 투자자는 이 세 가지 중 하나를 어떤 기준으로 결정해야 할

까? 일단 2, 3번처럼 운영 자금 조달과 부채 상환을 위한 증자라면 아주 특별한 경우를 제외하고는 유상 증자에 참여하지 않는 것이 좋다. 겉은 멀쩡해 보이는 친구가 카드 빚 상환과 생활비가 없다고 돈을 빌려 달라고 하면 선뜻 신뢰할 수 없는 것과 같이, 기업의 사정이 얼마나 좋지 않으면 운영 자금까지 주주들에게 손을 벌릴까 하는 의구심을 갖게 된다. 그래서 이때는 신중하게 판단해야 한다. 이러한 기업은 어찌 됐든 기업이 필요한 자금을 스스로 만들어 내지 못하는 것으로, 주당 순이익(EPS)이 없거나, 작은 경우가 대부분이다. 이 상태에서 유상 증자를 하면, 발행 주식 수의 증가로 주당 순이익은 더욱 줄어든다. 그래서 특별한 사유가 없는 한 주가는 하락세를 겪을 가능성이 커진다.

기업이 유상 증자를 실시하는 이유 1번은 다시 두 가지로 나누어 생각해야 한다.

(1)	기존 시설로 늘어나는 수요에 대응할 수 없어 추가 설비 등 투자를 증가시키는 경우
(2)	새로운 사업 진출을 위하여 투자를 단행한 경우

이렇게 나누어 봐야 하는 이유는 기업의 모든 투자가 호재인 것만은 아니기 때문이다. 기업의 투자는 일종의 모험으로 보는 것이 맞다.

(2)번은 막대한 돈을 들여 투자하지만, 일이라는 게 때에 따라서는 생각처럼 잘 되지 않을 수도 있다. 즉 제품을 만들면 소비자들이 다 사 주는 것은 아닌 것과 마찬가지다. 그래서 유상 증자를 통한 투자의 성과가 잘 나타날 수도, 안 될 수도 있다는 것을 알아야 한다. 특히 다른

기업이 이미 자신들의 영역을 확고하게 구축하는 상황이라면, 그 결과는 더욱 녹록지 않을 것이다. 자칫 피터 린치가 그의 저서《월가의 영웅》에서 이야기한 '사업 다악화(사업 다각화가 아니다)'가 될 수도 있다. 이때 기업이 잘해보기 위해(유상 증자를 통해) 설비 투자를 하는데, 그것을 투자자가 어찌 정확히 판단할 수 있을까 반문할 수도 있다. 그러나 투자자는 최대한의 정보와 상상력을 동원하여 어찌 됐든 스스로 판단해야만 한다. 모든 투자가 그러하듯이 판단의 책임은 오롯이 투자자 본인의 몫이기 때문이다.

(1)번 경우는 긍정적인 평가가 가능하다. 특히 넘쳐나는 수요를 감당하지 못해 실시하는 증자라면 당연히 참여해야 한다(넘쳐나는 수요 확인은 사업 보고서에 나오는 공장 가동률을 보면 된다).

2) 무상 증자

한편 주주의 돈이 아닌 기업 내에 있는 돈으로 하는 무상 증자도 있다. 무상 증자는 외부로부터 새로운 자금 유입 없이 기업 내에 쌓여 있는 돈으로 이루어진다는 면에서 유상 증자와 다르다.

	현재
자본금	30억 원
자본 잉여금	100억 원
이익 잉여금	200억 원
자본	330억 원

	무상 증자 시
	80억 원
	50억 원
	200억 원
	330억 원

무상 증자는 자본항목 속의 자본 잉여금을 자본금으로 계정 과목을 돌리는 행위로 기업의 자본은 변하지 않는다.

유상 증자는 투자자의 판단에 따라 참여하지 않을 수 있지만, 무상 증자는 투자자가 거부할 수는 없다. 무상 증자를 하면 그만큼 주식 수가 (공짜로) 늘어나므로 이를 호재라고 생각하는 투자자도 있는데, 사실 결코 좋아할 일이 아니다. 주식 시장은 늘어난 주식에 비례하여 시장에서 거래되는 가격이 조정되므로, 결국 투자자 계좌에 변화는 없다.

100주 × 1,000원 = 100,000원
200주 × 500원 = 100,000원
(100% 무상 증자 시 시장에서 거래되는 가격을
1,000원 → 500원으로 조정)

(2월 1일 기준으로 100% 무상 증자를 실시하면,
2월 1일 시장의 거래되는 주가는 당장 1,000원에서 500원으로
조정이 되는데, 주식은 약 한 달 정도 뒤에 들어온다.
그 기간 동안 내 계좌 잔고는 줄어 있는데, 놀라지 말자)

그러면 무상 증자를 왜 하는 걸까? 무상 증자는 상대적으로 작은 자본금을 가진 기업이 많이 실시한다. 자본금이 작으면 주식 수가 작아서 거래량이 작을 수밖에 없고, 이는 주식 시장에서 기업의 올바른 평가를 방해하기도 한다. 작은 거래량은 주가의 변동성을 키우기도 하고, 기관들의 유입을 차단하기도 한다. 또 자본금이 작으면 외부에서 보는 지표가 낮게 평가되어 대출 등에 제약을 받기도 한다. 그래서 기업은 이러한 면을 종합적으로 고려하여 무상 증자를 결정한다.

2022년 상반기 무상 증자 테마가 형성되면서 무상 증자를 하는 기업마다 주가가 급등세를 나타냈다. 이에 많은 투자자가 우려를 나타냈지만, 시장은 이를 무시하고 주가를 끌어올렸다. 그런데 냉정함을 되찾은 2023년 상반기에 그들의 주가는 매우 참담하다. 이처럼 기업의 가치를 무시한 테마주에 단순히 편승해서는 큰 손실을 본다.

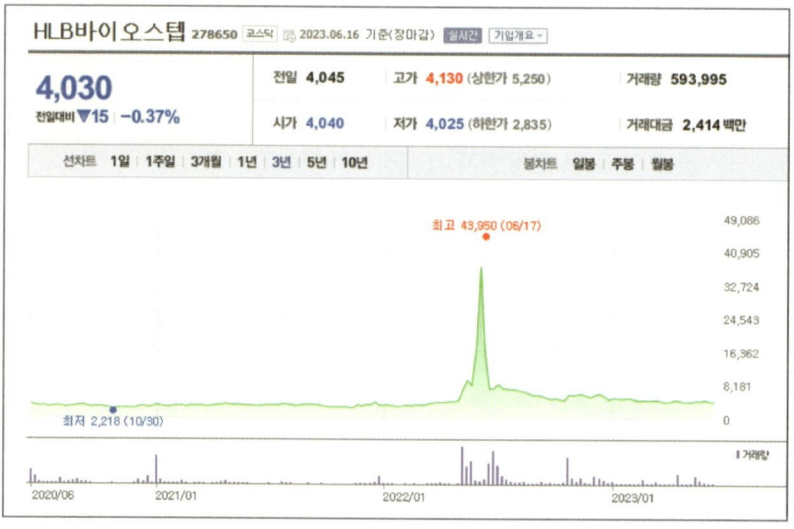

노터스 차트 (이후 HLB바이오스텝으로 사명 변경)

이제부터는 유상 증자와 무상 증자를 동시에 실시하는 기업을 살펴보자. 외부에서 자금을 조달하는 유상 증자와 내부 자금을 움직이는 무상 증자는 서로 관계가 없어 보이는데, 어떤 연관성을 가지고 이들을 동시에 진행하는지 알아보자. 다음은 실제로 유상 증자와 무상 증자를 동시에 한 기업의 일정표이다.

월	일	내용
1월	27일	유상 증자 신주 배정 기준일
2월	26일	유상 증자 신주 발행 확정가
	29일~3월 1일	유상 증자 청약일
3월	11일	무상 증자 신주 배정 기준일
	25일	유상 증자 신주 상장 예정일
4월	1일	무상 증자 신주 상장 예정일

일정을 보면 유상 증자와 무상 증자를 다 받기 위해서는 유상 증자 이후에 기존 주식을 팔아서는 안 된다. 일부 기관들은 유상 증자로 주식을 싸게 받기 위해 기존 주식을 팔아서 충당하는 경우도 있는데, 그러면 무상 증자를 받을 수 없어 이 방법을 쓸 수 없다. 또 이 방식은 기존 주주가 아닌, 무상 증자를 받기 위한 신규 투자자의 주식 매수도 기대할 수 있다. 그러나 유상 증자와 무상 증자를 동시에 하면 둘이 섞여서 주식 수가 엄청나게 늘어나기 때문에 신중히 계산하지 않으면 EPS 가치도 혼동이 온다. 이러한 점을 고려해 보면, 무상 증자는 원활한 유상 증자를 위한 '미끼 상품' 정도로 보인다. 이러한 기업의 재무제표를 분석해 보면 유상 증자를 해야만 하는 절박함이 묻어나는 경우가 많다.

알아 두면 쓸모 있는 주식 정보

기업의 자금 조달 단계

기업은 다양한 이유로 외부 자금이 필요하다. 가장 좋은 것은 기업의 이익을 통한 내부에서 창출된 자금으로 모든 일을 해결하는 것이지만, 그렇지 못하면 외부에서 자금을 조달해야 한다. 특히 기업이 한 단계 도약하고자 할 때는 더욱 절실해진다. 그래서 돈을 빌릴 때는 기업에 가장 유리한 방법을 먼저 사용한다. 개인도 저금리 대출부터 이용하지 무턱대고 고금리의 대부 업체를 이용하지 않는 것과 같다. 그러한 기준으로 정리한 기업의 자금 조달 순서는 대체로 다음과 같다(나의 주관적인 생각이며, 이를 기준으로 투자 판단을 한다).

① 채권 발행	장기간 안정적으로 자금을 이용할 수 있으며, 기업이 자금의 활용과 수입 그리고 상환 일정 등을 고려하여 맞춤형 채권 발행이 가능하다. 대규모 자금 조달도 가능하고 우량 기업이라면 이자 부담을 상당수 낮출 수도 있다.
② 금융권 장기 대출	신용도에 따라서 금리가 결정되지만, 일단 장기로 대출이 가능하다는 것은 기업의 신용도가 일정 수준을 유지하고 있음을 의미한다.
③ 금융권 단기 대출	단기 대출이 증가했다면, 여러 가지 사항을 체크해 봐야 한다. 일시적인 필요에 의한 것이라면 큰 문제가 없지만, 장기 대출이 막혀서 발생한 것이라면 문제가 심각할 수 있다. 특히 장기 대출이 줄고, 단기 대출이 늘었다면 잘 살펴야 한다.
④ 주주 우선 유상 증자	목적이 가장 중요하다. 주주들에게 돈을 요구하는 합당성이 필요하다. 최악은 운영 자금이나 부채 상환을 위한 유상 증자이다.
⑤ CB, BW 등 메자닌 채권 발행	이유와 쓰임새가 중요하다. 그리고 신용 등급 등 체크해야 할 요소가 많다.

6. 제삼자 유상 증자	긍정적인 면과 부정적인 면이 공존한다. M&A 과정에서 인수 자금 용도로 제삼자 배정을 하는 경우는 긍정적이다. 하지만 기업과 관계없는 제삼자 자금을 유치하는 과정에서 부정적인 사건이 많이 발생한다.

이율과 자금 조달의 난이도, 이유를 고려하여 나름대로 정한 순서이다. 투자자는 이러한 대체적인 흐름을 염두에 두고 기업의 자금 사정을 추측해야 한다. 통상적으로 자금 조달하는 순서가 뒤로 갈수록 기업의 자금 사정이 더욱 어렵다고 해석하면 된다. 수많은 상장사 중 자금 사정이 원활하지 못한 기업에 굳이 투자할 필요는 없다.

단 기업의 자금 조달이 어렵다고 무조건 나쁜 것은 아니다. 당장 기업에 돈이 없다 하더라도 비교적 확실한 미래를 위한 투자라면 충분히 감안할 수 있다. 그것이 제삼자 유상 증자라 하더라도 말이다. 중요한 점은 기업 성장에 확실히 도움이 되는가를 신중하게 판단하는 것이다.

장기 부채인 메자닌 채권

메자닌 채권은 장기 부채를 말하며, '메자닌'은 1층과 2층 사이의 중간층을 일컫는 말로 '부채로서의 채권'과 더불어 '자본'이라는 두 가지 의미가 있다.

CB Convertible Bond (전환 사채)	채권으로 발행되지만, 향후에 주식으로 전환될 수 있는 권리가 부여된 채권이다(권리를 행사하면 채권이 주식으로 바뀌고, 행사하지 않으면 채권으로 그냥 남는다). 채권으로 있을 때는 이자를 받을 수 있고, 주식으로 전환하면 주주로서의 권리를 행사할 수 있다.

BW Bond with Warrant (신주 인수권 부사채)	채권으로 발행되지만, 신주를 인수할 수 있는 권리가 부여된 채권으로, 이때 권리를 행사해서 신주를 인수해도 채권은 그대로 남아 있다. 즉 '채권 + 신주 인수권' 형태로 발행된다. 신주를 받기 위해서는 새로운 돈을 회사에 납부해야 한다. (BW 발행 이후 신주 인수권은 따로 주식 시장에서 거래가 가능하다)
EB Exchangeable bond (교환사채)	채권으로 발행되지만, 향후에 회사가 보유한 자사주 또는 제삼의 주식(투자 자산)으로 교환해 주는 조건으로 발행한 채권이다.

그러면 기업이 채권 발행이나 대출, 유상 증자를 하지 않고, 왜 다소 복잡한 메자닌 채권을 발행하는지 알아보자. 메자닌 채권은 다양한 옵션이 붙어 있고, 이는 주식 등과 연관이 있어서 기업에게 불리한 경우가 많다. 그러니 기업이 이렇게까지 하는 이유는, 금융권의 대출이 어렵거나 유상 증자 등이 어려운 경우라고 유추할 수 있다. 어떻게 보면 투자자들에게 어느 정도 인센티브를 줘서 자금을 끌어오는 작업을 해야 한다는 절박함도 느껴진다.

메자닌 채권을 하나하나 구분하여 살펴보면, 비슷한 면과 확연히 다른 면을 동시에 가지고 있음을 알게 된다. 이를 재무 상태표에서 설명해 보자. CB를 발행하면 채권이라서 부채에 기록된다. 이후 주식으로 전환되면 부채는 사라지고 그 금액만큼 자본금이 된다. 그래서 특별한 경우를 제외하고 CB는 부채가 아닌 자본으로 생각하고 계산해도 된다.

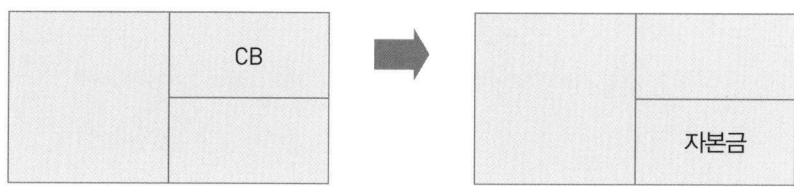

BW는 '채권 + 신주 인수권' 형태로 발행되고, 채권은 만기까지 존재한다. 그래서 부채와 신주 인수권(새로운 돈의 유입)으로 늘어나는 자본금을 같이 계산해 주어야 한다.

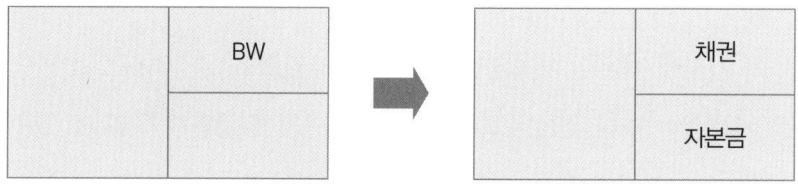

EB는 부채로 있다가 다른 주식으로 교환되면, 자본으로 전환(자사주)되거나 자산의 감소(보유 주식으로 교환)로 이어진다.

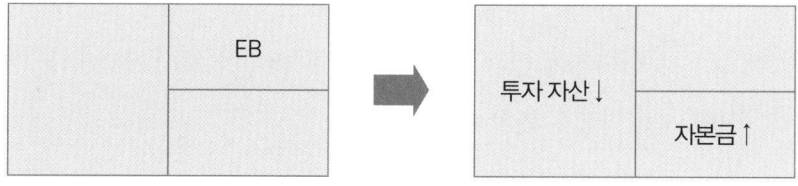

그런데 2022년 하반기에 특별한 일이 발생했는데, 지금까지 설명한 내용과 다르게 주식 등으로 전환이 되어야 할 메자닌 채권이 원금을 상환해 달라는 조기 상환 요구를 받았다.

> 코스닥에 상장된 신약 개발 바이오 A 사는 2020년 12월 200억 원 규모의 전환 사채(CB)를 발행했다. 당시 한 주당 전환가액은 14만 950원. 2020년 A 사 주가가 치솟으며 8월 한때 19만 원이 넘을 정도로 잘나갔다. 이후 주가 흐름은 처참한 수준이다. 꾸준히 내리더니 지난 6월, 급기야 2만 8,600원까지 떨어졌다. 2년이 채 지나지 않아 80% 이상 급락했다. 많은 투자자의 손실이 불가피하다.
>
> 〈머니투데이 2022년 8월 9일 기사〉

이 기사에 거론된 투자자는 만기까지 채권으로 유지하다가 상환받을 가능성이 크다. CB는 특성상 채권을 만기에 상환하지 않고, 일정 시간 후에 주식(자본)으로 전환되기 때문에 기업 입장에서는 큰 부담 없는 자금 조달 과정으로 여겨 왔다. 문제는 2022년처럼 주가가 급락하여 CB가 주식으로 전환하는 기준점인 전환가보다 주가가 급락한 경우이다. 이렇게 되면 기업이 돈이 필요해 채권을 발행한 것인데, 만기에 일시로 상환해야 한다. 이러면 기업은 막대한 자금 부담을 느낀다. 이렇듯 CB 발행도 위험이 있다.

신용 등급

유상 증자나 메자닌 채권을 발행하는 기업에 대해 투자자가 가장 먼저 확인해야 할 중요한 내용은 바로 해당 기업의 '신용 등급'이다. 신용 등급은 공신력 있는 기관이 주기적으로 발표하고 있는데, 이는 각각 기업의 사업 보고서나 증권사 시스템에서 확인할 수 있다. 신용 등

국내 신용 평가사 신용 등급표

구분	신용 등급 정의	한국평가사 (18등급)	신용 등급 정의 세부 내용
투자 적격 등급	최상의 신용 상태	AAA	원리금 지급 확실성 최고 수준, 투자 위험 극히 낮고 환경 변화에도 안정적임
	신용 상태 우수	AA+ / AA / AA−	원리금 지급 확실성 매우 높지만 AAA 등급에 비해 다소 열등한 요소가 있음
	신용 상태 양호	A+ / A / A−	원리금 지급 확실성 높지만 장래 급격한 환경 변화에 다소 영향받을 가능성 있음
	신용 상태 적절	BBB+ / BBB / BBB−	원리금 지급 확실성은 인정되지만 장래 환경 변화로 지급 확실성이 저하될 가능성이 있음
투자 요주의 등급	투자시 요주의	BB+ / BB / BB−	원리금 지급 확실성에 당면 문제는 없으나 장래 안정성 면에선 투기적 요소가 내포되어 있음
		B	원리금 지급 확실성이 부족하여 투기적이며, 장래 안정성에 대해 현 시점에서 단언할 수 없음
		CCC	채무 불이행 발생 가능성을 내포하고 있어 매우 투기적임
투자 부적격 등급	최악의 신용상태	CC	채무 불이행 가능성이 극히 높고, 현 단계에선 장래 회복될 가능성이 없을 것으로 판단됨
		C / D	원금 또는 이자 지급 불능 상태에 있음

급은 금융 기관 등이 다양한 용도로 참고하는 중요한 자료가 된다.

기업은 각자의 신용 등급에 따라 차등한 이자를 지불하며 채권을 발행하는데, 금융 기관이 매매가 가능한 신용 등급은 BBB-까지다. 만약 BBB- 등급의 기업이 상황이 악화하여 등급이 한 단계 떨어져 BB+가 되면 차환 발행(만기 시 재발행하는 것)이 되지 않아 심각한 자금난에 빠진다.

코로나19로 어려워진 제주항공의 2022년 8월 기준 신용 등급은 BB+이다. 이미 부채 비율도 500%를 넘었다. 이로 인해 채권 발행 자체가 불가능해진 제주항공은 2022년 약 3,600억 원의 유상 증자를 단행했다(제주항공은 2020년 이후 2022년까지 약 6,800억 원에 달하는 유상 증자를 단행했다). 이렇듯 투자자는 투자 기업의 신용 등급을 확인하여 투자에 참고하는 것이 매우 중요하다.

IPO 가치 평가와 자본 잉여금

기업 공개IPO는 기업이 자본을 외부로부터 확충할 좋은 기회다. 이때는 기업이 성장할 거라는 기대감으로 투자자들이 높은 가격을 지불할 용의가 있는 시기이기 때문에 통상 비싸게 주식을 팔 수 있다. 그래서 기업이 이 기회를 잘 활용하면 액면가를 초과하는 많은 금액을 자본 잉여금 항목에 넣어둘 수 있고, 이에 따라 자본이 커지게 된다(자본 잉여금은 액면가 이상으로 주주들에게서 받은 돈이다. 기업 공개나 유상 증자 등을 할 때 발생한다). 이를 바탕으로 투자 아이디어를 살펴보자. 먼저 기업을 공개할 때 기업의 가치를 측정하는 두 가지 방식을 알아보자.

본질 가치	기업의 본질 가치 평가
상대 가치	관련 업종이나 비교 기업 가치와 상대 평가

IPO를 위해서는 기업의 가치에 맞는 적정 가격(주식 시장에 상장하는 가격)을 산정해야 한다. 그런데 우리나라는 '본질 가치 측정법'보다는 대부분 '상대 가치 평가법'을 사용한다. 상대 가치 평가법은 동종 업계에 이미 상장된 기업들의 가치와 비교하여 신규 상장 기업의 가치를 측정하는 방법이다. 이때 동종 업계는 국내에 국한하지 않고, 전 세계를 망라한다. 이러한 방식은 다양한 투자 아이디어를 제공한다. 이에 대해 두 기업의 사례를 살펴보자.

[분석일 기준 EV(기업가치) 및 2020년 및 2021년 반기 EBITDA]

(단위: 백만달러)

회사명	EV(기업가치)	2020년 EBITDA	2021년 반기 EBITDA	선정여부
CATL	251,461	1,607	1,324	선정
BYD	133,699	3,262	1,480	선정
Guoxuan	15,204	148	82	-
Panasonic	35,160	5,631	3,510	선정
SK이노베이션	24,830	(1,021)	1,544	-
삼성SDI	42,237	1,490	923	선정

[동사 및 비교회사 최근 회계연도 주요 재무지표 및 매출 구성]

(단위: 백만원)

구분	LG에너지솔루션	CATL	삼성SDI
매출액	12,570,012	8,598,594	11,294,770
영업이익	(289,464)	1,074,672	671,335
당기순이익	(544,483)	954,081	574,723
사업별 매출 비중	에너지솔루션 100%	배터리 및 ESS 82.2%, 배터리 소재 6.8%, 기타 11.0%	에너지솔루션 77.3%, 전자재료 22.7%
지역별 매출 비중	아시아 45.1%, 유럽 42.2%, 아메리카 12.7%	중국 84.3% 해외 15.7%	남미 33.9%, 중국 25.8%, 아시아 17.5%, 북미 12.8%, 한국 10.0%

LG에너지솔루션 공모가 결정 방법

EV/EBITDA 거래 배수(51.4배)	상대 평가 2개 회사의 2021년 3분기 실적을 연간 실적으로 환산해 계산
평가 시가 총액	EV/EBITDA 거래 배수를 기준으로 LG에너지솔루션 순차입금, 비지배 지분 등을 종합해 계산
공모 후 총 발행 주식 (2억 3400만 주)	기존 LG화학주 + 공모신주 + LG화학 구주 매출분 합산
주당 평가가액 (47만 9514원)	평가 시가 총액을 공모 후 발행 주식수로 나눈 금액
희망 공모가 (25만 7000원~30만 원)	주당 평가 가액에서 할인율 46.4%~37.4%를 적용

출처: 공시줍줍

LG에너지솔루션은 중국의 CATL과 삼성SDI의 가치를 기준점으로 삼았고, 쏘카는 인도네시아 기업 등의 가치를 기준점으로 삼았다. 기업의 가치 평가를 상대 가치와 비교하면, 상대 기업들의 가치가 높게

구분	산식	Uber Technology	Lyft	Grab Holdings	Goto	Bird Global	Helbiz	오비고	Samsara
단위	-	백만 달러	백만 달러	백만 달러	백만 루피아	백만 달러	백만 달러	백만 원	백만 달러
기준 시가총액	(A)	43,407	4,663	9,599	348,100,178	130	22	123,898	6,079
이자지급성부채	(B)	11,163	1,039	156	901,194	69	26	2,723	139
현금및현금성자산	(C)	4,184	2,237	3,387	27,072,670	35	1	25,673	860
순차입금	(D)=(B)-(C)	6,979	(1,197)	(3,231)	(26,171,476)	34	25	(22,949)	(721)
비지배지분 및 우선주지분	(E)	902	0	46	(1,467,358)	0	0	72	0
기업가치(EV)	(F)=(A)+(D)+(E)	51,288	3,466	6,414	320,461,344	164	47	101,021	5,359
EBITDA	(G)	(1,350)	(462)	(1,018)	(25,846,000)	(215)	(52)	(5,560)	(375)
EV/EBITDA	(H)=(F)/(G)	(38.0x)	(7.5x)	(6.3x)	(12.4)	(0.8x)	(0.9x)	(18.2x)	(14.3x)
적용 EV/EBITDA 거래배수					NA				

[비교회사 EV/EBITDA 멀티플 산정내역]

쏘카 공시 자료

평가받을 때 상장하는 것이, 상장하려는 기업에게 절대적으로 유리하다. 역설적으로 투자자는 이때가 주식 시장이 과열 상태라는 것을 인식해야 한다. 주가가 부풀려질 수 있기 때문이다.

> 주가 상승 → 강세장 진입 →
> 상대 가치 기업들의 주가 상승(높은 밸류) →
> 주식 시장에 기업 공개 시작 → 기업 공개 과열 →
> 주식 시장 조정 → 상대 가치 기업들의 주가 하락(낮은 밸류) →
> 상장 계획 철회 및 보류

이와 같은 패턴이 매번 반복되고 있다. 제약 바이오 기업의 상장이 봇물 터지듯 급증해서 제약 바이오 기업의 과열 국면인 2017년에 피크를 찍었고, 소위 동학개미운동이 활발했던 주식 시장으로 2022년에 기업 공개가 피크를 찍었다. 이처럼 기업 공개가 과열 국면이면 시장의 조정을 앞둔 시점으로 이해해야 한다.

매출 원가와 판매가의 변동

기업은 물건을 만드는 원재료 비용이 상승하면, 이에 따라 판매가를 올리려고 한다. 하지만 구입하는 입장에서는 받아들이기가 쉽지 않다. 그래도 일반 소비자를 대상으로 한 제품이라면 소비자 선호 여부 등을 고려하여 판단할 수가 있지만, B2B(기업과 기업과의 거래)의 경우에는 그 내용이 훨씬 복잡하다.

　기업은 서로 연결되어 있어서 가격 변동 하나만 가지고 기존에 짜인 틀(생산 방법)을 바꾸기는 생각보다 쉽지 않다. 전기차를 만드는 회사가 납품받는 2차전지 가격이 올랐다고 당장 거래선을 다른 곳으로 쉽게 바꾸지는 못한다는 것이다. 이는 기존의 차량 모델과 생산 설비를 모두 바꾸어야 하는 문제가 생기기 때문이다. 이 경우 두 기업 사이에는 본격적인 줄다리기 상황에 따라 각각의 기업 이익이 달라진다. 투자자는 이때 이익이 늘어나는 기업과 줄어드는 기업의 현황을 잘 파악하도록 노력해야 한다.

　2022년 상반기 우크라이나 전쟁 여파에 따른 글로벌 원자재 가격 폭등은 각 기업의 비용을 상승시키는 원인이 되었다. 이때 본격적인 매출이 일어나는 2차전지 셀 업체들의 원가 부담을 걱정하는 시각이 증권가에 퍼졌다. 그런데 당시 실적을 발표하는 LG에너지솔루션의 임원은 투자자들에게 강력한 한마디를 남겼다.

"우리는 원가 상승에 따라 판매가를 올렸고, 자동차 업계는 이를 받아들였다. 우리는 을이 아닌 을이다."

이 상황에서 투자자는 어떤 메시지를 읽어야 할까? 단순히 LG에너지솔루션의 우수성이 돋보인다고 생각하면 될까? 하지만 나는 반대로 지금은 갑이 숨죽이고 있지만, 그 발톱을 드러낼 시간이 빨라지겠다는 섬찟함을 느꼈다.

2023년 상반기에 밝혀진 첫 번째 발톱은 낮아진 원가를 반영하여 납품가를 다시 조정한 것이다. 이는 재무제표를 통해 확인되고 있다. 두 번째 발톱은 여러 셀 업체들로부터 납품을 추진한 것이다. 즉 다양한 배터리를 채용하여 소비자 선택 및 리스크를 줄였다. 향후 예상은 내재화일 수도 있다. 이렇듯 갑인 자동차 회사의 선택지는 오히려 넓어졌다. 투자자는 거기까지 생각해야 한다.

배당과 투자의
관계 이해

기업의 목적은 이익을 많이 내고, 이를 통해 주주의 이익을 극대화시키는 것이다. 지금부터는 기업의 이익이 기업 내에서 어떻게 움직이는지 알아보자. 이해를 위해 퀴즈를 하나 풀어보자. 기업에 당기 순이익이 100억 원 발생하면, 해당 기업에 '현금'이 얼마만큼 늘어날까?

1) 50억   2) 10억   3) 100억   4) 기업마다 다름

당기 순이익이 발생한 기업은 그만큼 당연히 현금이 늘어난다고 생각하기 쉽지만 현실에서는 모두 정답이 된다. 이렇듯 당기 순이익(소득) 증가는 '꼭' 현금의 증가가 아니다. 이를 재무제표로 확인하려면, 재무 상태표와 손익 계산서의 유기적 관계를 살펴봐야 한다. 특히 재무 상태표의 '차변-대변 항목의 일치'는 중요한 실마리를 제공한다.

```
┌─────────────┬─────────────┐      ┌──────────┐
│             │ ⑤ 부채 감소  │      │   매출    │
│ ③ 현금 증가  ├─────────────┤      │   비용    │
│ ④ 자산 증가  │ ② 이익 잉여금↑│      │① 당기 순이익↑│
└─────────────┴─────────────┘      └──────────┘
                    ↑_____|
```

 손익 계산서의 당기 순이익이 발생하면, 자동적으로 재무 상태표의 자본 중 이익 잉여금이 증가한다. 이때 재무 상태표의 균형이 깨지지 않기 위해서는 부채의 감소나 자산의 증가가 나타나야 한다. 즉 돈을 갚거나 현금 혹은 냉장고(물건)가 생겨야 한다.

> 당기 순이익(손익 계산서) → 이익 잉여금(재무 상태표 자본) →
> 현금의 증가(재무 상태표 자산) or
> 설비의 증가(재무 상태표 자산) or 부채의 감소(재무 상태표 부채)

 기업의 이익은 기업의 규모를 키우거나 내실을 다지는 데 사용되기 때문에 매우 중요하다. 만약 이익이 줄거나 적자가 나면 기업의 규모가 줄거나 부실화의 원인이 된다. 그렇다면 기업은 이익을 어떻게 활용하는 것이 좋을까? 최종적으로는 투자자들에게 도움이 되는 방향으로 활용되어야 한다. 그리고 이는 기업의 운영 전략과 맞물려 있어야 한다. 주주들의 돈이기도 한 기업의 이익은 크게 두 가지 활용법을 생각할 수 있다.

	방법	내용	기대 효과
1	내부 유보	영업 활동을 위한 투자 재원으로 기업 내에서 사용	주가의 상승
2	외부 유출	이익을 주주들에게 배당으로 나눠 주는 것	투자자 계좌에 현금으로 입금

이익은 주주들 것이지만, 내부 유보와 외부 유출 사이의 결정은 경영진이 한다(이를 주주 위임이라고 한다). 내부 유보는 시세 차익과 관련이 있고, 외부 유출은 당장 현금이 유입된다. 투자자가 주식 투자를 통해 돈을 벌 수 있는 방법은 시세 차익과 배당인데, 대부분은 '배당'보다는 '시세 차익'을 더 바란다. 그것이 빠르고, 금액도 더 크기 때문이다. 시세 차익이 커지기 위해서는 기업의 적절한 투자로 새로운 이익을 계속 창출하는 것이다. 그러기 위한 재원으로 이익의 내부 유보는 중요한 역할을 한다. 특히 설립된 지 얼마 안 되었거나, 고속 성장하는 기업은 투자가 지속적으로 이루어져야 하므로, 그 재원을 외부 차입보다는 내부 유보를 통해서 선순환 구조를 갖는 것이 좋다.

배당을 주는 외부 유출의 경우는 생각처럼 단순하지 않다. 배당을

알아 두면 쓸모 있는 주식 정보

'주주 친화 정책'에 대한 고민

투자자는 기업에 소중한 돈을 투자한다. 그렇다면 기업은 투자자에게 어떠한 모습으로 보답하는 것이 가장 좋을까? 이론적으로 투자자는 주주로서 자신이 투자한 만큼 기업에 대한 권리를 가지며, 그를 통해 기업과 동행하는 것을

강조한다. 하지만 현실 속 투자자들은 기업의 성장성에 따른 주가의 움직임에 편승, '시세 차익'을 얻고자 하는 것이 주목적인 경우가 많다. 아무튼 기업들은 묵묵히 큰 그림을 그리고 제 갈 길을 가기도 하고, 다양한 이유로 이벤트를 만들어 투자자들을 끌어오기도 한다.

최근 일부 기업이 '주주 친화 정책'이라는 용어를 사용하는데, 그 내용은 배당의 증가, 자사주 매입 등으로 이루어져 있다. 하지만 개인적으로 이러한 행태의 일부는 투자 업계에 만연하고 있는 '눈속임'이라고 생각한다.

세계적인 투자자이자 버크셔 해서웨이를 운영하고 있는 워런 버핏이 그동안 그 어떠한 인위적인(?) 주주 친화 정책을 펼쳤다는 이야기를 난 듣지 못했다. 그리고 그의 투자 원칙을 밝힌 주주 서한 어디에서도, 주주 친화 정책을 펼치는 기업을 사라고 이야기하는 것을 보지 못했다. 오히려 그는 주주들이 요구하는 버크셔 해서웨이의 배당과 액면 분할을 강하게 거부하고 있다.

기업은 본업에 충실해서 매출을 올리고 이익을 남겨서, 이를 다양한 방법으로 주주들과 나누는 것이 가장 좋다. 이러한 모습 자체가 올바른 주주 친화 정책이라고 생각한다. 물론 본업에 충실하며 추가적인 정책을 하면 더 좋은 것은 사실이지만, 이는 부가적인 요소이다. 이런 부분만을 언론에 홍보하면서 부풀일 일은 아니라고 생각한다. 또 일부는 주주 친화 정책이라는 이름 하에 대주주를 위한 정책을 펼치기도 한다. 대표적인 것이 상속세 이슈가 있을 때 배당을 늘리는 것이다. 이러한 모든 것은 각자 냉정한 판단이 필요한 대목이다.

실시하면 주주들에게는 현금이 들어오지만, 기업 입장에서는 돈이 외부로 나간다. 그래서 이는 기업의 상황에 맞춰 행동해야 한다. 특히 성장 단계에 있는 기업은 배당으로 이익을 외부로 유출하는 것보다 내부에 유보하여 투자의 재원으로 활용해야 한다. 그러나 투자에 따른 성장 효과가 크지 않은 성숙 기업이라면 배당하는 것이 좋다. 즉 배당 여부는 기업 성장성 여부에 맞춰 고려해야 할 부분이다.

이익을 기업 내에 두는 이익 잉여금

한국 기업은 대략 2010년 이전까지 특별한 경우가 아니면 지속적으로 배당을 주는 경우가 많지 않았고, 이익을 회사 안에 유보하는 경우가 대부분이었다. 이러한 점을 소위 '코리아 디스카운트' 원인 중 하나로 지목하는 투자자도 있다. 하지만 기업은 그동안 성장을 위한 많은 돈이 필요했다. 대표적으로 반도체, 자동차, 조선, 석유 화학 등 이름만 들어도 그 설비 투자 규모가 대단한 기업들이 확장세를 나타내는 시기였다. 이들은 공장을 짓고 유지하는 데 막대한 자금이 들어갔다. 또한 재무적인 안정성도 필요했다. 지금도 투자가 필요한 기업이 많은데, 이들은 자체 이익을 가지고 성장을 위한 투자를 해야 한다. 대표적인 예로 S-OIL은 그동안 실시하던 분기 배당을 줄이고, 이를 재원으로 대규모 설비 투자에 나서고 있다. 그러니 성장을 해야 하는 기업에는 배당을 바라지 않는 것이 오히려 합리적인 판단이다.

이익을 기업 밖으로 내보내는 배당 지급

배당에 관심이 커지고, 금융권도 이에 발맞추어 배당 ETF 등 배당 관련 상품을 본격적으로 내놓은 것은, 세금을 통해 배당을 확대하게 만든 '기업 소득 환류 세제'가 도입되면서부터이다.

> **알아 두면 쓸모 있는 주식 정보**
>
> **경기 부양이 목적인 '기업 소득 환류 세제'**
> 기업이 이익의 80% 이상을 투자, 배당, 임금 인상분 등에 사용하지 않으면 법인세로 추가 징수하는 과세 제도로, 기업의 소득을 가계와 사회로 환류시켜 침체된 경기를 부양하려는 목적으로 2015년부터 2017년까지 3년간 한시적으로 시행했다.

그러면 왜 정부는 세금까지 동원하여 기업에 배당을 독려했을까? 이는 기업 내부에 존재하는 막대한 '이익 잉여금' 때문이었다. 기업이 사내에 잉여금을 쌓아만 두고, 활용하지 않는다는 비판의 취지에서 출발했다. 그런데 중요한 점은 기업이 보유한 이익 잉여금은 '현금'이 아니라는 점이다.

배당은 회사의 상황을 반영하고 있다고 봐야 하는 것이, 배당을 많이 주는 것은 성장세를 멈추었다는 표현일 수도 있기 때문이다. 낮은 성장에 직면한 기업(이는 성장세가 가파르지 않은 것을 의미)은 창출한 이익을 어떻게 사용하는 것이 좋을까? 이때 주주들에게 배당으로 이익을 나눠 주는 것이 나름대로 설득력 있는 방법이라고 생각한다. 그래서 낮은 경제 성장기 때는 배당주 투자가 그 매력을 더한다.

> **알아 두면 쓸모 있는 주식 정보**
>
> **배당에 대한 워런 버핏의 생각**
> 워런 버핏의 버크셔 해서웨이는 막대한 이익에도 불구하고 배당을 주지 않는다. 이에 대해 워런 버핏은 투자자들에게 보낸 '주주 서한'에서 그 이유를 명확하게 밝혔다. 그는 '기업이 주주들에게 배당을 주어도 잘 활용하지 못한다. 그러나 나(버핏)는 기업 활동을 통해서 주주들이 배당을 활용해서 얻는 수익보다 더 큰 수익을 꾸준히 벌게 해 줄 수 있다. 만약 내가 그러지 못한다면 배당을 하겠다.'라고 전했다. 이는 경영진이 어떠한 마음 자세와 실력으로 투자자들의 돈을 대해야 하는지 잘 대변하고 있다고 생각한다. 즉 배당 유무보다는 경영진의 능력과 생각이 주요하게 드러나는 대목이다.

1) 배당과 관련된 용어 살펴보기

배당 성향은 순이익의 몇 %를 배당하는가를 나타낸다. 기업의 이익은 매년 들쑥날쑥한데, 이때 순이익에서 고정된 비율로 배당을 실시한다는 것은 투자자에게 매우 매력적이다. 배당 투자로 적합한 기업은 3년 이상 같은 배당 성향을 유지하는 경우이다. 액면가 배당(시가 배당)은 배당 수익률이 주식의 액면가를 기준으로 결정되는가, 시가(기준 시점의 시장에 거래가)를 기준으로 결정되는가의 차이이다. 한국은 대부분 액면가 배당을 실시하고 있다. 액면가 5,000원짜리 주식의 현재가가 2만 원인 경우, 통상 5% 배당이라면 배당금은 250원(5,000원× 5%)이 된다. 배당을 받기 위해서는 배당일에 맞추어 주식을 보유하고 있어야 하는데, 이때 우리나라 주식 시장의 '3일 결제 방식'을 이해하고 있어야 한다.

	D-2	D-1	D-DAY
배당	배당을 받기 위한 마지막 매수일	배당락 (이날 주식을 팔아도 배당을 받을 수 있다)	배당 기준일
주식 매수	주식 매수 체결		계좌 현금 인출 주식 입고

배당을 받는 것이 목적이 아니라 배당을 받으려는 실 수요자에게 시세 차익을 남기려 한다면, 미리 주식을 선취매하는 것도 하나의 방법이다. 실제 이러한 방식으로 투자하는 투자자들도 꽤 많다. 그러기 위해서는 기업의 한해 실적을 가늠할 수 있는 10월부터 주가의 움직임을 잘 살피는 것이 좋다. 이때 주가와 예상 배당액(과거 배당 성향 참고)을 비교하여 매수 후, 배당일이 임박하여 주가가 오를 때 시세 차익을 남기면 된다. 하지만 이 방식도 2024년부터 대 변혁이 이루어졌다. 금융 당국이 배당 절차를 개선해서 주주 총회 이후 배당이 결정되면 매수할 기회를 주기로 했기 때문이다.

배당 절차의 개선

현행 先 배당 기준일, 後 배당액 확정

최종 배당액이 확정되지 않은 채 주식 거래

배당 기준일 (배당 주주 확정)	주총 소집 이사회 결의	주주 총회 배당액 확정	배당금 지급
통상 12월 말	2월	3월	4월

- 통상 결산기 말일(12월 말)을 의결권·배당 기준일로 설정
- 결산기 말일 주주가 의결권 기준일의 주주로서 다음 해 3월 정기 주총에서 배당 여부와 배당액을 결정하고, 배당 기준일의 주주로서 배당금을 수령

개선안 先 배당액 확정, 後 배당 기준일

배당 여부 및 배당액을 알고 투자 결정

주총 소집 이사회 결의	주주 총회 배당액 확정	배당 기준일 (배당 주주 확정)	배당금 지급
2월	3월	4월초	4월 말

- 의결권 기준일과 배당 기준일을 분리하고 배당 기준일을 주주 총회일 이후로 결정
- 배당 여부 및 배당 금액이 확정된 이후 투자 여부 결정 가능(배당 금액을 알고 나서 투자 결정)

호재로 인식하는
자사주 매입

자사주 매입은 대표적인 주주 환원 정책으로 보통 호재로 인식이 된다. 미국의 많은 기업이 지속적인 자사주 매입 및 소각을 통해 주가를 상승시키자, 국내 기업의 자사주 매입 역시 주가 상승의 요소로 보는 것이다. 한편 자사주는 이익 잉여금을 사용하여 사는데, 기업에 이익이 있어야 자사주 매입이 가능하다. 자사주와 관련해서는 여러 가지 변수가 있으니 잘 관찰하고 판단해야 한다. 먼저 자사주 이해를 위해 용어의 정확한 의미부터 파악해 보자.

자사주 취득	기업이 직접 자사주를 매수하는 것으로, 공시 이후 3개월 이내에 주식을 100% 매수해야만 한다.
자사주 신탁 취득	주식을 기업이 직접 매수하지 않고, 증권사 등에 위임하여 매수한다. 여기에 일종의 허점이 있는데, 위임받은 증권사가 기간 내에 매수를 안 해도 되고, 매수한 자사주를 매도해도 된다. 위임 기간은 통상 6개월에서 1년 동안 이루어지는데, 투자자는 이 점을 정확하게 인식하고 잘 관찰해야 한다.
자사주 소각	취득한 자사주를 (태워서) 없애는 것으로 자사주 소각을 하면 발행 주식 수가 줄어든다. 가장 실질적인 주주 친화 정책이라고 할 수 있다.

위의 표를 보면 자사주 취득과 신탁은 다르다는 점을 확인할 수 있다. 그러면 기업들은 둘 중 어느 것을 더 많이 시행할까? 정확한 통계는 없지만, 개인적으로 보기에 신탁 공시가 더 많은 것 같다. 그래서 기업이 자사주를 사려는 진정한 마음이 있는지 의문이 들기도 한다.

자사주 신탁계약 후 실제 취득률 50% 미만 기업 (단위:억원)

기업명	신탁규모	실제 취득규모	취득비율	해지일
휴켐스	20,000,000,000	0	0%	09월 02일
싸이맥스	1,000,000,000	10,170,420	1.02%	11월 24일
옵티시스	1,000,000,000	18,885,315	1.89%	03월 29일
두올	2,000,000,000	49,603,700	2.48%	09월 27일
세아베스틸	10,000,000,000	435,711,360	4.36%	03월 30일
텔레칩스	3,000,000,000	441,222,150	14.71%	03월 24일
티피씨글로벌	500,000,000	79,332,720	15.90%	09월 23일
아이크래프트	1,500,000,000	268,179,850	17.88%	03월 26일
아이윈스	1,000,000,000	251,488,710	25.15%	05월 10일
오성첨단소재	3,000,000,000	891,650,000	29.72%	01월 22일
조선선재	4,000,000,000	1,480,833,500	37.02%	06월 17일
쎄트렉아이	1,000,000,000	380,487,000	38.05%	10월 08일
영풍제지	3,000,000,000	1,192,816,915	39.76%	03월 19일

※ 2021년 1월 1일~2021년 10월 20일 기준 자료 DART

기업이 자사주를 매입하면, 이익 잉여금이 줄어든다. 이때 단순 자사주 매입으로 EPS를 다시 계산할 필요는 없다고 본다. 소각하는 경우가 아니면 시장에 다시 자사주가 풀리므로, 또 다시 계산해야 하기 때문이다. 자사주 효과로 EPS 증가를 감안해야 할 때는 소각했을 경우로 한정한다.

한편 우리나라 기업이 미국과 다르게 자사주 매입에 소극적인 이유도 한번 살펴보자. 기업이 자사주 매입을 통해 발행 주식 수를 줄이고 주가 상승을 도모한다는 것이 우리나라 현실에 맞는지 생각해 볼 문제다. 미국 등은 주주 위임, 즉 기업 CEO를 평가할 때 주가의 움직임도 대상이 된다. CEO가 오너가 아닌 이상 다양한 주주들의 이익에 부합하기 때문이다. 이는 위임 제도가 잘 발달된 미국 등에서 가능한 방법이다. 한편 이런 방법은 때로 부작용을 낳기도 한다. 권한을 위임 받은 CEO 입장에서는 단기에 주가를 끌어올리는 자사주 매입과 소각을 선호한다. 하지만 이는 기업의 장기 성장을 위한 재원을 없애는 결과를 초래하기도 한다.

우리나라 기업 중 상당수는 아직도 미래에 대한 투자를 지속해야 한다. 특히 경기에 민감하고, 글로벌 경쟁이 치열하며, 투자를 통해 꾸준히 발전해야 하는 업종이 많기 때문이다. 이러한 특성을 감안하지 않고 미국 등과 단순 비교하는 것은 신중하게 접근해야 할 문제이다.

다양한 각도로 봐야 하는 자사주 소각

 기업의 자사주 소각과 관련하여 이를 의무화하는 문제는 투자자 입장에서 무조건 긍정적으로 보는 것은 다양한 각도로 생각을 해 봐야 하는 문제라고 판단한다. 이 부분은 여러 관점이 존재하기 때문에 하나의 관점에서 접근하기가 쉽지 않다.

 자사주 소각은 투자자에 긍정적인 모멘텀을 제공한다고 인식이 되고 있다. 자사주를 소각한 만큼 주식 수가 줄어들어 이는 개인 투자자 각각의 지분의 증가 요소가 되기 때문이다.

 하지만 이 관련된 사항들은 얼마만큼 꾸준하게 이루어지느냐 하는 부분이 매우 중요하다. 물론 일회성으로 이루어지는 자사주 소각도 중요한 사안이 되지만, 보다 근본적인 것은 매년 조금씩 이익의 일부는 자사주 소각의 재원으로 활용하는 것이 좋다.

 그런데 이 자사주 소각이 마법의 법칙처럼 무조건 주가를 끌어올린다고 볼 수 있을까? 이는 기업의 본질과 투자의 본질에 대한 질문으로 봐야 한다. 기업의 본질은 매출과 영업 이익의 증가에 매진을 하는 것이고, 투자자는 이에 호응을 하여 투자를 하는 것이 주식 투자의 본질이다. 그런데 자사주 소각에 따른 긍정적인 투자 모멘텀은 본질에서 다소 벗어나 있다고 생각을 한다. 물론 좋은 이야기임에는 틀림없는 것이지만, 한계는 분명히 존재한다.

이는 시대의 상황에 따른 유행과 관련이 있다고 본다. 과거 1990년대 미국은 경영진의 스톡옵션 지급을 통해 주가 부양을 하는 것이 선진적인 기법으로 인식했다. (GE 잭 웰치 기법) 하지만 이러한 것이 경영진이 임기 내에 단기적인 주가 부양을 위해 노력하는 부작용이 생기게 되었고, 이후 스톡옵션은 점차 사라지게 되었다.

이후 자사주 소각이 또 다른 주류가 되었다. 그런데 자사주 소각은 벤저민 그레이엄이나 워런 버핏이 주장하는 기법이 아니다. 이 또한 단기적인 주가 부양의 방법으로 잘못 사용될 가능성이 있다. 따라서 자사주 소각은 일회성으로 이루어지기보다는 꾸준히, 그리고 점진적으로 이루어져야 한다.

한편 한국 기업의 경우 자사주를 소각에만 방점을 찍기보다는 자사주 매입에 대한 구체적인 방법들에 대한 규정이 먼저 이루어지길 바란다. 특히 대부분의 기업이 하고 있는 자사주 신탁 방식은 없어지고 자사주 직접 매입이 진행되어야 한다. 그리고 이후에 소각으로 인한 선순환 구조가 이루어져야 한다. 이를 통해 자사주 매입에 대한 인식을 바꾸어야 한다.

먼저 자사주 소각부터 의무화한다면 기업 입장에서는 당장 부담이 되기 때문에 향후 이 부분은 꾸준히 개선되는 부분들로 이해를 하자.

기업의 자사주는 경영 성과의 결과물인 이익의 또 다른 모습이다. 이를 단순히 소각한다는 것에 대한 논의가 필요해 보인다.

이슈에 따른 주가 민감도 측정하기

글로벌 이슈와 국내 기업의 상관관계

투자자들은 글로벌 이슈에 매우 민감하게 반응한다. 협소한 국내 시장보다 글로벌 이슈에 따른 기업의 긍정적인 변화에 초점을 맞추는 것이다. 특히 특정 기업의 매출 증가와 관련이 있을 것으로 판단되면 주식 시장의 변동성은 커진다. 이는 손익 계산서를 통해서 충분히 설명할 수 있다. 손익 계산서에 매출이 기록되는 순간, 관련 비용이 자동으로 계산되어, 최종 손익이 결정되기 때문이다. 그런데 주식 시장에는 순진한 투자자들을 이용해 주가를 상승시키려는 기업도 있다. 이 경우 모호한 용어로 투자자를 혼란에 빠지게 한다. 대표적인 것이 '계약의 체결', 'MOU' 등의 내용인데, 일부 기업들은 자신의 성과를 홍보하기 위해 이러한 내용을 언론 등에 발표하면서 투자자들을 유혹한다.

지금부터 '매출', '계약', 'MOU'에 대해서 자세히 알아보자. 이 셋은 기사에 자주 등장하므로, 이들의 차이점과 투자 연관성을 정확하게 이해하는 것이 중요하다.

	내용	손익 계산서 기록
매출	기업이 제품(서비스)을 상대방에게 제공한 것	매출 기록
계약	향후 매출을 위한 사전 단계로 매출 조건, 기간 등 세부적인 사항을 정하는 것. 아직 매출이 일어난 것은 아님	기록 안함
MOU	계약 등을 하기 위해 협상을 진행한다는 약속. 가장 기본적인 약속 단계	기록 안함

계약과 MOU는 투자자가 무조건 흥분할 호재가 아닌 냉정한 시각으로 판단해야 할 부분이다. 단적으로 계약, MOU 등은 기업의 손익에 아직 아무런 영향을 주지 못한다. 기업이 실제로 제품을 팔아 손익이 확정된 것이 아니라는 뜻이다. 사소해 보이지만, 이들의 차이점을 정확하게 아는 것이 중요하며, 그렇지 못하면 투자에 혼선이 생긴다.

손익 계산서의 매출은 실제 '제품(서비스) 등이 상대방에게 넘어가는 시점'을 기준으로 작성된다. 그런데 계약이나 MOU는 이런 실제 매출과는 상관이 없다. 이를 정확히 구분하지 못하고, 마치 매출인양 인식하여 주식을 덥석 사는 투자자가 종종 있다. 솔직히 기업은 이런 점을 바라고 이러한 내용을 발표한다고 생각한다. 실제로 우량 대기업이 이런 내용을 발표하는 것을 거의 보지 못했으며, 종종 계약이 무산되는 경우가 발생하는데 MOU는 더욱 심하다. 그러니 이를 보고 경솔하게 투자해서는 안 된다. 경험상 계약이나 MOU를 대대적으로 홍보하는 경우에, 이들이 실제 매출로 가지 못 하는 경우를 자주 봐 왔다.

매출 및 이익에 일시적인 영향을 미치는 요소

기업은 일의 특성에 따라 각기 다른 매출 및 이익 구조를 가지고 있으며 모두 동일한 방식으로 돈을 버는 것은 아니다. 투자자들은 기업별 특징을 사전에 파악하고 있어야 그에 맞는 투자 전략을 수립할 수 있다. 기업 형태 중 가장 투자하기 어려운 것은 매출과 영업 이익이 상황에 따라 들쑥날쑥한 기업이다. 삼성전자는 경기 및 반도체 시황 사이클에 따라 매출과 이익이 변화하여 일정하게 예측할 수 있다. 그러나 드라마 제작사는 드라마 흥행 모멘텀으로 기업의 실적이 달라지게 되기에, 이러한 형태의 기업은 미래를 예측하고 투자하기가 결코 쉽지 않다. 유명 연예인이 드라마에 나온다고 무조건 흥행한다고 보기도 어렵다. 오히려 유명 연예인의 높은 출연료로 흥행이 저조할 때 실적을 악화시키는 요인이 된다. 투자자가 주목해야 할 것은 '기업의 연속성'이다. 연속성은 투자자가 장기간 해당 기업에 투자할 수 있게 하는 중요한 요소이다. 그러면 이제부터는 업종별 매출 및 이익 모멘텀 포인트를 살펴보자.

1) 경기 민감주

경기는 모든 경제 주체의 상황을 모아두는 것으로, 일정 시간을 두고 순환하는 특징을 가진다. 일반적으로 소비가 늘어나면 기업은 생산을 늘리고, 이를 '호황 사이클'이라고 한다. 그런데 호황이 지속되면 기업 생산은 적절한 순환 과정을 찾기 어려워서 과잉 생산을 유발하고, 이는 재고가 늘어나는 원인이 되는데, 그러면 경기는 '불황 사이클'이 된다. 이렇듯 경제 활동은 경기 사이클을 만들고, 이는 기업 실적에 영향을 미치는 등 상호 작용이 일어난다.

투자자는 이러한 경기 사이클에 따른 기업의 매출과 이익 변화를 면밀하게 살펴 투자 포인트를 잡아야 한다. 이러한 경기에 큰 영향을 받는 것이 바로 경기 민감주이고, 이는 경기 상황에 따라서 이익의 변동폭이 크다. 그래서 호황 사이클에서는 실적주로 적극적인 매수가 가능하지만, 불황기에는 리스크 관리를 적절하게 잘 해야만 한다.

2) 게임/엔터주

게임/엔터주의 가장 큰 특징은 기업별 신작이라는 개별 모멘텀에 따라서 기업의 실적과 주가가 움직인다는 점이다. 이러한 특징은 해당 업종의 장기 투자를 어렵게 만드는 요소이다. 하나의 신작이 소위 대박이 나도, 다음 신작의 흥행을 보장할 수 없다는 한계가 있기 때문이다. 그래서 신작 모멘텀에 따른 적절한 투자 포인트를 잡아야 한다. 한편 이는 재무제표와 괴리율도 크다. 특히 드라마의 흥행이 계약 조건과 각종 비용 등으로 재무제표에 반영되는 비율이 낮다는 특징도 이해하자.

3) 환율 변동에 영향이 큰 기업

현대차의 2022년 3분기 실적에서 눈에 띄는 한 가지 사항은 판매량 둔화에도 매출액이 증가했다는 점인데, 원인은 '환율 효과'이다. 원화 약세(환율 상승)가 실적을 이끌었다.

년도	차종	판매가	환율 감안 판매가	환율 상승분
2021년	제네시스	8,000만 원	8,000만 원	
2022년	제네시스	8,000만 원	8,960만 원	환율 12% 상승 감안

위의 표를 보면 현대차의 동일 판매에 대해 매출이 늘어나는 환율 효과(원화 약세)가 뚜렷하게 나타난다. 하지만 투자자는 이러한 환율 효과를 제거하고 매출을 봐야 한다. 이를 제거하지 않으면 환율 변동에 따라서 매출이 변동되는데, 그러면 기업의 본 모습을 오롯이 보기 어렵다. 반대로 환율이 하락하면 반대로 매출이 줄어든 것처럼 보이는데, 무턱대고 악재로 볼 필요는 없다.

재무 상태표에서 감가상각을 하는 이유 중 하나는 기업의 연속성을 파악하기 위함이라고 앞서 이야기했다. 환율 효과도 마찬가지이다. 재무제표를 중점으로 기업의 현황을 파악하여 투자에 나서는 투자자는 이를 제거해서 기업이 올바른 변화를 파악해야 다른 투자자(이를 모르는 투자자)와 차별화될 수 있다.

4) 소송 비용 등이 일시적으로 발생한 기업

기업은 때에 따라 소송 비용 등 일회성 악재가 발생하는 경우가 있다. 이때 투자자들의 단기적 관점과 장기적 관점으로 나누어 반응해야 한다. 단기 투자자라면 단기 재무제표에 집중해야 하므로, 대응 방안을 고민해 봐야 하고, 장기 투자자라면 저점 매수 기회 등을 모색해야 한다. 계속 들어가는 비용이 아니기 때문이다.

과도한 언론 플레이 견제

주식 시장에서 가장 안타까운 것이 기업 실적과 연관성이 떨어지는 뉴스임에도 투자자들이 냉정한 판단 없이 이슈에 너무 민감하게 반응한다는 것이다. 뉴스라는 이유로 그 진위를 따지기보다는 일단 믿고 투자에 나서는 경우가 너무 많다.

질문
**기업에 매출이 증가한다는 내용의 뉴스가 나왔다.
매수 타이밍일까?**

정답은 '글쎄요'이다. '매출 = 이익'이라고 단정 짓기가 어렵기 때문이다. 만약 이 질문에 대해 '매수 타이밍'이라고 대답했다면, 매출이 발생하면 그만큼 이익이 무조건 늘어난다고 생각하는 투자자이다. 하지만 매출에서 각종 비용을 뺀 뒤에 손익이 결정된다. 그래서 기업 손익에 영향을 주는 것은 매출보다는 비용이다. 물론 매출이 중요하긴

하지만, 비용이 손익에 미치는 영향이 크다는 사실을 결코 잊어서는 안 된다.

2022년 건설업계는 시멘트, 철근 등 주요 원자재 가격 상승으로 이익을 내기 쉽지 않는 상황이 펼쳐지면서 주가가 하락했다. 2022년 10월 한 증권사 리포트에 따르면 GS건설이 공사하고 있는 GS칼텍스 관련 플랜트 공정은 원가율이 무려 120%에 달한다고 이야기한다. 이는 적자 공사라는 것이다. 물론 투자자가 실시간 이를 파악하는 것은 불가능하다고 이야기할 수 있지만, 비용 개념을 알고 있으면 원자재 가격 상승 뉴스에 관련 주의 조정을 충분히 예상하고, 대처할 수 있다.

> **연 매출 10억 원인데 "남는 게 없다", 유명 빵집도 문 닫아 '절규'**
>
> 서울 강서구에서 지역 빵집으로 유명했던 한 가게는 지난달 매장을 철거했다. 연매출 10억 원 이상을 거뜬히 올린 잘나가는 가게였지만, 최근 들어 이익률이 4분의 1토막 정도로 급감했기 때문이다. 밀가루 값이 지난 해 30% 급등한 데 이어 올해 40% 뛰는 등 원재료 값이 줄줄이 올라 이익이 많이 남지 않았다. 설상가상으로 건물주로부터 월세 인상 통보를 받으면서 가게를 유지하기 어렵겠다는 판단을 했다. 이 가게 사장 김모 씨는 "이대로 가게를 운영하다가는 직원들 월급도 제때 지급하기 힘들겠다는 생각이 들어 매장 운영을 접기로 결정했다"고 말했다.
>
> 〈한국경제 2022년 9월 12일 기사〉

기사를 보면 이 가게는 높은 매출에도 불구하고 원자재 및 임대료 등의 비용이 증가하여 가게를 접을 수밖에 없는 안타까운 상황이다. 지금까지 계속 손익은 '매출 – 비용'이라고 강조했다. 손익 계산서에서 매출은 제일 위에, 손익은 손익 계산서 제일 아래에 위치하고 있다는 것을 절대 잊지 말자. 그리고 그 중간에는 각종 비용이 바글바글 버티고 있다. 그래서 투자자는 이제 매출이 증가한다는 기업에 대해, 비용의 증가가 매출의 증가보다 크다면 이익이 쉽게 발생할 수 없다는 사실을 떠올려야만 한다.

한편 매출과 관련된 기간을 살피는 것도 매우 중요하다. 원전은 수주하면 매출이 발생하는 데 수년이 걸려야 한다. 또 100억 원짜리 매출 계약을 맺었다는 보도를 찬찬히 보면, 그 기간이 5년에 걸쳐 이루어지는 경우도 있다. 이를 단순히 나누면 한해 20억 원으로 그 파급 효과는 다시 따져봐야 한다.

6

회계를 투자 실전에
적용하는 방법

눈이 번쩍 뜨이는 우량한 재무제표

관심 있는 기업들을 분석하다가 갑자기 눈에 확 들어오는 기업이 나타나는 경험은 누구나 한 번씩 겪어 봤을 것이다. 평소에 막연히 좋아 보였던 기업의 ROE가 20이 나왔다면, 우량 기업을 찾았다는 흥분감에 들뜨기 마련이다. 그렇다면 해당 종목을 바로 매수하려는 행동이 옳은 것일까? 일단 흥분을 가라앉히고 생각해 보자. 기업 분석을 열심히 해서, 좋은 지표를 발견하고 기대감으로 주식을 샀는데, 주가가 반응하지 않아서 실망하며 재무제표 분석이 소용이 없다는 극단론에 빠지는 경우를 종종 본다. 이들은 스스로 오류에 빠져 있다는 사실을 모른다. 이럴 때는 재무제표 분석이 의미 없는 게 아니라, 이미 시장이 다 알고 대응한 내용을 자신이 뒤늦게 알게 됐다는 사실을 모르는 것이다.

지금 내가 보고 있는 재무제표 숫자는 갑자기 하늘에서 뚝 떨어진 것이 아니다. 이미 많은 투자자가 예의 주시하고 있는 숫자이다. 그래서 다른 사람들이 모르는 숫자를 지금 나만이 발견했다고 생각해서는 절대 안 된다.

한편 진짜 좋은 재무적 지표에도 불구하고 주가가 움직이지 않는다고 실망해서도 안 된다. 시장은 상당 기간 비합리적인 경우가 많아서 우량한 기업의 모습을 모르고 지내는 경우가 많다. 재무제표의 우량도와 투자자가 이를 어떻게 활용해야 하는가는 별개의 문제이며, 이는 투자자가 어떤 기준을 가지고 투자하는가에 대한 문제이다.

투자자는 모두 자신만의 투자 성향을 가지고 있는데, 기간을 중심으로 단기·중기·장기로 구분할 수 있다. 당연히 각 기간마다 해당 투자자에게 적용되는 지표는 다를 수밖에 없다. ROE가 20이 넘는 매우 우량한 기업이라는 증표는 모든 투자자에게 동일하게 해당하지 않는다. 단기 투자자 입장에서 ROE의 중요성은 장기 투자자에 비해 상당히 떨어진다. 이렇듯 성향에 따라 재무 데이터를 활용하는 방법에 차이를 둬야 하며, 투자자는 자신의 투자 성향에 따라서 중요한 데이터를 구분할 수 있어야 한다.

기간	평가
단기	정성적
중기	정성적 + 정량적
장기	정량적

투자자 성향별로 재무 데이터를 다르게 해석해야 한다. 단기 투자자라면 다른 투자자들이 즉각적으로 반응하는 정성적 지표에 더 치중해야 수익이 극대화된다. 반면에 장기 투자자라면 정성적인 상황에 대응을 자제하고 정량적인 데이터에 오롯이 집중해야 한다. 그래야 장기적인 수익을 볼 수 있다. 중기 투자자라면 정량적인 데이터를 기반으로 정성적인 사항을 활용해 매매하면 보다 안정성을 키울 수 있다.

성장주에 대한 회계 판단

투자자들이 좋아하는 주식 중에 하나가 성장주이다. 성장주는 다른 기업에 비해 매출이나 영업 이익이 빠르게 증가하는 기업으로, 이에 따라 주가도 빠르고 강하게 상승한다. 그렇다면 성장주는 어떠한 모습을 가져야 할까? 흔히 이야기하는 기술주나 플랫폼 기업만이 성장주일까? 성장주는 기업의 형태적인 정의보다는 시대의 흐름과 경기 상황 그리고 이익과의 연관성을 가지고 선별해야 한다.

	내용	평가
시대의 흐름	일상을 크게 바꿀 것으로 예상되는 업종	정성적 평가
경기 상황	금리, 유동성 등에 따른 기업의 평가 변화	정성적 + 정량적 평가
이익	이익의 증가 속도가 높은 기업	정량적 평가

기업에 대한 평가는 여러 가지가 섞여서 사용되는데, 그중에 투자자가 꾸준히 관찰해야 하는 것은 재무제표에 나오는 최종 숫자를 확인하는 것(정량적 평가)이다. 성장주도 정성적 평가가 차지하는 비중이 높은 편인데, 이 평가가 아무리 좋아도 정량적 평가에서 뒷받침해 주지 못하면 주가는 꾸준하게 상승하지 못한다. 다시 강조하면, 기업을 평가할 때 동일한 잣대로 평가해서는 안 된다. 그리고 이는 자신의 성향에 따라 다르게 이용해야 한다.

　그러면 이제부터 기업의 모습에 따라 어떻게 평가를 다르게 해야 하는지 살펴보자. 기업은 대체적으로 일정한 패턴을 나타낸다. 이는 '성장주 → 가치주 → 자산주'로 변화하는 모습으로 표현할 수 있다. 투자자들의 관심이 가장 뜨거울 때는 성장주 영역이다. 하지만 성장주는 호 실적이 나와야 한다는 꼬리표가 붙는다. 성장주가 실적으로 뒷받침되지 않으면, 주가의 변동성이 커진다. 그러니 기대감 이후 실적을 확인하는 과정이 꼭 필요하다.

업종별 재무적 특성 파악

주식 시장에는 여러 형태의 업종과 기업들이 존재하며, 이들의 재무제표 작성 기준은 그들의 상황에 맞게 조금씩 다르게 되어 있다. 예를 들어 삼성전자와 삼성중공업은 매출을 인식하는 기준이 다르다. 또한 주식 시장에서 삼성전자는 매출과 영업 이익에 모멘텀으로, 삼성중공업은 수주 모멘텀으로 움직이는 면이 강하다. 그래서 투자자는 업종에 따라 재무 데이터에서 중요하게 봐야 하는 점을 알고 있으면 유리해진다.

투자자는 업종별, 기업별로 각기 다른 평균 영업 이익률을 익혀 두는 것이 중요하다. 영업 이익률이 높을수록 좋은 것은 누구나 알지만, 업종별로 다른 평균 영업 이익률을 알고 있다면, 이를 기준점으로 해당 기업의 영업 이익률 변화를 누구보다 빠르게 파악할 수 있다. 예를 들어, 업종 평균 영업 이익률이 7%인데, 관찰 기업의 영업 이익률이 12%라면, 업종 내에서 일단 대중주가 될 자격이 생겼다고 볼 수 있다.

1) 조선업

대표적인 장치 산업이자 수주 산업이다. 선박은 그가 하는 일(원유 수송 혹은 컨테이너 수송)과 주력으로 운행하는 바다(태평양 혹은 대서양)의 상황에 따라 맞춤형으로 만든다. 그래서 수주에 따라서 배를 만들고, 이에 따라 매출이 발생한다.

장치 산업은 고정비가 높다는 특징이 있다. 배를 만들기 위해서는 넓은 땅과 중장비가 필요한데 이에 따른 고정 비용이 상당히 크다. 이는 다른 경쟁 기업이 쉽게 들어오지 못한다는 장점도 있지만, 비용이 상당해서 웬만한 매출이 일어나지 않으면 이익이 쉽게 발생하지 않는 면도 크다. 하지만 고정비를 넘어서는 매출이 일어나면 이익은 급증한다. 이를 뒷받침하는 것이 수주 잔고이다. 조선업의 매출이 고정비를 넘어서 이익이 발생한 가운데 수주 잔고가 있다면 이 흐름은 지속적으로 이루어진다. 이때 이익은 크게 증가하는 기하 곡선을 그리며, 주가는 폭발적으로 움직일 확률이 높다. 그래서 투자자는 재무제표의 흐름을 이용한 매매 포인트를 잘 이해해야 한다.

2) 건설업

건설업도 대표적인 수주 산업이다. 그런데 건설업은 가지고 있는 사업부의 매출 비중에 따라 이익이 크게 달라진다. 즉 해외 사업, 국내 사업, 정부 사업별로 영업 이익률이 다르다. 투자자들은 건설업의 모멘텀을 해외 수주에서 찾는 경우가 많다. 규모가 크기 때문이다. 하지만 해외 사업에서 막대한 손실을 기록한 심각한 경우도 많다. 건설업의 실질적인 이익을 이끄는 것은 대부분 국내 사업이다. 그러니 각기 다른 이익률을 이용한 매매 포인트를 찾는 것이 중요하다. 건설업의 또 다른 특징은 공사 진행 단계별로 매출과 이익을 잡는데, 이 사이에 원자재의 가격이 심하게 변할 수도 있다. 그래서 건설주를 볼 때는 매출과 이익 변동치를 조정해 가면서 관찰해야 한다.

해외 사업	이익 규모를 가늠하기 가장 어렵다. 심지어 공사 진행 도중에 여러 변수로 이익이 손실로 변할 수도 있다.
정부 사업	공사 단가 및 이익 규모가 공식적으로 정해져 있어 큰 이익을 내기는 어렵다. 하지만 일정 규모의 이익은 보장된다.
국내 사업	이익 규모가 크게 발생할 가능성이 가장 높다. 자체 사업이 이익이 가장 크고, 아파트 재개발, 재건축도 이익이 크다.

3) 제약&바이오

제약&바이오주의 가장 큰 모멘텀은 신약 개발 관련 이슈이다. 하지만 신약의 성공 가능성은 높지 않다. 오히려 신약 개발에 들어가는 임상 비용에 대한 감가상각비 처리 등의 상황을 잘 살펴야 한다.

투자자가 새롭게 관심을 가져야 하는 모멘텀은 제약 바이오 기업의 기술 수출에 있다. 이는 글로벌 제약 바이오 업계의 흐름을 이해하는 것부터 출발해야 한다. 글로벌 기업들은 자체 임상에 대한 부담이 커지며, 전 세계에서 임상 이후 신약 개발 가능성이 높은 기업에 대해 기술 수출을 요구하면서 막대한 비용을 지불하고 있다. 국내 임상 기업 입장에서도 비용과 수출 두 마리 토끼를 다 잡을 수 있기 때문에 이에 적극적으로 움직인다. 결국 기술 수출이 이루어졌다면 신약의 성공 가능성이 높다고 판단해도 좋다(물론 확실한 것은 아니다). 그렇다면 기술 이전에 따른 상황별 수입과 최종 단계 성공 가능성에 맞춰 투자 포인트를 찾을 필요가 있다. 한편 의료 기기 등의 안정적인 이익에 집중하는 것도 필요하다. 의료 기기는 안정성이라는 경제적 해자가 있어서 마진율이 높은 것이 특징이다.

4) 플랫폼

플랫폼 기업은 전통적인 제조업 재무제표를 적용하는 문제를 고민해 봐야 한다. 플랫폼 기업을 PBR 관점으로 접근하는 것이 의미가 있는지, 또 이익이 기하 곡선을 그리고 있는데, PER 밸류도 적절하다고 판단할 수 있는지 등이다. 물론 정답은 쉽게 구해지지 않는다. 또한 플랫폼의 경제적 해자가 약한 경우도 의외로 많다.

5) 스타트업

신규 상장되는 스타트업 기업에 대한 평가는 매우 어렵다. 이익이 나지 않는 경우도 많기 때문이다. PSR을 이용한 평가를 하는 경우가 많은데, 이는 이익과 상관없는 잣대로, 기업의 존재 목적인 이익을 다소 무시하는 지표로 논란이 있다.

다양한 회계 사항을 고려

재무제표의 숫자는 항상 동일하게 평가되지 않는다. 기업은 특별한 일이 발생하면 다양한 방법으로 회계 처리를 하는데, 지금부터는 그 부분을 살펴보자.

드라마 〈미생〉에서는 회계 관련 유명한 대사가 있는데, 그것은 바로 '회계는 기업의 언어'라는 말이다. 말의 뜻을 새겨 보면, 기업은 모든 사항을 재무제표를 통해 표현한다는 말이 된다. 그래서 투자자는 재무제표를 보고 기업을 이해해야 한다. 여기에는 나름의 규칙이 있기 때문에 각각의 유형을 파악해 둬야 한다.

1) 빅 배스 Big bath

빅 배스는 갑자기 큰 적자가 발생하는 것으로, 기업 스스로 원래의 손실에 더해 잠재적으로 누적된 큰 손실을 일시에 회계에 반영하는 것을 말한다. '스스로'라고 표현한 것은 그동안 손실로 반영하기 애매한 사항들을 기업이 자발적으로 한꺼번에 손실로 반영했다는 것이다. 집안 대청소를 할 때 그동안 버리기 아까워서 쌓아 두었던 것들을 과감히 버리는 것과 같은 이치이다. 빅 배스는 기업이 분위기를 쇄신하며, 새로운 출발을 할 때나, 복합적으로 누적된 적자를 한꺼번에 처리하는 경우에 사용한다.

빅 배스는 손익 계산서의 갑작스런 대규모 적자로 확인된다. 이에 따라 주가는 단기 변동성을 나타내므로, 투자자는 빅 배스에 대한 정확한 이해를 가지고 있어야 당황하지 않는다. 그러면 빅 배스 발생 시 어떤 투자 아이디어가 필요한지 살펴보자.

현대중공업은 2018년 경영진 교체 시기에 빅 배스를 단행했다. 그리고 GS건설도 2013년 해외 부실 문제가 커지자 빅 배스를 단행한 전력이 있다. 2022년 삼성중공업도 4분기에 누적 손실에 따른 빅 배스

알아 두면 쓸모 있는 주식 정보

'빅 배스'란 새로 부임하는 기업의 CEO가 전임 CEO의 재임 기간 동안에 누적된 손실을 회계 장부 상에서 최대한 털어 버림으로써 과오를 전임 CEO에게 넘기는 행위를 말한다. 새로 부임하는 CEO는 이러한 회계 처리 과정에서 과거에 발생한 부실에 대해 과도하게 상각시킬 가능성이 있는데, 이는 잠재적인 부실까지 털어내는 것이 경영 성과를 극대화하는 데 유리하기 때문이다. 하지만 이전 경영진의 성과를 보고 투자한 주주들은 이러한 회계 처리로 인해 주가 하락에 따른 손실을 볼 수 있다는 문제점이 있다.

를 단행했다.

이렇게 빅 배스로 대부분 비용을 처리하면 다음 분기에 이익이 발생할 확률이 크다. 기업 입장에서 이익이 나지 않을 상황에서 빅 배스를 단행하기는 쉽지 않다. 그러니 빅 배스로 인해 주가가 변동성을 나타내면 잘 살펴보고 좋은 매수 기회로 생각해야 한다. 현대중공업과 GS건설 모두 빅 배스 단행 후 빠졌던 주가가 금방 다시 올랐다.

2) 상장 직전의 회계

기업의 주식 시장 상장은 최대 이벤트이다. 기업은 이를 통해 많은 자본을 유치할 수 있고, 상장 효과에 따라 대외 관계가 원활해진다. 따라서 기업은 상장을 위한 다양한 노력을 한다.

기업 공개를 위한 가치 평가 시 '상대 가치 평가법'을 사용한다는 것은 앞에서 다루었다. 지금부터는 기업 스스로 가치를 좋게 보이려는 노력에 대해서 알아보자. 누구라도 좋은 자리에 가려면 옷도 차려 입고 화장도 하는 등 치장을 한다. 기업도 이와 같기 때문에 투자자는 자연스러운 화장과 진한 억지 화장을 구분할 필요가 있다. 하지만 재무적으로 무리한 화장은 후유증이 따라온다.

기업이 화장을 하는 대표적인 방법은 '매출의 과대 계상'과 '비용의 과소 계상'으로, 이 둘의 목표는 이익의 증가다. 매출은 고정 거래선 매출을 최대한 당겨서라도 잡고, 비용은 최대한 미뤄서 기록하는 것이다. 만약 이렇게 했다면 향후 매출과 영업 이익이 다시 정상화되는 단계에서는 오히려 실적이 줄어들어 어느 정도 확인할 수 있다. 하지만 이를 투자자가 사전에 아는 것은 불가능하다. 시간이 지나야만 판명이 나므로 사전에 이를 파악해 대응하기란 쉽지 않다. 하지만 그럴 가능성을 염두해야 하고, 만약 화장이 발견되면 매수 의견을 과감히 철회하여 대응해야 한다. 실제로 한 기업의 재무제표(손익 계산서)를 한 번 자세히 살펴보자.

카카오페이는 상장 예비 심사서를 제출한 때가 2021년 4월이고, 이후 2021년 11월 3일 상장이 되었다. 예비 심사서는 3월 결산을 기점으로 작성이 되었다. 카카오페이의 재무제표를 보면 21년 3월 흑자 이후, 22년 12월까지 단 한번도 흑자를 내지 못하고 있다. 하필이면 상장 기점의 실적 변화가 뚜렷하게 나타난다. 물론 이를 두고 화장이라

카카오페이 재무제표

기업실적분석									더보기 ·
주요재무정보	최근 연간 실적				최근 분기 실적				
	2019.12	2020.12	2021.12	2022.12(E)	2021.03	2021.06	2022.03	2022.06	2022.09	2022.12(E)
	IFRS 연결	IFRS 연결	IFRS 연결	IFRS 연결	IFRS 연결	IFRS 연결	IFRS 연결	IFRS 연결	IFRS 연결	IFRS 연결
매출액(억원)	1,411	2,844	4,586	5,409	1,071	1,092	1,233	1,341	1,414	1,421
영업이익(억원)	-653	-179	-272	-398	108	-82	-11	-125	-97	-166
당기순이익(억원)	-650	-251	-339	-198	120	-93	38	-57	-47	-243
영업이익률(%)	-46.28	-6.30	-5.94	-7.36	10.06	-7.48	-0.87	-9.32	-6.85	-11.65
순이익률(%)	-46.07	-8.81	-7.38	-3.67	11.19	-8.50	3.07	-4.26	-3.29	-17.10
ROE(%)	-82.49	-17.97	-2.45	-0.27						
부채비율(%)	1,025.48	491.76	91.17		677.08	544.76	77.03	81.01	81.02	
당좌비율(%)	103.97	117.36	271.42		106.63	107.56	283.65	290.60	286.33	
유보율(%)	384.15	1,534.51	2,451.26		1,656.35	272.28	2,461.25	2,463.00	2,465.63	
EPS(원)	-684	-201	-198	-35	122	-61	71	14	19	-138
PER(배)				-882.10	-1,892.45					-476.90
BPS(원)	491	1,640	12,839	12,819	1,764	1,969	12,876	12,883	12,897	12,819
PBR(배)				13.59	5.13			11.53	4.67	3.81	5.13

출처: 네이버

고 단정하기는 어렵지만, 상장 이후 왜 이익을 내지 못하는지에 대해서 투자자는 고민해야 한다.

3) 승계 구도를 파악

많은 기업이 일정 시간이 지나면 부모에게서 자식에게로 기업을 물려준다. 이때 상속세 등 여러 문제가 발생하는데, 경우에 따라서는 회사를 동원하여 이를 해결하려는 움직임이 보이기도 한다. 한 예로 삼성전자의 18~20년 한시적인 특별 배당은 주주 환원 정책으로 발표되었지만, 상속세를 마련하기 위한 것이라는 시각도 있었다.

업력이 오래된 기업 중 상당수는 승계 구도를 위해 움직이는데, 이를 알고 대응하면 유리한 매매가 가능하다. 기업 승계는 목적을 가지고 움직이는 것으로, 이에 유리한 종목은 매수, 불리한 종목은 매도 전략을 취하면 된다. 투자에 있어 중요한 점은 기업의 펀드 멘털보다는 승계 구도에 초점을 맞춰 대주주들에게 유리한 부분에 맞게 기업을 바라봐야 한다는 것이다.

4) 회계 마사지를 주의

실적이 저조한 기업은 결산기가 되면 대외적으로 발표되는 실적에 대한 압박을 받는다. 이에 일부 기업은 다양한 이유로 매출을 부풀리거나, 적자를 감추려는 유혹에 빠진다. 특히 적자 지속 등으로 다양한 제약(상장 폐지/대출 어려움 등)을 우려해야 하는 입장이라면 그 유혹은 더욱 심해진다.

물론 외부 회계 감사를 받아야 하기 때문에 인위적으로 회계를 부풀리는 데는 한계가 있지만, 몇 가지 작은 방법은 사용이 가능하다. 실제 그런 일이 벌어진다 해도 일반 투자자들이 이를 잡아낸다는 것은 불가능에 가깝다. 하지만 합리적인 의심을 해볼만 한 상황들은 알 수 있다. 물론 무턱대고 모든 기업을 의심해서는 정상적인 투자가 불가능하지만, 몇 가지 포인트를 확인해서 의심스러울 때 좀 더 세밀하게 들여다보면 좋다.

첫째, 매출 원가의 감소

특별한 이유 없이 평소보다 매출 원가가 감소하면 재고 자산 증가를 살펴보는 것이 좋다. 물건을 대량 생산하면 비용은 당연히 줄어들게 되므로 재고 자산이 늘어났는지 여부를 한번 찾아보는 것이다. 만약 그렇다면 이는 운전 자본 증가를 초래하여 기업의 자금 사정에 압박을 가하게 된다.

둘째, 10억 정도의 작은 이익

주관적인 의견이긴 하지만 아주 작은 기업이 아닌데 이익이 ±10억 원 정도인 경우에는 의심해볼 만하다. 이익의 숫자가 작은 게 문제는 아니지만, 뭔가 만들어낸 것이 아닌지 살펴볼 필요는 있다.

셋째, 상장 폐지

기업의 상장 폐지 사유는 다음과 같다.

	실질 심사 사유
유가 증권 시장	· 2년 연속 자본 잠식률 50% 이상 · 2년 연속 매출액 50억 원 미만인 경우
코스닥 시장	· 2회 연속 자본 잠식률 50% 이상 · 2회 연속 자기 자본 10억 원 미만, 2년 연속 매출액 30억 원 미만 · 2회 연속 자기 자본 50% 초과 세전 손실이 발생

만약 기업이 여기에 해당된다면 다양한 노력을 할 것이고, 그중 하나는 매출의 단기 증가일 수도 있다. 특히 결산기를 앞두고, 이러한 일이 발생할 가능성이 높기 때문에 주의 깊게 살펴볼 필요가 있다.

재무제표 10분 완성

증권사 리포트
보는 법

투자자들이 기업 현황을 파악하는 방법은 몇 가지가 있는데, 대표적으로 기업 공시, 뉴스 그리고 증권사가 발간하는 리포트가 있다. 증권사에서는 많은 비용을 들여 경제, 업종, 기업과 관련된 각종 리포트를 매일 발간하는데, 이에 대한 투자자들의 선호도는 극명하게 갈린다. 일부 투자자들은 증권사 리포트에 대해 '맞다, 틀리다' 식으로 접근하며 볼 필요가 없다고 단정하는 경우도 많다. 증권사 리포트를 믿고 투자해 봤자 돈을 벌 수가 없다는 것이다. 덧붙여서 증권사는 주가가 내려가도 매도 의견을 내지 못하고 오로지 매수 의견만 앵무새처럼 말하고 있다는 점을 들고 있다. 그런데 만약 증권사의 리포트가 없다면 무엇을 바탕으로 투자에 나서야 하는지 고민이 생긴다. 투자를 하다 보면, 기본적인 재무제표는 '다트'를 통해서 원본 데이터를 살펴보더라도 실시간 변화하는 기업에 대해 좀 더 정확하게 알기 위해서는 이를 전문적으로 분석하는 외부 전문가의 도움을 받아야 하기 때문이다.

증권사 리포트는 기업 상황에 대해 실시간 업데이트된 내용과 더불어 향후 전망 그리고 전문가(애널리스트)의 의견이 담겨 있다. 그중 하이라이트라고 할 수 있는, 즉 투자자들이 가장 먼저 보는 내용은 매매에 대한 견해(BUY 등)와 '목표 주가'로, 이는 투자자에게 기준점을 제공해준다. 그리고 일반적으로 해당 종목의 컨센서스consensus를 형성하는 요소가 된다. 그런데 아쉽게도 리포트의 목표 주가와 투자 의견은 '자. 주. 틀. 린. 다'. 따라서 이를 어디까지 믿어야 하는지 의문을 가지는 투자자들이 많다. 투자자들의 바람과 달리 애널리스트들은 주가의 움직임도 자주 못 맞춘다.

먼저 투자자는 '애널리스트'를 어떻게 이해하고 바라봐야 하는지 살펴보자. 이들은 산업 및 기업을 분석하고 평가하는 부분에 대해서는 체계적인 교육을 받는다. 하지만 이를 투자로 옮기는 데 대한 교육은 보통 받지 않는다. 이들이 직접 자금을 운용하는 것은 아니기 때문이다(분석을 투자로 옮기는 부분에 대해 전문적인 교육을 받는 사람은 '펀드 매니저'들이다). 애널리스트는 전문적인 기업 분석가이므로, 주식의 매매 판단은 그들의 말에 의존할 것이 아니라, 투자자들이 판단해야 한다. 분석과 투자는 다르기 때문이다.

실전 투자는 투자자가 기업 분석을 어떻게 해석하고 대응하는가의 여부에 따라서 크게 달라진다. 그래서 리포트는 참고 자료이고, 투자는 오롯이 본인이 모든 결과를 떠안는다는 자세로 신중하게 접근해야만 한다. 투자의 결과는 내 계좌의 결과이기 때문이다. 떨어진 주가와 관련해서 애널리스트에게 하소연해도 소용이 없다. 또 기업의 가치와 주가가 항상 일치하지 않는다는 점도 중요한 투자 고려 대상이 되어야 한다. 위대한 투자자인 앙드레 코스톨라니André Kostolany는 '주인과 산책하는 강아지'를 비유로 이를 설명한다.

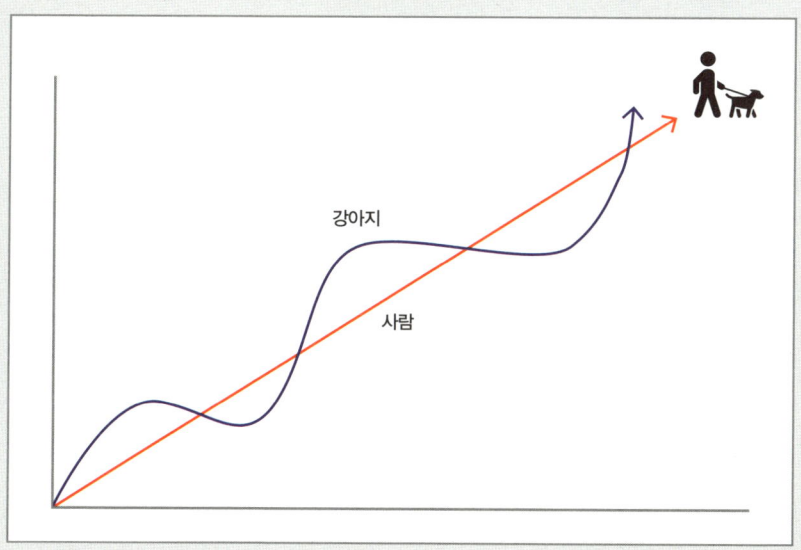

코스톨라니의 개

그림을 보면 실제 주가는 적정 가치를 중심으로 오르락내리락하는 모습을 쉽게 이해할 수 있다. 투자자는 이러한 주가 변동성에 대비하거나, 적절하게 이용하여 수익으로 만드는 것이 중요하다. 한편 애널리스트는 본질적으로 자신이 분석하는 기업에 대해 싫은 소리를 하기란 현실적으로 어렵다. 다양한 이유가 있지만, 그들이 처한 환경이 그렇다는 것을 인정해야 한다. 그 이유의 첫 번째로 투자자들은 자신이 투자하는 기업에 대해 좋은 소리를 듣는 걸 좋아하지만, 기업의 악재에 대해 객관적인 이야기를 해도 매우 민감하게 반응한다. 두 번째로 해당 기업도 가만히 있지 않는다. '왜 자신들에 대해 쓴소리를 쓰느냐'며 해당 애널리스트의 회사 방문을 거절하거나, 심하면 해당 증권사와 거래를 심각하게 훼손하기도 한다. 이러한 현실 속에서 소신껏 글을 쓴다는 것은 불가능에 가깝다. 그들도 직장인이고, 이는 아무리 제도를 개편한다고 해결될 수 없는 인간 세상의 법칙이다.

그렇다면 투자자는 애널리스트 글의 행간을 읽으려 노력할 필요가 있다. 드러나게 쓰지는 못하더라도 애널리스트도 투자자에게 자신의 생각을 어필하려 하기 때문이다. 행간의 뜻을 읽는 방법은 리포트를 자주 읽어서 스스로 익숙해지는 것이 가장 좋다. 또 리포트를 볼 때 매수, 매도 등 결과만을 봐서는 절대 안 된다. 올바르게 리포트를 보는 방법은 애널리스트가 내린 결론의 근거를 파악하고 스스로 고민해 보는 것이다. 리포트의 결론을 무조건 따르는 것이 아니다. 즉 리포트를 읽는 목적은 애널리스트의 논리를 관찰하는 것이 핵심 포인트이다. 그렇다면 애널리스트의 논리를 파악하는 몇 가지 방법을 살펴보자.

1) 애널리스트의 의견이 리포트에 구체적인 숫자로 뒷받침되어 있는지 살펴본다

리포트에는 애널리스트 의견 및 논리를 뒷받침하는 다양한 보조 자료들이 첨부되는데, 말로 표현한 것이 재무제표 등에 구체적인 숫자로 기록이 되었을 때 그 믿음은 더해진다. 예를 들어 신사업 매출 증가가 예상이 된다고 썼으면, 재무제표에 매출 및 영업 이익 증가 표시가 되어 있어야 한다.

2) 논리적인 의견인지 확인한다

애널리스트가 매매 의견에 도달하게 된 사항을 세밀하게 체크하며, 중간에 논리적 비약이 있지는 않은지 꼼꼼하게 체크한다. 투자자가 '빨간펜 선생님'이 되는 것이다.

3) 리포트를 자주 보며 각 애널리스트의 성향과 특징을 파악한다

다시 말하지만 리포트는 공시 등 기업 자료를 바탕으로 애널리스트의 생각이 들어간 가공된 자료이기 때문에 정기 공시 자료를 읽고 이에 더해 증권사 리포트를 읽는 습관을 들이면 애널리스트의 성향과 생각을 파악하는 데 도움이 된다.

한편 증권가에서는 기업의 실적을 전망할 때 컨센서스라는 말을 사용한다. 이는 주식 시장에서 기업의 실적을 판단하는 기준점으로 작용하고, 컨센서스와 본 실적의 차이에 따라 주가가 요동치기도 한다. 컨센서스는 대체로 증권사 애널리스트들이 만든다. 애널리스트들은 자신만의 평가 모델로 기업의 미래를 예측하는데, 이러한 의견들이 모여 컨센서스를 형성하는 것이다. 이러한 전망치(컨센서스)를 기준으로 주가의 변동성이 생긴다는 것이 좀 아이러니하지만, 시장이 그렇게 흘러간다는 점을 이해해야 한다.

한편 애널리스트의 투자 의견이 'BUY 의견'이고, 이에 더해 현재 주가는 3만 원 부근인데, 목표가가 5만 원이라면 투자자는 당장 주가가 올라갈 것이라는 생각이 들 것이다. 하지만 이는 잘못된 생각이다. 리포트에 나타나 있는 목표는 '일정한 기간 동안'에 '몇 %의 확률로 올라간다'는 것을 의미한다. 이는 증권사마다 다르기 때문에 각 증권사 리포트 제일 뒷면에 있는 작은 글씨의 박스를 참고해야 한다. 그래서 리포트를 볼 때는 시간이 없다고 대충 훑어보기보다는 꼼꼼하게 체크하며 읽는 습관을 들이는 게 좋다.

알아 두면 쓸모 있는 주식 정보

기업 탐방이나 주식 담당자(주담)와 통화하기

기업을 잘 알기 위해서는 해당 기업을 직접 찾아가서 현황을 둘러보는 것이 가장 좋다. 기업을 직접 보고, 관계자와 여러 대화를 나누다 보면 보다 기업 현황을 명확하게 알 수 있다. 하지만 안타깝게도 개인 투자자들이 기업을 방문하는 일은 쉽지 않다(불특정한 사람들이 수시로 공장을 들락거린다고 상상해 보자. 정보 보안 문제도 있고, 공장 가동에 불편을 초래할 수도 있다). 개인 투자자가 기업을 탐방할 수 있는 방법은 다음과 같다.

첫 번째 다양한 탐방 프로그램을 이용하는 것이다. 최근에는 각 증권사 (지점) 직원들이 고객과 동행하여 기업 탐방에 나서기도 한다. 이들은 증권사 후광 효과와 또 전문적인 지식으로 개인과 기업 사이에 가교 역할을 하기도 한다.
또 다른 방식은 탐방 프로그램을 전문적으로 시행하는 서비스를 이용하는 것이다. 이들은 탐방을 주선하기도 하고, 대행하기도 한다. 하지만 증권사를 이용할 때보다 비용이 든다.

두 번째 각 상장 기업은 주주들을 상대하는 주식 담당자(주담)을 선정하여 운영한다. 기업이 작으면 한 명이 모든 일을 하기도 하지만, 규모가 크면 한 부서로써 운영이 되기도 한다. 이들의 주 업무 중에 하나는 투자자들의 질문을 받고 대응하는 것인데, 그중 한 통로가 바로 전화이다.

공개된 번호로 무턱대고 전화를 해서, 주가나 기업 실적에 대해 이것저것 물어서 투자자가 원하는 대답을 얻기는 결코 쉽지 않다. 특히 절대적으로 알 수 없는 두 가지가 있다. 하나는 주가의 움직임으로 '현재 왜 빠지느냐, 왜 오르느냐, 앞으로 주가가 어떻게 되겠느냐'에 대해서는 주식 담당자가 대답할 사항이 아니다. 그리고 향후 실적이 구체적으로 어떻게 나오느냐에 대한 질문도 대답하지 못한다. 실적에 대해 사전에 이야기하는 것은 법에 저촉(사전 발언으로 공시 위반)이 되어 대답할 수가 없다.

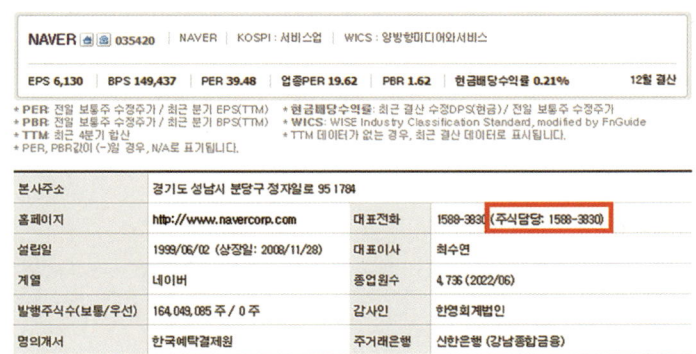

투자자는 이러한 점을 알고 전화해야 한다. 탐방하러 가기 전 준비 사항도 이와 동일하다. 먼저 해당 기업에 대해 사전 조사를 충분히 해야 한다. 그리고 궁금한 사항을 정리하여 질문도 사전에 준비해 두어야 한다. 이왕이면 회사의 변화나 분위기를 느낄 수 있는 질문을 준비하는 것이 좋다. 그래야 원하는 것을 얻는 데 접근할 수 있다.

재무제표로 투자 손실 줄이기

들어가며

중국 무술은 현란한 기술로 상대방과 겨루는 데 우수하다고 알려졌다. 평범한 사람들은 중국 무술을 직접 볼 기회가 없기에 영화 등을 통해 본 모습을 기억하며, 무술의 대가들을 마냥 우러러본다. 그런데 이러한 움직임에 반기를 든 사람이 중국 내에서 나타났다. 그는 격투기 선수인 '쉬샤우동'이다. 유튜브를 통해 그의 활동을 자세히 볼 수 있는데, 그는 먼저 중국 내에서 무술의 고수라고 알려진 사람들에게 공개적으로 도전장을 내밀었다. 이후 어렵게 성사된 경기의 결과는 의외였다. 아무리 무술의 고수라도 중국 내에서 어느 정도 인지도를 가지고 자신만의 도장을 가진 사람들이 경기 초반에 어이없이 무너지는 것이었다.

내가 무술 전문가가 아니지만, 그들이 효과적으로 싸우지 못한 이유는 바로 방어 능력이 부족하기 때문임을 바로 알 수 있었다. 무술 대련은 적을 공격하는 것도 중요하지만, 적의 공격으로부터 자신을 방어하는 것도 매우 중요하다. 보통 영화에서 주인공은 적의 공격을 효과적으로 막아내고, 설혹 상대방에게 강하게 맞더라도 쉽게 떨치고 일어난다. 하지만 실전에서는 쉬샤우동의 강력한 주먹을 한 방 맞으면, 무술의 대가들은 정신을 차리지 못하고, 이후에는 맞는 것에 두려움을 느끼는 모습이 역력히 드러난다. 그러다보니 공격을 하지 못하고 방어에만 치중하는 모습을 보인다. 실전 싸움에서 이기려면 적을 제압하는 공격도 중요하지만, 적절한 수비도 매우 중요하다. 그래서 유도나 권투는 방어 전략도 매우 중요하게 가르치고 있다.

주식 투자의 세계도 비슷하다. 투자자는 어떠한 방법을 잘 써서 수익을 얼마나 낼

것인가에만 집중하고, 투자 손실에 대해서는 어떻게 관리할지 별 생각이 없는 경우가 많다. 이때 한 종목에서 손실이 발생하면 우왕좌왕하는 모습을 보인다. 이는 무조건 오를 것이라고 믿고 투자한 종목에서 발생한 일이라 정신을 차리기 쉽지 않다. 주식 투자에서 수익이 날 확률은 30%에 불과하다는 점은 앞에서 이야기했다. 그러니 투자 공부는 30%를 맞추는 데만 한정해서는 안 되고, 손실을 보는 70% 상황이 되었을 때 어떻게 대처하는가를 사전에 고민하는 것이 중요하다.

기업을 분석하여 투자 방향을 결정하는 것도 마찬가지이다. 일이란 항상 반대급부까지 생각해야만 한다. 기업을 분석하는 것은 여러 가지 내용이 다양한 이유로 변할 수 있다는 것을 사전에 인지해야 한다. 기업은 살아 있는 생물과 같다. 자체적으로 혹은 외부적인 상황 변화는 얼마든지 있을 수 있다. 그래서 분석과 투자는 항상 상황 변화의 가능성에 대비해야 한다.

외부 변화에
대응하기

기업이 나를 속일지라도

주식 시장은 소중한 돈을 가지고 싸우는 치열한 전쟁터라는 점을 절대로 잊어서는 안 된다. 투자자가 주식 투자를 하는 이유는 돈을 벌기 위해서이다. 그 과정에서 몇몇은 다른 사람을 이용해서라도 돈을 벌려는 움직임을 보이기도 하는데, 그들은 소위 세력일 수도 있고 이상한 기업일 수도 있다. 여기서는 기업에 대해 알아보자. 돈은 버는 것 못지않게 지키는 것도 중요하다.

　투자자들은 기업이 하는 이야기들을 별다른 의심 없이 받아들인다. 하지만 일부 기업은 자신과 대주주의 이익을 위해서 개인 투자자들을 이용하는 경우가 있다. 이를 사례별로 살펴보자.

1) 주주 환원 정책

주주 환원 정책은 많은 투자자가 바라는 것으로, 다양한 주주 환원 정책을 발표하는 기업들이 늘어나고 있다. 하지만 꼼꼼하게 살펴보면, 진정한 주주 환원 정책인지 고개가 갸우뚱해지는 경우가 종종 있다. 그 이유는 기업 혹은 대주주를 위한 정책이 일반 주주를 위하는 것처럼 발표되기 때문이다. 대표적인 것 중 하나는 주주 환원 정책 발표 이후 매입한 자사주를 소각하지 않고 임직원 보상용으로 쓰는 경우이다. 이는 진정한 주주 환원 정책과는 거리가 멀다.

두 번째는 대주주 상속과 관련하여 특별한 목적을 가지고 일시적으로 배당 등을 늘리는 경우이다. 삼성전자는 이건희 회장 별세 이후 특별 배당을 3년간 실시했고, 이후 막대한 현금 보유에도 배당을 늘리지 않는 것으로 보아 상속세와 관련된 움직임으로 볼 여지가 있다.

2) 물적 분할

물적 분할은 개인 주주들이 일방적으로 희생해야 하는 이슈이다. 2021년 벌어진 LG화학과 LG에너지솔루션 물적 분할은 기업이 주주를 무시하는 대표적인 사례이다. 그동안 일반 주주들은 적자 사업부인 LG에너지솔루션에 LG화학이 막대한 자금을 쏟아 붓는 것을 감내해 왔고, 이제 그 과실을 거둘 상황에서 일반 주주들에 대한 보호 장치 없이 일방적으로 물적 분할이 이루어졌다. 물론 물적 분할은 분할된 기업이 각기 자금 유치와 영업 활동 등 발전을 목적으로 이루어지는 것도 사실이다. 하지만 기존 주주들에게 피해만 가는 것이 문제이다.

HDC현대산업개발의 진정한 주주 환원 정책

자기주식 취득 결정

1. 취득예정주식(주)	보통주식	1,912,045
	기타주식	-
2. 취득예정금액(원)	보통주식	20,000,000,000
	기타주식	-
3. 취득예상기간	시작일	2023년 03월 07일
	종료일	2023년 06월 07일
4. 보유예상기간	시작일	-
	종료일	-
5. 취득목적		주가 안정화를 통한 주주가치 제고
6. 취득방법		유가증권 시장을 통한 직접 취득
7. 위탁투자중개업자		KB증권, NH투자증권
8. 취득 전 자기주식 보유현황	배당가능이익 범위 내 취득(주) 보통주식	- 비율(%) -
	배당가능이익 범위 내 취득(주) 기타주식	- 비율(%) -
	기타취득(주) 보통주식	9,470 비율(%) 0.01
	기타취득(주) 기타주식	- 비율(%) -
9. 취득결정일		2023년 03월 06일
- 사외이사참석여부	참석(명)	4
	불참(명)	-
- 감사(사외이사가 아닌 감사위원)참석여부		-
10. 1일 매수 주문수량 한도	보통주식	191,204
	기타주식	-

그 충격이 얼마나 컸는지 금융 정책의 변화를 이끌었고, 금융 당국은 기업의 일방적인 물적 분할에 제동을 걸고, 물적 분할 시 기존 주주들에 대한 보호책을 만들도록 관련 규정에 변화를 주고 있다.

3) MOU

일부 기업은 때때로 설익은 내용을 시장에 알리는 경우가 있다. 예를 들어 확정되지 않고 논의 중인 계약이나, 불확실한 신규 시장 진입 그리고 불완전한 신약 개발 과정 등 그 내용은 여러 가지다. 기업의 현황 분석에 경험이 많지 않은 투자자는 이러한 뉴스를 확정적인 내용으로 받아들이고, 이에 따라 과감한 투자를 하기도 한다. 하지만 이러한 뉴스는 꼼꼼하게 살펴보지 않으면 크게 낭패를 볼 수도 있다.

이에 대처하는 방법은 비판적인 시각으로 관련 내용을 바라보는 것이다. 정확하게 실체가 떠오르지 않는 뉴스가 좋아 보인다면, 투자자는 이미 지는 게임을 시작하는 것이다. 그러니 잘 모르는 뉴스는 최대한 비판적으로 살펴보고, 조금이라도 꺼림직하면 투자를 보류해야 한다. 만약 비판적인 시각에서 들어도 내용이 좋아 보인다면, 그것은 진짜로 좋을 것일 확률이 높다. 이때는 투자 승률이 올라간다.

시장이 나를 속일지라도

주식 시장에는 수많은 뉴스가 그 진위 파악이 어려운 상태로 실시간 유통되고 있다. 뉴스의 전달 경로가 다양해지면서, 어떤 것을 믿고 투자에 나서야 하는지 판단하기 점점 더 어려워지고 있다. 이에 더해 다양한 의견들도 투자 판단을 어렵게 하는 데 일조한다. 잘못된 뉴스와 분석에 따른 투자는 후유증이 매우 크다. 하지만 몇몇은 기본적인 팩트 체크를 무시하고, 뉴스와 기업 이익의 상관 관계를 고려하지 않은 채, 그저 자극적인 내용을 양상하기도 한다. 이들 발언 중 가장 놀라운 것이 가정과 사실을 같이 사용한다는 점이다.

예를 들어 'A 국가가 특정 산업에 투자를 고려한다는 뉴스가 있는데, 투자가 이루어지면 국내 B 기업이 수혜를 받을 것임으로 매수를 추천한다'라는 발언이다. 이 발언에는 몇 가지 오류가 있는데, 즉 '고려'를 '확정'과 어물쩍 같이 쓰는 것이다. 기본적으로 매출이 늘어나면 이익이 늘어날 것이라는 발언은 그 사이에 존재하는 비용을 전혀 고려하지 않는 말이다. 비용은 아무리 강조해도 지나치지 않는다. 이를 모르고 무턱대고 투자했다가 기업의 이익이 저조(매출 대비 비용이 커서 이익이 작거나 발생하지 않는 경우)하여 주가가 하락하면, 그 피해는 고스란히 투자자 몫이 된다. 문제는 자극적인 뉴스가 과도한 컨센서스를 형성하면서 주가가 오르고, 그렇게 되면 흥분한 투자자들이 따라서 주식을 매수하는 결과를 초래한다(소로스 재귀적 현상). 하지만 이는 시간이 지나고 일부 투자자들이 실적과 연계하여 냉정을 되찾기 시작하면 주가는 하락하고, 여기에 대응하지 못한 투자자들은 소위 물리게 된다.

다음 뉴스를 보고 실체가 무엇일지 파악해 보자. 과연 투자 아이디어로 무엇을 활용해야 할까? 이 뉴스가 나온 당일 주가는 뛰었다.

코스피 상장사 ○○이 우크라이나 재건에 본격 착수한다

○○은 25일 우크라이나 리비우 지역에 소재한 산업단지 관리 기업 ▲▲홀딩스와 재건 사업 관련 조인트벤처를 설립한다고 밝혔다. 관련해 ○○은 ▲▲홀딩스와 우크라이나 전후 재건 사업을 위한 JV 설립 합의 각서를 체결했다. 전일 체결한 업무 협약에 이은 본격적 사업화 계획이다. ▲▲홀딩스는 우크라이나 최대 물류 회사 OOO의 스마트 시티 사업 계열사다. OOO 그룹은 우크라이나 재건 사업 및 후원 활동, 유럽 및 아시아 국가와의 협력을 포함한 '스마트 시티' 프로젝트를 추진하고 있다. 양사가 설립 예정인 조인트 벤처는 우크라이나 전후 복구 사업에 필요한 물류 기지 건설에 참여할 예정이다. ▲▲홀딩스 측이 추진하고 있는 리비우 스마트 시티 건설 사업, ○○이 협력사 ○○ EVC와 추진 중인 전기차 충전기 사업의 우크라이나 보급을 위해 향후 공동 사업을 진행할 계획이다. 앞서 ○○은 ▲▲홀딩스 그룹 회장을 만나 파트너십을 체결했다. 양사는 전략적 물류 파트너로 우크라이나 물류 및 국제 운송 사업을 위해 협력하기로 했다. 양사가 자국 내에서 추진하는 스마트 시티 사업, 전기차 충전 인프라 구축 사업에 대한 협력도 진행하기로 했다. 앞으로 ○○은 자회사인 글로벌 종합 물류 회사 OOO를 통해 전쟁 복구를 위한 각종 중개 및 물류 수송 사업을 진행할 예정이다. 웰바이오텍 EVC를 통해서는 전기차 충전 사업을 확대할 계획이다. 우크라이나 재건 사업은 일명 '제2의 마셜 플랜'이라 불리는 대형 인프라 구축 사업이다. 각국 정부를 비롯해 국제통화기금IMF, 유럽투자은행EIB, 유럽부흥개발은행EBRD 등이 차관 및 투자 형태로 프로젝트를

제시하며 추진에 속도를 내고 있다. 우크라이나에 따르면 재건 사업 규모는 최대 8,931억 달러(1,186조 4,833억 원)로 우리나라의 연간 총예산의 두 배에 육박한다. ○○ 관계자는 "폴란드에서 개최된 이번 우크라이나 재건 포럼에 참석해 여러 정관계, 기업, 학계 인사들과 재건사업 협력 방안을 논의했다"며 "우크라이나 전력 사정은 대부분 복구가 완료돼 재건 사업과 스마트 시티 개발 사업을 발 빠르게 준비하는 단계다. 현지 스마트 시티 전문 기업과의 협력으로 사업을 구체화하겠다"라고 강조했다.

〈이데일리 2023년 5월 25일 기사〉

이제는 주식 시장에서 계속 거론 중인 몇 가지 이슈를 살펴보자.

이슈	내용
애플카	언제 어떠한 형태로 나타날까? 그런데 애플카가 모든 자동차 시장을 장악할 수 있을까? 더 나아가서 애플 자율 자동차는?
메타버스	2022년 시장을 달궜던 메타버스의 현주소는? 관련 기업은 무엇으로 대중적인 수익을 창출할 수가 있을까?
네옴시티	우리나라 기업의 영업 이익에 절대적으로 유리할까? 그 수많은 기대감은 언제 오는가?
UAM	서울 시내에 UAM이 언제, 몇 대나 다닐 수 있을까? 그리고 관련 기업은 이익이 날까? 그렇기 위해서는 1회 사용료가 얼마나 할까?

내부 변화에 대응하기

내가 나를 속일지라도

투자자 스스로가 투자를 어렵게 만들 때도 있다. 이는 크게 심리적인 요인과 비 심리적인 요인으로 나눌 수 있다. 비 심리적인 요인은 대표적으로 기업 분석 방법 및 주식 투자 방법 등에 대해 배우려 하지 않는 것이고, 심리적인 요인은 대부분 조급함, 경쟁심, 무지, 게으름에서 발생한다. 여기서는 심리적인 요인을 이야기해보자.

첫째, 조급함은 투자자가 빠르게 돈을 벌고 싶다는 생각에서 출발하는데, 이럴 때는 처음부터 실현 불가능한 일에 매달리는 경우가 대부분이다. 많은 사람이 바라는 단기간에 고수익을 내는 것은 거의 불가능하다. 언론이나 전설로 가끔 등장하는 단기간 고수익 투자자는 정말 특별한 경우이다. 물론 누구나 그 특별한 경우가 될 수 있지만, 그것은 다양한 요소가 결합되지 않는 한 불가능하다. 워런 버핏이나 피터 린치도 단기간에 수익을 내지는 못했다. 이를 재무제표를 통해서 살펴보면, 기업이 높은 수익 수준을 유지하려면 일정한 시간이 필요하다는 것을 알게 된다. 그래서 해당 기업을 매수 후 기다리는 투자자는 수익을 얻을 수 있지만, 단기간은 아니다. 결국 단기간에 수익을 내려면, 재무제표를 보고 하는 투자 방법을 버려야 한다. 그래도 재무제표를 보고 단기간에 수익을 내려고 한다면, 높은 수익 수준의 기업을 남보다 빠르게 찾아서 저평가 국면에 빠르게 매매하고, 또 다른 기업을 계속 찾는 것이다. 그런데 이러한 방법이 한두 번은 가능할지 몰라도 지속적으로 이루어지기는 어렵다.

둘째는 타인과의 경쟁심이다. 누군가 돈을 벌었다는 이야기가 들리면(정작 그 내용은 확인이 불가능하다) 뒤늦게 따라서 투자에 나서는 경우이다. 이를 '포모 증후군'이라고 하는데, 뭔가 뒤처지는 느낌을 받는 상태에 도달하는 것을 말한다. 대표적으로 2020년 벌어진 일명 '동학개미운동'을 들 수 있다. 이는 준비되지 않은 많은 일반인이 주식 시장에 들어오면서 생긴 이례적인 현상으로, 이후 잘못된 투자로 손실을 본 경우가 많다.

셋째는 게으름과 이에 따른 무지(무지)이다. 몇몇 투자자들은 기업과 투자에 대해 아예 배우려 하지 않거나, 투자에 필수적인 사항조차도 잘 확인하지 않는다. 이런 투자는 아이러니하게도 타인의 투자 수익에 기여한다. 나의 잘못된 투자가 전문가들에게는 좋은 먹잇감이 될 수 있음을 기억하자.

재무제표의 긍정적인 요소는 투자자들의 불안정한 상황 속에서 다양한 심리적 변화를 완충시켜 주는 역할이다. 즉 올바른 척도를 제시하기 때문에 잘 익혀 두어야만 한다.

모든 것은 변한다는 사실

기업과 세상이 끊임없이 변한다는 사실은 투자에 있어서도 매우 중요하다. 투자자인 우리가 어제의 모습이 아니듯이, 기업도 마찬가지이다. 그런데 이러한 사실을 받아들이지 못하고, 기업의 과거 모습만 보고 투자를 계속하면 그 결과가 좋지 않을 때가 많다.

세월의 변화는 긍정적인 면과 부정적인 면이 모두 있는데, 투자는 긍정적인 변화에 베팅하는 행위이다. 그래서 기업의 긍정적인 변화가 기대되지 않는다면 투자할 요인도 사라진다. 그런데 세월의 변화는 모두 긍정적이지만은 않다. 시간이 지나면서 현명해지는 사람도 있지만, 뱃살만 늘어 나빠진 건강으로 고생하는 사람도 있듯이, 기업도 마찬가지이다.

기업이 미래에 어떻게 변할지는 아무도 모르기 때문에 주식 시장에는 '기업과 결혼하지 말라' 하는 격언도 있다. 결혼과 장기 투자는 분명히 다르다. 그리고 짝사랑도 다르다. 가끔 한 기업과 깊은 사랑에 빠져 다른 사람들의 판단을 무시해 가면서 투자를 지속하는 투자자를 볼 때가 있다. 이들은 대부분 장기 투자 수익률이 좋지 않아서 고통 받는다. 홀로 사랑에 빠져 영원히 오지 않을 '고도'를 기다리는 행위는 참으로 안타깝다.

이러한 오류에 빠지지 않으려면, 끊임없이 기업을 냉정한 시각으로 추적 관찰해야 한다. 잘 나가던 투자자가 실패하는 경우 중 하나는 기업에 대한 분석을 게을리하는 순간이다. 투자 초기에 한 공부를 바탕으로, 어느덧 익숙한 형태의 매매를 지속하면서 변화하는 기업의 현황을 제대로 파악하지 못하는 경우다.

예를 들어, 2023년 기준으로 중국이 리오프닝을 단행했는데, 이와 관련해서 일부 투자자들은 중국 리오프닝은 중국 내 소비를 자극하고, 이는 한국 화장품의 소비를 촉진할 것이니 화장품 주식을 사야 한다고 생각했다.

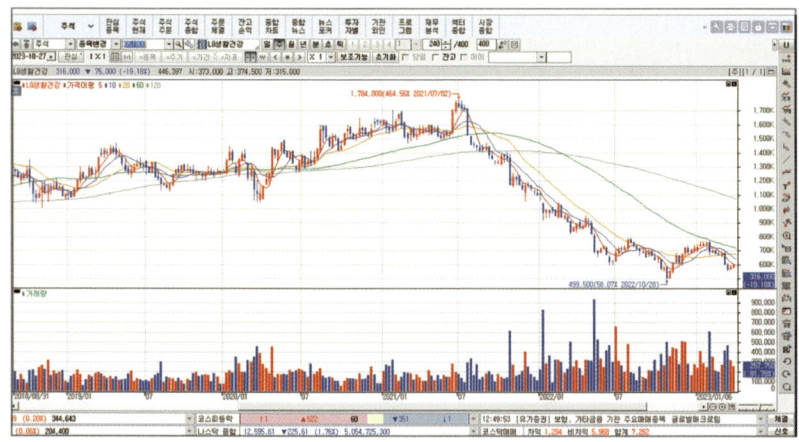

출처: 유진투자증권

하지만 중국 화장품 관련 대표주인 LG생활건강 주가 움직임을 보면 지속적인 우하향 패턴을 나타내고 있다. 혹시 한국 화장품의 중국 점유율 하락에 대해서 들어본 적이 없어서 중국 관련 이슈로 투자를 지속한다면 문제는 심각하다. 한국 화장품의 인기는 코로나 이전 현상으로, 코로나 이후에는 그 인기가 급속도로 하락하고 있다.

> '중국' 부진에 실적 흔들리는 아모레퍼시픽, 2% 북미 시장 성장 시급
> 아모레퍼시픽그룹, 3분기 실적 부진 (중략) 시장 전망치 하회
> 해외 매출 70%에 달하는 중국 시장 내 점유율 하락 추세
> 중국 시장 외 해외 공략이 관건 (중략) 현재 북미 시장 공략 중
>
> 〈톱데일리 2021년 11월 9일 기사〉

이 기사에서 투자자가 중요하게 봐야 하는 것은 중국 시장의 매출 감소가 아니라, 중국 시장 내에 점유율이 하락하고 있다는 내용이다. 점유율은 다른 기업과의 상대 강도를 나타내는 말이다. 예를 들어 아이가 시험을 보고 80점을 받았다면 칭찬을 해야 할지, 좀 더 열심히 하라고 해야 할지 어떤 기준으로 결정할까? 이럴 때는 학급 내 등수를 확인해야 한다. 이전 시험보다 점수는 올랐어도 시험이 쉬워서 등수는 오히려 떨어졌을 수도 있다. 즉 투자자라면 점수가 아니라 등수의 상승을 봐야 한다.

또 각 제품이 가지는 매출의 특징을 파악하는 것도 매우 중요한데, 화장품의 주요 고객인 여성은 피부 변화에 상당히 예민하다. 그래서

화장품 선택 기준이 브랜드보다는 피부 변화에 더 민감해서, 한번 쓰기 시작하면 웬만해서는 제품을 잘 바꾸지 않는다. 그러니 한국 화장품의 점유율 하락은 소비자들의 선택이 이동했다는 의미로 단순하게 받아들일 것이 아니다. 그러니 과거로 돌아가기 어려운 현실을 직시해야 한다. 결국 이러한 점을 모르고, 여전히 과거 판단에 의존해서는 안 된다. 그 밖에도 지속적인 적자가 개선될 여지가 보이지 않는 경우, 설비 투자 대비 성과가 미미한 경우, 주요 사업부의 변화 적응 실패 여부 등을 꼼꼼하게 체크해야 한다.

하락장에서
초보 투자자가 살아남는 법

유도를 배우면 처음에 떨어지는 낙법부터 집중해서 가르친다고 한다. 경기 중에는 어쩔 수 없이 심각한 공격을 받기 때문에 이를 대비해 훈련하지 않으면 치명상을 입는다. 그러니 공격보다 먼저 자신을 보호하는 법부터 배워야 한다. 이는 주식 투자자에게 중요한 진리를 전한다. 주식 투자를 하다 보면 많은 사람이 돈을 버는 법에 대해서만 이야기한다. 그리고 우리는 돈을 버는 법만 열심히 공부한다. 하지만 안타깝게도 투자는 항상 돈을 벌기만 하는 것이 아니다.

다음 표를 살펴보면, 원금이 손실되었을 때 그 상태에서 원금이 되려면 다시 몇 %가 올라야 하는가를 보여준다.

원금 보존의 법칙

손실률	상승률
10%	11%
20%	25%
30%	43%
50%	100%
70%	330%

투자가 잘못되면, 돈 벌 기회를 만나기도 전에 계좌가 스스로 무너져 버린다는 사실을 알아야 한다. 즉 돈을 버는 것 못지않게 돈을 지키고 유지하는 것도 매우 중요하다. 투자자들이 가장 간과하는 것이 바로 계좌 관리이다. 계좌 관리는 자금을 지키는 소중한 방법이다. 투자는 원금이 전혀 보장되지 않고, 그래서 투자가 잘못되면 개인이 느끼는 위기감은 매우 크다.

투자에서 손실을 방지하는 첫 번째 방법은 상대방인 기업을 올바로 파악하는 것이고, 이는 재무제표 분석이 기본이 되어야 한다. 투자자들에게 손실 방지를 위해 강조하고 싶은 몇 가지가 있는데 그 첫 번째는 많은 투자자가 참고하는 '코스톨라니의 달걀'에 대한 활용법이다.

다음 그림은 경기의 각 국면에 따라 어떠한 투자가 유리한지를 한눈에 잘 나타내고 있는데, 여기서 유리한 투자란 수익이 나는 국면을 이야기한다. 그런데 그림이 가리키고 있는 시점마다 실제 투자를 하려면 매우 당혹스러운 현실에 접한다. 각 국면의 전환 시점을 투자자가 올

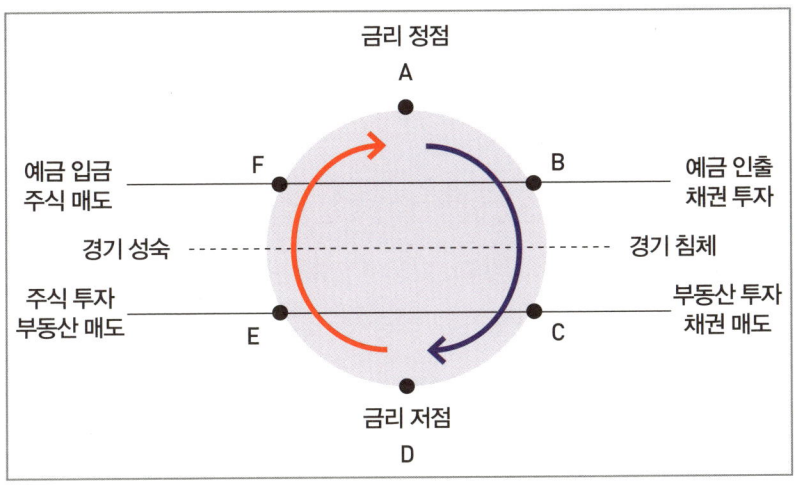

바로 즉각 알 방법이 상당히 모호하기 때문이다. 안타깝게도 각 시점은 어느 정도 시간이 지나야 파악할 수 있으며, 그때는 이미 투자 자산의 손실이 발생한 이후가 된다. 이때 손실을 감안하며 수익을 내기란 사실상 불가능하다. 이론과 현실과의 괴리감이 상당히 크다. 투자자는 현실성 있는 대응 방법에 집중해서 학습해야 한다.

두 번째로 투자자는 산업별 사이클을 파악해야 한다. 일반적인 경기 사이클과 더불어 각각의 산업은 자체적인 변화 사이클을 가지고 있다. 이는 경기와 동행 혹은 후행하기도 하고, 계절적인 요소나 글로벌 상황과도 연계된다. 다소 모호하고 복잡해 보이지만, 산업별 변화 사이클은 의외로 단순하며, 이를 사전에 파악해 두면 투자에 기준점을 잡는 데 큰 도움이 된다. 기준점이 있어야 변화 및 기준점을 벗어난 상황도 즉각적인 대처가 가능하다.

세 번째로 기업의 전반적인 상황에 따른 투자 아이디어를 가지고 있어야 한다. 투자자 스스로 관심 기업의 예상 변화 모습을 그리고 있어야 한다. 그래야 자기 생각과 다르게 기업이 변하면 즉각적인 투자 행동의 변화를 꾀할 수 있다.

마지막으로 주식 시장은 일정 주기로 상승과 하락을 나타낸다. 그러면서 우상향하기도 하고(미국), 횡보(한국)를 나타내기도 하며, 하락하기도 한다. 그에 맞는 기본적인 투자 아이디어를 가지고 시장에 접근하는 것이 중요하다. 또한 글로벌 대세 하락기에는 투자 수익의 기회가 낮다는 점도 염두하자.

기업 부채의 다양한 성격

기업 현황의 평가 중 중요한 내용 하나가 부채 비율을 파악하는 것이다. 부채 비율은 기업 내 자금 성격과 흐름을 알 수 있게 해주는 중요한 지표이다.

$$부채\ 비율 = \frac{부채}{자본}$$

부채 비율이 높으면 기업에 다양한 부담이 된다. 부채는 반드시 갚아야 하고, 그 과정에서 일부는 이자도 부담해야 한다. 부채는 회사가 부도 나도 쉽게 없어지지 않는다. 그런데 모든 부채에 이자가 있는 것은 아니다. 부채 중에는 이자를 내지 않는 것도 있는데, 대표적으로 매입 채무가 이에 해당한다.

유有 이자 부채	일반적인 부채. 은행권 등 이자를 지불하기로 하고 발생시킨 부채
무無 이자 부채	물건을 받고 아직 돈을 지불하지 않은 매입 채무, 직원의 퇴직금을 쌓아 두는 퇴직 급여 충당금 등 이자가 붙지 않는 부채

기업의 부채 비율을 따질 때, 부채 비율이 높게 나오는 기업은 무이자 부채를 빼고 유이자 부채만으로 부채 비율을 다시 계산하여 살펴보면, 재무 건전성을 올바로 확인하는 데 많은 도움이 된다(무차입 경영 혹은 부채 Zero를 달성했다는 기업은 부채가 없다고 생각하는데, 이러한 기업들도 매입 채무와 퇴직 급여 충당금 등 기업 운영에 따른 자연 발생적 부채는 있다. 즉 차입에 의한 유이자 부채가 없다는 것을 의미한다).

유이자 부채를 살펴보면, 기업이 부담하는 이자는 시중 금리 변화에 따라 달라진다(여기에 기업의 신용도가 플러스 된다). 금리가 높아지면 기업은 부채 사용에 신중을 기하게 된다. 그렇다면 기업은 어느 정도 부채를 사용하는 것이 좋을지, 무작정 부채 비율이 낮은 것이 좋을지를 알아보자. 이를 이해하기 위해서는 부채가 기업에 어떠한 역할을 하는지 먼저 알아야 한다.

기업이 부채를 사용하는 이유는 부족한 자금을 부채를 통해 해결하고자 하는 것으로, 이를 부채를 통한 레버리지leverage 효과라고 한다. 레버리지 효과란 투자한 돈(자본) 대비 수익이 커지는 현상을 말한다.

내 돈 10억 원		총 이익 10%	내 돈 대비 수익률 10%
내 돈 5억 원	부채 5억 원	총 이익 10%	내 돈 대비 수익률 20%

레버리지는 잘 활용하면 약이지만, 뜻대로 흘러가지 않고 반대가 되면 기업에 독이 된다.

내 돈 10억 원		총 손실 10%	내 돈 대비 손실률 10%
내 돈 5억 원	부채 5억 원	총 손실 10%	내 돈 대비 손실률 20%

투자자가 기업 운영이 잘 되고 있는지 평가하는 요소 중, 투자한 돈을 기준으로 기업이 매년 몇 %의 이익을 창출하는가를 보는 것이 있다. 이는 바로 ROE Return on Equity이다. ROE는 매우 중요한 투자 지표인데, 이 지표를 기준으로 안전 자산(은행 예금 등) 수익률과 비교하여 해당 기업의 투자를 결정하는 기준점이 되기도 한다.

$$ROE = \frac{당기\ 순이익}{자기\ 자본}$$

ROE가 일정하게 유지되거나 꾸준히 증가한다는 것은 자본이 복리로 계속 증가하는 것으로, 투자자의 자금이 계속 불어나고 있는 것을 의미한다.

자기 자본	100억 원	110억 원	121억 원	133억 원	복리 효과
ROE		10%	10%	10%	

그런데 이러한 ROE는 부채에 의한 착시 현상이라는 단점(?)이 있다. 기업의 부채 비율이 높을 경우 ROE가 상승하기 때문이다. 이를 바로잡기 위해서는 ROA$_{Return\ on\ Assets}$와 같이 비교해야 한다.

$$ROA = \frac{당기\ 순이익}{총자산}$$

ROA는 부채를 감안한 것으로, ROA와 ROE를 비교함으로써 부채를 통한 레버리지 효과를 파악할 수 있다.

ROE vs ROA

(1) 재무 상태표		(2) 재무 상태표	
자산 100	부채 50	자산 100	부채 90
	자본 50		자본 10
순이익 10		순이익 10	
ROA	10%	ROA	10%
ROE	20%	ROE	100%

한편 투자자는 부채 상환 능력을 파악하는 것도 매우 중요하다. 우리가 내 집을 마련하기 위해 대출을 받을 때 절대 금액보다는 부담 능력을 봐야 하는 것처럼, 기업의 부채도 절대 금액보다는 상환 능력을 가늠해 봐야 한다.

	대출금	연봉	연간 이자(10%)	소득 대비 부채
A	6억 원	2억 원	6,000만 원	3배
B	3억 원	3,000만 원	3,000만 원	10배

이 표를 보면 A와 B 중에 누가 더 부담이 되는지는 자명하다. 기업이 표의 모습이라면 A 기업보다 B 기업에 투자할 때 더 신중을 기해야만 한다.

나쁜 회사는
현명하게 거르기

안타깝게도 상장사 중에는 투자하기 어려운 기업이 있다. 그 이유는 매우 다양하지만, 이러한 기업을 잘 피할 수만 있어도 손실을 줄일 수 있으며, 투자 성공 확률은 올라간다. 그렇다면 어떤 기준으로 투자하기 어려운 기업을 솎아낼 수 있는지 살펴보자.

경영진의 자질

경영진의 자질에 대해서는 워런 버핏을 필두로 여러 투자의 대가들이 공통으로 이야기한다. 회사의 주인은 아무리 주주라고 강조해도, 실제로 회사를 운영하는 사람은 경영진이다. 이 경영진의 행동에 따라 현재와 미래의 회사 이익이 크게 달라지기 때문에 투자자는 경영진의 능력을 냉정하게 평가해야만 한다. 평가 방법은 여러 가지가 있지만, 실적에 기반한 평가에 중점을 두어야 한다.

여기서 평가의 잣대를 기업 가치의 극대화에 관심이 많은 경영진과 주주의 이익을 극대화시키는 경영진으로 나누어 생각해 보자. 이 둘은 공통된 면도 있지만, 상반된 결과를 초래하기도 한다. 또한 주주 이익의 극대화도 주주의 성격에 따라 크게 달라진다. 먼저 기업 이익의 극대화 추구는 투자자 모두가 좋아하는 이슈로, 이 경우 기업의 이익은 주주들에게 돌아가기 때문이다. 문제는 주주들을 배제한 기업 이익의 극대화이다. 이는 경영진의 전횡 문제 등이 야기될 수 있다. 한편 경영진이 언론 등에 제시한 청사진을 실적으로 증명하지 못하는 기업도 조심해야 한다. 특히 이럴 때는 향후에도 경영진을 믿고 투자하기 어렵다.

경영진(최대 주주)의 잦은 변경

경영진이 자주 바뀐다는 것은 여러모로 좋을 수가 없다. 이는 당연히 회사 운영의 안정성을 크게 떨어뜨리는 일이다. 또한 최대 주주가 자주 바뀌는 기업도 투자자들은 경계해야 한다. 일부 기업은 최대 주주가 변경되면서 신규 자금이 유입되고 사업 영역이 확대된다는 기대감으로 주가가 오르기도 하지만, 최대 주주가 자주 바뀐다는 것은 그만큼 경영 상태가 불안하다는 의미로도 냉정하게 해석해야 한다. 최대

주주 변동 내용은 다트에서 분기나 반기별 사업 보고서를 열어 '주주에 관한 사항' 란에 있는 '최대 주주 변동 현황' 내역을 살펴보면 된다.

임직원 '횡령 배임' 기업

회사 또는 임직원이 상법, 자본 시장법 등을 위반(횡령, 배임 등등)해 형사 처벌을 받거나 행정 조치를 받은 사실도 역시 사업 보고서를 통해 확인할 수 있다. 이럴 때는 기업에 대한 신뢰도 저하와 내부 통제 취약에 따른 경영 악화로 이어질 가능성이 있다.

참고로 코스닥 기업은 횡령 배임 규모가 자기 자본의 100분의 3 이상이거나 10억 원 이상이면 상장 폐지 실질 심사 대상이 된다.

지속적인 외부 자금 조달

기업은 필요 자금을 영업 활동을 통해서 만들어내야 한다. 상장된 기업은 자선 단체가 아니므로 주주들에게 계속 돈(증자)을 요구하는 기업은 그 존재 가치를 의심해야 한다.

투자자가 한 기업에 투자를 결정했다면, 그 기업이 운영에 필요한 자금을 어떻게 조달하는지 눈여겨 보자. 회사 실적은 감소하고 있는데, 특히 사모 형태의 자금 조달 비중이 증가하고 있다면 각별한 주의

가 필요하다. 이는 회사 재무 상태의 악화 등으로 절차가 까다로운 일반 투자자 대상의 자금 조달(공모)이 어렵다는 뜻으로 해석할 수 있다. 참고로 공모는 50인 이상의 불특정 다수를 대상으로 주식, 채권 등을 발행하는 것으로 금융감독당국에 증권 신고서를 제출해 심사를 받아야 한다. 하지만 사모는 50인 미만의 특정 개인이나 법인 등에게 주식, 채권 등을 발행해 자금을 조달하는 것으로 증권 신고서 제출 의무가 면제된다. 실제로 상장 폐지 사유 등이 발생한 기업의 자금 조달 현황을 보면, 사모 비중이 공모 비중보다 훨씬 큰 것으로 나타난다. 아울러 외부 자금 조달 횟수가 빈번하고 조달 일정이 특별한 이유 없이 자주 변경될 경우에도 회사의 자금 상황이 그만큼 악화되고 있다는 '경고등'으로 볼 수 있어 사업 보고서를 통해 확인해 봐야 한다.

알아 두면 쓸모 있는 주식 정보

증권 시장에서 자격이 상실되는 상장 폐지

유가 증권이 증권 시장에서 자격을 상실해 상장이 취소되는 것을 말한다. 증권 시장에 상장되어 있는 유가 증권 중 당해 발행 회사의 기업 내용 등에 중대한 사태가 발생하여 투자자에게 손실을 입힐 우려가 있거나, 증권 시장의 신뢰를 상실하게 할 우려가 있을 때 상장심사위원회의 심의를 거쳐 상장을 폐지한다.

상장 폐지 요건에는 사업 보고서 미제출, 감사 의견 거절, 영업 정지, 부도 발생, 자본 잠식, 주식 분산 미달 등이 있다. 상장이 폐지된 기업(합병 등으로 인한 해산은 제외)의 재산은 당시의 운영 자금 및 부동산, 시설물 등이 있고, 이는 채권 변제 우선순위에 따라 채권자들에게 분할 정리된다.

기타 내부 통제 문제

증권 신고서에 정정 요구가 발생하거나 2회 이상 정정 요구가 반복된 기업들은 재무 구조가 부실하거나 실적 악화 등으로 향후 사업 전망이 불확실해질 위험이 높다. 그래서 정정 요구를 받은 기업에 투자할 때는 증권 신고서의 투자 위험 요소 및 재무 관련 정보 등을 충분히 살펴보고, 신고서에 어떠한 내용이 수정됐는지 정정 전후의 대조표 등을 비교해 수정 사항을 꼼꼼히 체크하는 등 신중한 접근이 필요하다. 정정 신고서가 1회 정정된 경우 노란색, 2회 이상 정정된 경우 빨간색으로 핵심 투자 위험 알림이 표시되며, 정정 내용은 굵은 활자체로 표시된다.

상장 폐지를 암시하는 신호들

1) 정기 보고서 미제출

기업들은 1년에 4번의 정기 보고서(분기, 반기, 사업 보고서)를 제출해야 한다. 그런데 2년간 3회 이상 법정 기한 내에 보고서를 제출하지 않은 경우와 사업 보고서를 기한 10일 이내에 제출하지 않으면 상장 폐지 사유가 된다.

2) 감사인(회계) 의견 미달

최근 사업 연도 감사 의견이 부적정, 의견 거절, 한정에 해당될 경우 상장 폐지 요건이 된다.

3) 자본 잠식

최근 사업 연도 말 자기 자본이 10억 원 이상일 경우 관리 종목에 지정이 된다. 그리고 다음 해 자본 잠식률이 50% 이상 발생할 경우 상장 적격성 실질 심사 대상이 된다.

4) 매출액 미달

4년 연속 영업 적자를 기록하면 관리 종목이 되며, 5년 연속 적자일 경우 상장 적격성 실질 심사 대상이 된다. 또 최근 사업 연도 매출액이 30억 원 미만일 경우 관리 종목이 되며, 다음 해도 매출액 30억 원을 넘지 못하면 상장 적격성 실질 심사 대상이 된다.

5) 시가 총액 미달

시가 총액이 40억 원 미만인 상태가 30일 동안 지속되면 관리 종목이 되며, 이후 90일간 연속 10일과 누적 30일 이상 시가 총액 40억 원 미만이면 상장 폐지 대상이 된다.

6) 기타

이 외에도 회생 절차, 파산 신청, 거래량 미달 등의 상장 폐지 조건도 있다.

재무제표의 세밀한 숫자를 예측하는 방법

투자자가 가장 궁금한 것은 기업의 미래 모습이다. 하지만 미래를 정확히 예측한다는 것은 불가능하다. 그렇다고 손을 놓고만 있을 수는 없다. 다양한 방법으로 기업의 미래를 전망해 보는 것도 투자에 많은 도움이 된다.

지금부터 완벽하지는 않지만 기업의 미래를 예측하는 시도에 대해서 이야기해 보자. 미래 예측은 다음 방법을 순서대로 진행하면 된다. 먼저 '시계열 예측' 방법으로 밑그림을 그린다. 기업의 과거 재무 자료를 바탕으로 미래에도 그 트렌드 및 추세가 이어질 것이라는 가정하에 예측한다. 이때 기본적인 추세와 그 사이에 예측이 가능한 변화를 구분하여 작업한다. 그것을 바탕으로 하나하나 미래의 숫자를 만들어 본다. 즉 추세적인 것은 그 추세대로 예측하고, 기대되는 변화는 특이한 숫자로 더해 준다. 두 번째는 뉴스를 통해 예측을 더하는 방식이다.

수주 공시 등 이미 예정된 매출과 더불어 기대되는 효과까지 추가해서 첫 번째 방식에 더해 숫자를 만들어간다. 이 방법까지 들어가야 더욱 현실성이 있다. 세 번째는 다양한 회계적 고려 사항을 포함한다. 재무제표는 서로 유기적으로 연결되기 때문에 이를 감안해 예측한다. 이 단계에서는 서로의 숫자 균형을 파악한다.

이제부터는 구체적으로 실제 세부 항목을 어떻게 예측하는지 살펴보자. 세부 항목을 항목별로 예측해야 종합적인 그림이 완성된다. 물론 이러한 내용은 증권사 리포트의 애널리스트들이 훌륭하게 작성한 재무제표 전망치를 보면 확인할 수 있다. 하지만 자신이 한 숫자와 애널리스트의 숫자를 확인해서 다른 숫자가 나오면 그 부분을 파악해 보면서 해당 기업을 더욱 깊게 이해하도록 한다. 이렇게 지속하다 보면 기업의 작은 변화를 파악하고, 입체적으로 기업을 이해하는 데 많은 도움이 된다.

손익 계산서로 예측하기

1) 매출

과거의 성장 추세를 구하고, 그 평균값이 유지된다고 가정한다. 여기서 쓰는 방법이 CAGR_{compound annual growth rate}방법이다. 연평균 성장률을 뜻하는 CAGR는 시간이 지남에 따라 일정한 비율의 수익을 제공하는 등비수열에 대한 투자 용어이다.

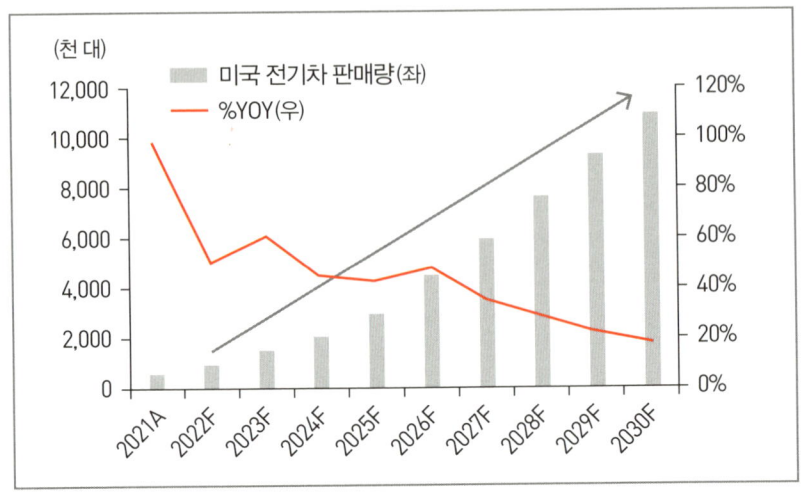

출처: 유진투자증권

특별한 요소가 없는 한 이 방식이 가장 현실적이다. 경기 사이클이나 업종 사이클이 미치는 요소는 크지만, 적용하기에는 변수가 너무 복잡해진다. 예측하는 방식이 복잡해질수록 예측이 어긋날 확률은 커진다. 여기에 다양한 이벤트적인 요소를 더하거나 빼주면 된다.

2) 매출 원가

매출 원가는 기존 평균 원가와 직전 원가를 각각 구하는 것이 중요하다. 원가는 변동이 크기 때문에 평균 원가와 직전 원가를 적절히 대응하는 것이 쉽지는 않다. 하지만 평균과 최근값이 크지 않으면 평균값을 사용해도 무방하고, 최근값의 변동이 크면 단기적으로는 최근값을, 중기적으로는 평균 회귀 법칙에 따라 평균값을 적절하게 대응한다.

3) 일반 관리비

일반 관리비는 특별히 신경 쓸 요소가 없는 한 과거 트렌드를 유지해도 된다. 즉 특별한 경우가 아니면, 늘어나는 트렌드에 맞춰 증액시키면 된다.

4) 기타

특별한 이벤트 등이 있으면 이를 적절히 감안해 준다.

재무 상태표로 예측하기

재무 상태표의 재고 자산과 매출 채권 등 대부분 항목은 과거의 추세를 그대로 유지해도 괜찮다. 일반 투자자가 변화를 특별히 예측하기는 현실적으로 매우 어렵다. 부채 비율 등도 마찬가지이다. 그리고 투자자들에게 재무 상태표의 변화는 손익 계산서보다 중요성이 덜 하다.

현금 흐름표로 예측하기

잉여 현금 흐름의 변화를 모색해 보는 것이 주목적이지만, 현재의 트렌드를 그대로 유지해도 무방하다. 단, 설비 투자 등이 예상되는데 잉여 현금 흐름으로 충당이 쉽지 않으면, 증자 등의 가능성도 고민해 보자.

처음 이러한 시도를 하면 많이 당혹스러울 것이다. 현실적인 방법은 최소 3년치 데이터를 엑셀로 정리해서 수익화하면 어렵지 않게 작업할 수 있다. 투자자들이 관심을 갖는 주요 기업에 대해 이 데이터를 지속적으로 업데이트하면, 누구보다 기업의 세세한 현황을 파악하여 투자에 유리하게 작용할 수 있다. 많은 투자자가 과거의 숫자를 분석하느라 미래의 숫자에 대해 두려움을 느끼고, 오직 증권사 등의 전망에만 의존하고 있는데, 지금부터라도 시간을 들여 작업해 볼 것을 권한다.

기업의 성장과
재무제표의 변화

우리는 '기업이 살아 있는 생명체와 같다'라는 표현을 한다. 급변하는 사회 환경 속에서 적절한 대응으로 때로는 본업도 과감하게 바꾸면서 적응해 가는 모습이 마치 생명체를 연상시킨다는 의미이다. 굳이 진화론을 이야기하지 않더라도 변화에 적절히 적응하는 것은 생존을 위해 필수적이다. 지금까지 공부한 내용을 적용시켜 기업이 변화하는 상황별 재무제표를 종합적으로 살펴보자.

사람이 태어나서 성장기, 왕성한 활동기를 지나서 노년에 접어들 듯이 기업도 이와 같은 상황을 거친다. 물론 일부 기업은 시대의 변화에 발 빠르게 대처해서 활동기를 넓히거나, 오래 살아남기도 한다. 이는 투자자에게 매우 중요한 투자 아이디어를 제공하므로, 이를 재무제표를 통해서 읽어내 보자.

기업 설립 초기 재무제표

기업의 설립 목표를 먼저 생각해 보자. 기업은 물건을 파는 것(매출)을 목표로 만들어지기 때문에 설립 초기에는 매출이 기업 평가의 중요한 잣대가 된다. 그래서 이때는 영업 이익이 크지 않거나, 심지어 이익이 나지 않아도 매출이 늘어나는 추세라면 충분히 의미가 있는 시기이다. 그래서 설립 초기 기업에 대해 기업 평가를 이익으로 해서는 오류에 빠질 수 있다. 설립 초기 기업의 매출에 대한 평가 지표로 PSR 등을 사용하는데, 이는 이익을 감안하지 않는 평가법이다.

$$PSR = \frac{주가}{매출액}$$

설립 초기 기업에 투자하려면 매출 성장세의 강력한 유지 여부와 이익이 발생하거나 커지는 시기를 가늠해 보는 것이 매우 중요하다. 이들이 그다지 매력적이지 않다면, 투자 여부를 신중하게 고민해야 한다. 그런데 문제는 이익이 발생하는 시점을 가늠하기가 어렵다는 것이다. 기업은 당연히 장밋빛 전망을 이야기하지만, 현실에서 실제로 이루어지는지 여부는 투자자가 신중하게 관찰해야만 한다. 이때는 일시적인 변화보다는 추세적인 변화를 파악하는 것이 중요하다. 한편 초기 기업의 기업 평가를 외부의 시각에만 따르는 것도 경계해야 한다.

컬리는 지난 4일, 상장 추진을 연기하기로 했다고 전격 발표했다. 대략적으로라도 재추진 시점을 밝히지 않은 무기한 연기다. 가파른 성장세로 주목받으며 적극적인 상장 의지를 밝혀온 컬리는 지난해 8월 유가 증권 시장(코스피) 상장 예비 심사를 통과한 바 있다. 아직 흑자를 내지 못하고 있음에도 컬리는 기업 가치가 최대 4조 원에 이를 것이란 전망이 나오기도 하는 등 많은 관심과 기대를 받았다. 당장의 실적보다는 미래 성장 가능성이 높은 평가를 받은 것이다. 실제 컬리는 2018년 1,500억 원대에 불과했던 연간 매출액이 지난해 1조 원을 돌파하는 기염을 토했다. 하지만 지난해 3월 상장 예비 심사를 청구하며 본격적인 상장 절차에 돌입한 컬리는 이내 험로를 마주했다. 글로벌 경제 상황이 급변하면서 투자 시장이 얼어붙은 것이다. 위축된 투자 시장 상황이 좀처럼 나아질 기미를 보이지 않으면서 새해 시작과 함께 결단을 내린 것으로 풀이된다. 관련 업계에 따르면, 2021년 말 투자 유치 과정에서 4조 원의 기업 가치를 인정받았던 컬리는 현재 장외 시장 기준 기업 가치가 1조 원까지 뚝 떨어진 것으로 나타났다.

〈시사위크 2023년 1월 5일 기사〉

기사 하단에 보면 투자 유치 과정에서 기업의 가치가 4조에서 1조까지 떨어졌다는 이야기가 나온다. 이때 기업의 가치를 판단한 주체가 그 판단이 적절했다고 볼 수 있을까? 더군다나 매출이 늘어나고 있는 기업의 가치가 왜 줄었을까? 기사에는 그 내용이 나와 있지 않아서 판단하기 어렵지만, 한 가지 분명한 것은 기업 가치의 판단은 투자자 본인이 해야 한다는 것이다. 틀려도 내가 틀려야 그 원인을 알고 빠르게 수정할 수 있다.

성장기 기업의 재무제표

성장기 기업은 이제 안정적인 매출을 바탕으로 영업 이익이 개선되기 시작하는 단계이다. 이때 영업 이익이 증가하지 않으면 본격적인 성장기로 분류해서는 안 된다. 영업 이익은 비용을 커버하기 시작했다는 것을 의미하며, 이는 기업이 안정적인 모습으로 자리 잡고 있음을 뜻한다.

영업 이익이 발생하지만, 현금 흐름까지 안정됐다고 보기는 어렵다. 설립 초기에 있었던 외부 차입들을 해결해야만 하고, 매출 증가에 대처하기 위해서 지속적인 투자가 이루어져야 한다. 추가적인 매출 증가를 위해서는 설비 투자CAPEX를 단행하는데, 이는 재무 구조를 악화시키는 원인이 된다. 그래서 기업은 부채를 증가시키던지, CB 등을 발행하기도 하고, 유상 증자를 단행하기도 한다. 즉 외부 자금이 필요하지만, 이럴 경우는 명확한 성장 모델을 투자자에게 제시해야 한다. 앞서 이야기했듯이 투자자는 기업의 설명을 면밀하게 들여다보고, 추가 자금의 투입 여부 및 기업에 대한 투자 지속 여부를 판단해야 한다.

이 시기에 기업은 첫 번째 고비를 맞는다. 초기 관문을 통과했다고는 하지만, 성장을 위한 다양한 도전을 기업 내외에서 동시에 마주치는 것이다. 기업 외부에서는 기존 기업들이 경쟁을 의식하고 대응 전략을 펼치고, 새로운 분야라면 이 기업을 보고 후발 주자들이 따라붙게 된다. 기업 내부적으로도 매출의 안정적인 유지와 영업 이익의 관리를 잘해 나가야 하기 때문에 경영진의 능력이 절대적으로 필요한 시기가 된다. 그래서 이 시기 기업의 주가는 심하게 요동치는데, 투자자의 성향(장기, 단기)에 따라 각기 다른 전략을 펼쳐야 한다.

왕성한 활동기 기업의 재무제표

기업의 완성도가 높아지면, 모든 것이 안정화되면서 높은 매출 증가와 영업 이익이 증가한다. 영업 이익은 부채 비율을 감소시켜 재무적인 상황도 좋아진다. 이때 기업의 가치 판단에는 PER, PEG 등 다양한 평가 모델 적용이 가능하며, 주가 또한 폭발적인 상승을 보인다. 투자자들은 기업의 가치 판단을 언제까지 지속할 것인가에 대한 고민을 해야만 한다. 본격적인 가치 투자가 가능한 시점이지만, 성장률의 변화에 따라 투자 판단이 빠르게 변화하는 시기이기도 하다. 그래서 기업의 성장 유지 및 지속 여부를 꾸준히 관찰해 나가야 한다.

기업 성장이 느려진 재무제표

기업은 일정한 시기가 지나면 대부분 매출 및 영업 이익 증가율이 낮아지게 된다. 여기서 중요한 점은 기업의 성장은 멈추지 않고 지속하는 모습을 유지한다는 것이다. 이때 포인트는 성장률의 둔화이다. 성장률의 둔화는 기업의 가치 판단을 성장주 영역에서 가치주 영역으로 변경해야 한다는 신호가 된다. 이 시기의 기업들은 PBR, 배당 모형 등으로 평가가 진행된다. 가치주 또한 성장이 유지되어야 투자 매력이 유지된다. 성장이 멈추었다면 냉정하게 판단해야 한다.

새로운 성장 모델로 변화

기존 사업 성장에 한계가 나타나면, 기업은 새 사업으로 진출하거나 사내 사업부 신설 등 변화를 모색한다. 이는 경영진의 능력이 돋보이는 상황으로 기업이 처한 현실을 적극적으로 극복하겠다는 의지를 대내 외에 드러내는 것이다. 이 과정에서 새 사업에 대한 투자 실시로 일시적인 자금 악화를 경험하기도 한다. 그래서 새 사업 모델의 성공 여부에 따라 기업의 새로운 성장 여부가 결정된다.

 여기서 투자자가 관심을 가져야 하는 상황과 오류에 빠지는 상황을 잘 살펴야 한다. 먼저 관심을 가져야 하는 상황으로는 새로운 사업의 매출과 영업 이익의 성장 속도 및 기존 사업 대비 비중을 체크하는 것이다. 여기서 핵심은 '비중'이다. 매출 및 영업 이익 비중이 기존 사업과 대비해 의미 있는 숫자가 나와야만 한다. 그렇지 않고 기존 사업 내에 구색 맞추기가 되어서는 안 된다. 오류에 빠지는 것은 신사업에 너무 큰 기대를 가져서는 안 된다는 것이다. 새로운 성장 모델은 새로운 사업을 하는 것과 마찬가지로 사업의 성공 여부가 무조건 높다고 봐서는 안 되며, 진행 상황을 잘 체크해야만 한다.

빠지지 말아야 하는 후퇴기

이제 더 이상의 성장 모델을 상실한 단계이다. 매출 및 영업 이익이 더 증가하지 않는 단계로 이 시기가 되면 웬만해서는 새로운 변화를 모색하기 어렵다. 그래서 투자의 지속 여부를 냉정하게 판단해야 한다.

8

코스피 지수 5천 시대
매매 전략

이재명 정부는 출범 이후 주가 지수 5천 시대를 이야기하고 있다. 이는 과거 정부처럼 단순히 선언적인 구호가 아니라 구체적인 실천 방안을 담고 있는 것으로 판단이 된다.

그 과정으로 상법 개정안과 세법 개정안을 들 수가 있는데, 이는 그동안 지수 상승을 억제해 왔던 '코리아 디스카운트'를 해소하는 의미와 건전한 증시 발전을 저해하는 요소를 제거하여 투자자들이 증시에 보다 적극적으로 참여하게 만드는 요소가 된다고 생각한다.

2025년 코스피 지수가 5천 포인트가 되려면 24년 정책 발표 당시 약 3,200포인트 대비 지수가 약 50% 상승을 해야 한다. 지수가 50% 상승을 하게 되면, 상당수 종목이 100% 가까이 상승하게 된다. 이는 매우 흥분되는 이야기이다. 그런데 단순히 정부가 외친다고 이루어질까? 여기서 주가가 이루어지는 본질을 생각해 볼 필요가 있다.

주가 = EPS × PER

이때 EPS가 증가하지 않은 상태에서 주가가 오른다면 단순히 PER이 높아지게 된다. 이러한 점을 잘 생각해 봐야 한다.

정부의 강력한 의지와 다양한 부양책으로 일정 부문 주가는 올라갈 수 있지만, 이러한 형태로 주가가 계속 유지되기는 힘들다. 지수가 단순히 5천을 찍는다고 모든 것이 해결되는 것은 아니기 때문이다.

한국 주식 시장의 PER이 글로벌 대비해서 저평가 국면이 해소되면서 일정 부분까지는 상승할 수 있겠으나 그 기준은 4천 포인트 정도라고 생각한다. 따라서 지수가 4천 포인트 이상 상승을 하기 위해서는 결국 EPS가 증가해야만 한다. 그것이 본질이기 때문이다.

그런데 EPS 증가는 정부 정책으로 어떻게 안 된다. 그래도 종합적으로 뒷받침할 수 있는 부분이 바로 주주 환원 정책이라든지 상법 개정 등 다양한 제도의 지원이다. 이 중에서 투자 입장에서 상법 개정안에 대한 내용을 살펴보자.

상법 개정 중 중요 내용

1) 주주 의무 확대

2) 집중 투표제

3) 감사 분리 선출

4) 3% 룰

1) 이사회 의무 확대

이사회 의무를 기존의 '회사'에서 '일반 주주'로 확대되었다. 따라서 임원들은 주요 의사 결정을 할 때 기업에 이롭다는 이유만으로 일반 주주들의 이익을 훼손하는 결정을 내릴 수 없게 되었다.

예를 들어 한국전력이 과거처럼 정부의 정책적인 결정에 따라 원가 상승 압박에도 불구하고 인위적으로 전기료 인상을 억제해 왔던 관행과 같은 결정을 내리기가 향후에는 어렵게 된다. 이러한 결정은 주주 이익에 반하기 때문이다. 이제는 공기업에 대한 정부 입김이 쉽게 작용하기 어려운 구조로 변모했음을 의미한다. 마찬가지로 각각의 기업들이 중요한 의사 결정 과정에서 대주주에게 일방적으로 유리한 결정을 내리기 어려울 것으로 판단이 된다.

하지만 때로는 일방적인 의사 결정이 필요할 경우에 이를 주저하는 경우도 발생하여 과감하면서도 빠른 결정을 못 하는 부작용이 발생할 수도 있다. 모든 결정은 긍정적인 면과 부정적 면이 존재를 한다. 하지만 이번 상법 개정안은 긍정적인 면에 초점을 맞추어서 봐야 한다.

2) 집중 투표제

임원이나 감사 선출 시 1인 1표가 아니라, 특정 후보에게 표를 몰아줄 수 있는 방식이다. 예를 들어 임원 후보로 A, B 중 한 명을 선출한다면 기존에는 A, B 각각에 투표를 했지만, 개정안에 따라 마음에 드는 후보에게만 2표를 몰아서 투표가 가능하다. 이는 소액 주주들이 임원이나 감사 선출 가능성이 높아서 대주주의 전횡을 견제하는 역할을 하게 될 가능성이 크다. 이 경우 일방적인 물적 분할과 CB 발행 등과 같은 결정 과정에서 임원이나 감사의 견제 역할이 견고하게 작용하여 개인 투자자를 보호하는 장치로 활용될 가능성이 크다. 하지만 적대적 M&A 과정에서 이를 악용하는 사례도 등장할 가능성도 높아지게 되고, 투자자들은 이를 이해관계에 따라 활용하는 방법을 고려해야 한다.

3) 감사 분리 선출

감사를 다른 이사들과 분리하여 선출하는 것을 말하는 것으로 경영권 투명성을 보장하기 위해서 만들어졌다. 감사는 회사의 경영을 들여다볼 수 있는 매우 중요한 자리라서 그동안 관행적으로 대주주와 연관성이 중요했다. 하지만 분리 선출 + 집중 투표 등과 결부되면 감사의 선출 과정에서 대주주의 입김이 줄어들게 된다. 이는 감사의 객관성을 찾는 첫걸음이 된다고 생각한다.

4) 3% 룰

주주 총회의 중요한 의사 결정 과정에서 대주주와 우호 지분을 모두 합쳐 3%로 제한하는 법안이다. 따라서 기존처럼 주총에서 우호 지분 등을 통해 일방적으로 의사 결정을 하는 역할이 크게 제한이 된다.

그런데 그 결과 다양한 결정 과정에서 외부의 입김이 크게 작용하게 될 가능성이 매우 커졌다. 이는 M&A 위협이 이루어지는 것은 아니지만, 자사주 및 우호 지분이 많은 경우 우호 지분이 제한되므로 외부 세력의 연합으로 자사주 소각 결의도 가능해지게 된다.

재무제표 10분 완성

재무제표를 활용한
실전 성공 투자법
나만의 원칙 만들기

> **인공지능 챗봇에 물어본 '좋은 주식이란?'**
> **챗봇 답변:** 좋은 주식의 정확한 정의는 없습니다. 주식이 좋은지 아닌지는 개인의 투자 전략과 관심 분야에 따라 다릅니다. 하지만 일반적으로 좋은 주식은 상승 기회가 많고, 위험이 적은 기업의 주식이라고 말할 수 있습니다.
> 위험이 없는 것이 아니므로, 투자 전략과 개인의 재정 상황을 고려하여 결정해야 합니다.

재무제표를 잘 활용하기 위해서는 투자자마다 각자의 기준점을 세워야 한다. 기준점은 자신의 매매 스타일에 따라 어떻게 매매할 것인가부터 출발한다. 기준점은 매매 원칙 중 하나로 주식 시장에서 어떠한 방식으로 투자하겠다는 스스로의 다짐이다. 이것이 있어야 그 상황에 맞게 재무제표의 활용이 가능하다.

그러면 먼저 주식 시장에 어떤 순서로 접근해야 할지 알아보자. 지금 투자자가 시장에서 강하게 주가가 움직이며 관심을 받는 기업을 본다면, 일단 호감이 생기면서 '매수 관점'에서 해당 기업을 바라보게 된다. 더군다나 주가 움직임에 대한 여러 이야기가 시장에서 거론된다면 (자신은 잘 모르지만), 큰 호재를 가지고 있다고 생각할 것이다. 이에 투자자는 지금까지 공부한 경험으로 기업의 재무제표를 살피고, 그를 통해 나름대로 판단하려고 한다. 그런데 이때 차분하면서 객관적인 투자 판단이 가능할까? 아마도 지금 주가가 움직이고 있다는 생각에 대충 몇 개의 숫자만 확인하고 성급하게 결론내리기가 쉽다. 그래서 이를 올바른 재무 분석 방법이라고 부르기 어렵다. 재무 분석을 정확하게 하기 위해서는 반드시 시간이 필요하다. 여러 데이터를 보고 확인해야 하기 때문에 급하게 쫓기듯 해서는 안 된다. 이를 방지하기 위해서는 먼저 '투자자 자신이 이미 분석해 놓은 기업' 리스트를 가지고 있어야 한다. 평소에 충분한 시간을 두고 연구하여 좋은 기업을 찾아 두었다면 시장의 흥분 속에서도 객관성을 유지할 수 있다.

  일반적으로 수익률이 저조한 투자자는 매매를 하려고 지켜보는 종목이 많지 않다. 그러다 보니 급등한 주식이 언론에서 거론되거나, 주식 관련 유튜브 등에서 특정 종목이 거론되면 '기회다'라고 생각하고 흥분하여 덥석 사 버리고, 이는 종종 주가의 고점에서 매수하는 결과를 초래한다. 이때 주위에서 거론되는 기업의 주가가 올라가고 있으면 큰 관심을 두지만, 역설적으로 그 기업의 주가가 현재 시점에서 올라가지 않으면 관심을 덜 가지게 된다. 그리고 뒤늦게 그 기업의 주가가 오르면 '그때 샀어야 했는데'라며 후회한다. 이러한 투자자 대부분은 자신이 선도적으로 오를 것으로 예상하는 주식을 매매해 본 경험이 없을 것이다. 또 자신이 잘 분석한 종목이나, 매매를 하려고 유심히 지켜보는 종목이 제한적인 경우가 많다. 이는 매우 심각한 문제를 야기한다. 만약 본인이 주식 투자를 시작한 지 5년이 넘었는데 한 번도 그런 경험이 없다면, 이제라도 처음 투자하는 심정으로 투자 방법에 대한 공부를 하자. 지금부터 투자를 잘 하기 위해 현실적으로 실천할 수 있는 방법을 알아보자.

1) 나만의 무기, 종목 POOL

보통 투자자는 매수하고 싶은 기업이 생기면, 기회를 놓치고 싶지 않다는 조급함에 해당 종목을 덥석 매수할 때가 많다. 하지만 이는 매우 잘못된 방식이다. 위대한 투자자들은 항상 좋은 기업을 싸게 사라고 이야기한다는 점을 절대로 잊어서는 안 된다. 좋은 기업을 싸게 사기 위해서는 앞서 배운 모든 내용을 동원하여, 주식을 사기 전에 충분히 '분석'과 '관찰'을 해야 한다. 이를 바탕으로 매수하고 싶은 기업의 가치와 주가 상황을 보고, 싸졌을 때 사야 한다. 이 과정을 맛집을 찾아가는 것에 비유해 보자. 평소에 여러 맛집 리스트를 가진 사람과 급작스럽게 맛집을 찾는 사람의 상황을 비교해 보자. 맛집 리스트가 많으면 다양한 상황에서 여유 있게 음식점을 찾아 좋은 식사를 할 수 있지만, 그렇지 않다면 여기저기 수소문하다가 시간에 쫓겨 대략 눈에 띄는 몇몇 음식점 중에서 선택하게 된다.

주식 투자도 이와 같다. 음식점 리스트가 풍부할수록 여유와 만족스러운 식사가 가능하니 투자자는 투자 종목 리스트를 가지고 있을수록 투자에 유리하다. 한편 음식점 리스트가 많다고 한번에 다 가지는 않는다. 날이 더워지면 보양식이나 시원한 음식을, 가족 행사라면 그에 맞는 음식을, 가볍게 끼니를 때울 때는 떡볶이 등 간단한 음식을 찾는다. 주식 리스트 역시 리스트에 있는 종목을 살피다가 상황에 따라 장기, 중기, 단기 트레이딩 등 적절하게 투자하면 된다.

그런데 주식 투자를 위해서 이렇게 준비하는 투자자들이 의외로 많지 않다. 대부분은 무턱대고 들어가서 맛집이 되기를 기도하는 것이다. 주식 투자에 맞는 맛집 리스트를 '종목 POOL'이라고 부른다. 종목 POOL은 '내가 매매를 해볼까?' 하는 생각으로 모아 놓은 종목들의 모음을 말한다. 구체적으로는 분석을 마친 기업 리스트를 의미하지만, 처음에는 편하게 생각해도 된다.

종목 POOL과 단순 관심 종목의 차이점은 단순히 마음에 드는 기업이 아닌 해당 기업에 대해 분석을 했는지 유무이다. 투자자는 시간을 두고 기업을 분석하여 POOL을 채워야 한다. POOL 속에는 5년 이상 장기 투자를 하고 싶은 종목, 아이의 교육비를 벌어줄 종목, 현재 시장에 중심인 업종 중에 내가 사고 싶은 종목, 차트의 움직임이 좋아서 단기에 트레이딩을 하고 싶은 종목 등 다양하게 작성해야 한다.

종목 POOL은 최소한 20개 정도는 되어야 각 기업의 상황에 따라 매매 시점이 도래했을 때 매매할 수 있다. 하지만 50개가 넘어가면 보통 사람의 능력으로는 파악하기 힘들기 때문에, 투자자는 자기 실력과 상황에 맞게 분석할 기업 수를 정하는 것이 좋다. 즉 20개 이하이면 시

야가 좁아지고, 50개를 넘어서면 감당이 안 된다. 최소 20개에서 최대 50개 내외의 기업을 목표로 분석하는 게 좋다.

여기에서 중요한 점은 목표 숫자를 정하는 것이다. 만약 30개로 정했다면 30개를 유지하는 것이다. 그런데 만약 30개를 채운 이후에, 다른 좋은 기업이 나타났을 때는 30 + 1이 되어서는 안 되고, 기존 30개 중 하나를 버려야 한다. 이런 식으로 하면 투자자의 종목 30개는 우량한 기업으로 채워진다.

2) 배제의 법칙

주식 시장의 모든 주식을 파악한 후 거래하는 것은 불가능하다. 그런데도 모든 주식을 매매하려고 한다면 마음만 괴롭다. 주식 투자는 모르는 기업에 억지로 하지 말고, 자신이 잘 이해하고 분석한 종목에 집중해야 투자 수익 확률이 높아진다. 투자자가 잘 이해하지 못한 기업에 투자하는 것은 처음 접하는 외국 음식을 잘 먹으려는 것과 같다. 어떤 재료로 만들어졌는지, 어떤 방식으로 먹어야 하는지도 모른 채, 자신에게 맞는 훌륭한 정찬이라는 기대를 갖는 것이다. 하지만 대부분 자기 생각과 다르게 흘러가기 마련이다.

모르는 종목에 투자하고 주가가 올라가기를 바라는 것은 높은 투자 확률에 기대는 투자보다는 높은 운에 기대는 행위이다. 그래서 자신이 모르는, 또는 이해가 안 가는 종목은 아예 매매하지 않는다고 마음먹는 것이 애당초 편하다.

3) 종목 POOL 선정 방법

종목 POOL에 들어가는 종목은 다음 내용을 기준으로 정한다.

- 잘 아는 종목(관심 있는 종목)
- 재무적으로 우량한 기업
- 성장이 기대되는 기업

이 기준을 바탕으로 투자자가 분석하고 이해한 종목으로 구성한다. 이제 이들을 하나하나 자세히 알아보자.

잘 아는 종목(관심 있는 종목)

잘 안다는 것은 그저 기업의 이름을 잘 아는 것을 말하는 게 아니다. 삼성전자, 카카오 등을 잘 아는 기업이라고 해서는 안 된다. 투자자의 목적은 기업에 투자해서 수익을 내는 것이니, 단순히 유명한 기업의 브랜드와 제품을 아는 게 아닌 투자의 관점에서 알아야 한다.

투자의 관점에서 잘 안다는 것은 해당 기업이 하는 일과 제품별 특징 및 매출 구조 그리고 기업의 영업 이익 변화와 배당 성향, 재무 상황 등을 이해하는 것이다. 예를 들어 삼성전자를 잘 안다는 것은 삼성전자의 회사 전체 상품 구성 및 매출의 변화 그리고 그 매출에 따른 영업 이익과 당기 순이익, 더 나아가 기업의 전략 및 글로벌 경쟁 구도 등을 완벽하지는 않더라도 전반적으로 이해하고 있음을 말한다. 이런 것들을 몰라도 투자는 가능하지만, 그런 투자를 옳지 않다고 생각한다.

지금부터라도 하나하나 기업을 알아 가야 한다. 그래야 기업의 주가가 현재 저평가 국면인지, 아니면 시장에서 흥분 단계인지 구분하여 투자할 수 있다. 많은 투자자가 시장에서 주가가 오르고 있는 기업에 관심을 가지고 서둘러 기업을 분석하려 드는데, 이때 잘못된 분석을 할 때가 많다.

그러면 잘 아는 종목을 어떻게 결정하고 분석해야 할까? 처음에는 친숙한 기업부터 시작하여 분석 방법을 익힌 후, 사업 구조를 투자자 본인이 이해하기 쉬운 기업, 재무적으로 우량하다고 거론되는 기업 등으로 확장해 나가면 된다.

재무적으로 우량한 기업

재무적으로 우량하다는 것은 어찌 보면 상당히 모호하다. 그래서 투자자 나름의 기준점을 잡아두는 것이 좋다. 물론 처음에는 어렵다. 내 지인 중 한 명은 영업 이익률 -ROE를 조합하여 15-15 클럽을 만들어 투자한다. 영업 이익률 15% -ROE15, 두 가지 조건에 충족하는 기업 중 잘 아는 기업만 종목 POOL에 넣는 것이다. 또 다른 지인은 EBITADA를 기준으로 관심 종목을 만들기도 한다.

재무제표를 바탕으로 투자 결정을 내리려면, 지금 내가 어떠한 재무제표를 사용하고 있는지 알아야 한다. 이 말은 투자자가 이용할 수 있는 재무제표는 하나가 아니기 때문이다.

과거	기업이 발표한 확정된 재무제표를 바탕으로 투자 결정을 하는 것
현재	현재와 미래는 예측의 영역에 들어간다. 이는 대부분 증권사 자료에 의존한다. 투자자에 따라서는 기업의 공시 등을 토대로 스스로 예측하기도 한다.
미래	

 투자자가 어떠한 재무제표를 사용하는지는 자유이다. 하지만 사용하는 지표가 다르면 당연히 결과도 다르고, 판단의 상황도 달라진다. 그래서 자신이 어떠한 지표를 보고 판단을 내렸는지 아는 것이 중요하다. 이는 절대 다른 사람과 비교할 문제가 아니다. 이러한 방법이 아니라도 최근 3년간 영업 이익이 증가했다든지, 배당 성향이 꾸준하다든지, 매출이 증가했다든지 등 나름대로 합리적인 판단으로 결정하는 게 현실적이다.
 하지만 어렵게 분석했어도 생각보다 재무적인 데이터가 저조하다면 종목 POOL에 넣어서는 안 된다. 그러한 시행착오를 줄이기 위해 본격적인 분석에 앞서 일정한 기준점을 만들어 두는 것도 좋다. 예를 들어 적자 현황이나 매출의 감소 추세 등이다. 하지만 이 또한 다음에 살펴볼 성장성과 결합되면 이야기가 달라질 수도 있어서 절대적으로 적용해서는 안 되고, 면밀히 살펴볼 기준점으로 삼으면 된다.

성장이 기대되는 기업

 기업을 바라볼 때 과거의 재무 데이터만으로 파악하면 큰 한계에 부딪친다. 주변 사람들을 보면 한번 일을 잘했다가, 다음에 못 하는 경우도 있고, 처음에 일을 못했지만 절치부심 노력하여 다음에 큰 성과를 나타내는 경우도 많다. 물론 계속 일을 잘하는 사람도, 안타깝게도 계속 일을 못하는 사람도 있다.

투자자는 계속 일을 잘하는 기업과 더불어 다음에 더 일을 잘할 기업을 찾는 것이 중요하다. 이와 더불어 지금은 일을 잘하지만, 곧 한계에 부딪칠 기업을 찾아내는 것도 필요하다. 성장이 기대되는 기업은 다음 중 최소한 하나를 포함하고 있어야 한다.

- 기업이 스스로 미래 전망을 밝히는 경우
- 사회 및 경제 발전 과정에서 새롭게 수혜를 받게 된 기업
- 과거부터 노력한 성과가 빛을 발한 시점의 도래
- 신성장 동력 등을 장착해 가는 기업

이러한 내용을 포함하여 기업을 분석한다. 하지만 성장성은 '기대'이므로 이것이 반드시 이루어진다고 보기는 어렵다. 그래서 이러한 기업에 투자할 때는 그 성장이 이루어지고 있는지, 그리고 그 결과가 재무제표에 지속적으로 반영되고 있는지 추적 관찰이 꼭 필요하다. 이때 투자자가 할 일은 분기별로 나오는 재무제표와 각종 공시 사항을 확인하는 것이다. 또한 기업과 관련된 뉴스 등도 정확한 팩트 체크를 통해서 알고 있어야 한다. 뉴스는 시간이 지나면 재무제표에 반영되기 때문이다.

이들을 종합적으로 분석했다고 모두 종목 POOL에 넣는 것은 아니

다. 분석했지만 기업의 가치가 투자하기에 적합하지 않다면 과감히 버리고, 새로운 기업을 분석해서 기준점을 넘는다면 종목 POOL에 넣어야 한다.

4) 매매 타이밍

종목 POOL이 정해졌다고 무턱대고 매매해서는 안 된다. 그동안 개인 투자자들의 일부 오류는 자신이 종목을 발견하면 서둘러 매매하려 한다는 점이었다. 보통은 어렵게 좋은 종목을 찾았다는 생각으로 조급하게 매매를 결정하는데, 절대 그러지 말고 적절한 때(타이밍)를 기다려야 한다. 아무리 좋은 기업도 싸게 사야 이익이 보장이 된다. 가치투자를 이야기할 때 '매매 타이밍'이라면 다소 거부감을 느끼는 사람도 있다. 하지만 모든 매수는 타이밍이다. 이를 타이밍에만 집중하느냐, 우량 기업을 기다려 사느냐의 차이를 잘 이해해야 한다.

종목 POOL이 있다면 그들 중 적절한 시점, 즉 밸류가 낮아진 구간을 기다렸다가 매수하면 된다. 개인 투자자들의 장점을 활용한 방법이라고 할 수 있다. 여기서 자신이 매매하고 싶을 때, 매매하면 되는 개인 투자자의 장점을 십분 활용하면 된다. 결코 서두를 이유가 없다. 자신이 원하는 가격이 오거나, 차트가 좋은 그림을 그릴 때까지 기다리는 것도 중요하다.

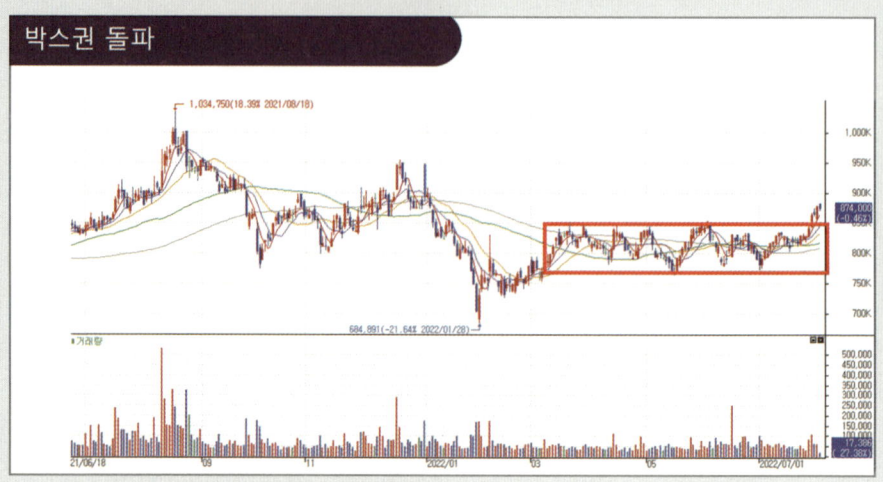

박스권 돌파

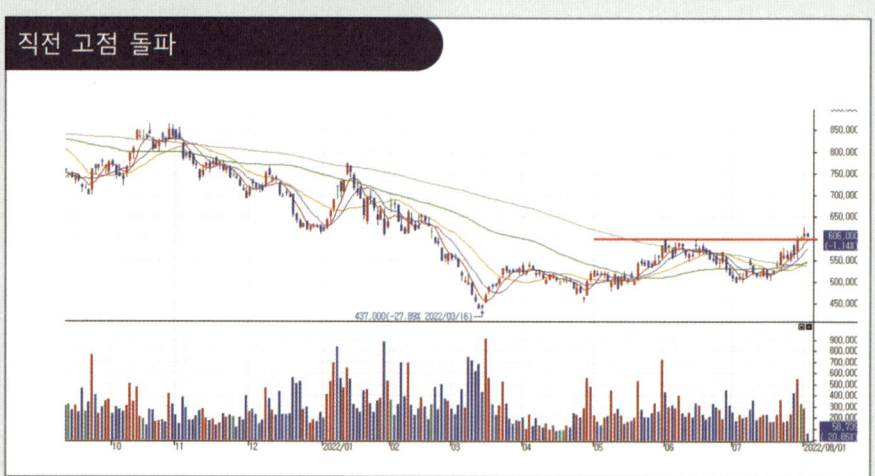

직전 고점 돌파

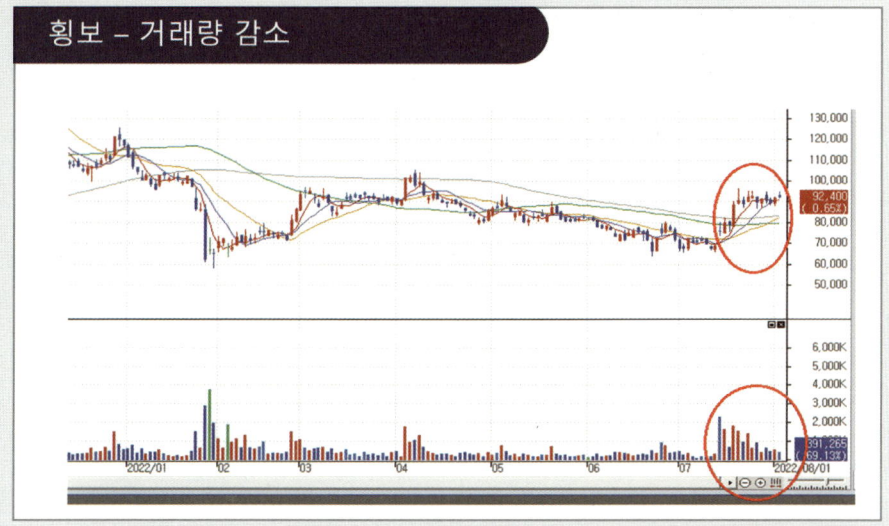

　이 영상 자료는 어떤 종목인지 나타나지 않는다. 원래 이 영상의 목적은 차트를 객관적으로 보라는 의도와 더불어 자신이 사전에 분석해 놓은 종목 POOL에서 유리한 매매 시점이 나올 때 매매 타이밍을 잡아야 한다는 것을 보여주기 위해서이다. 이 종목 이름과 결과는 다음과 같다.

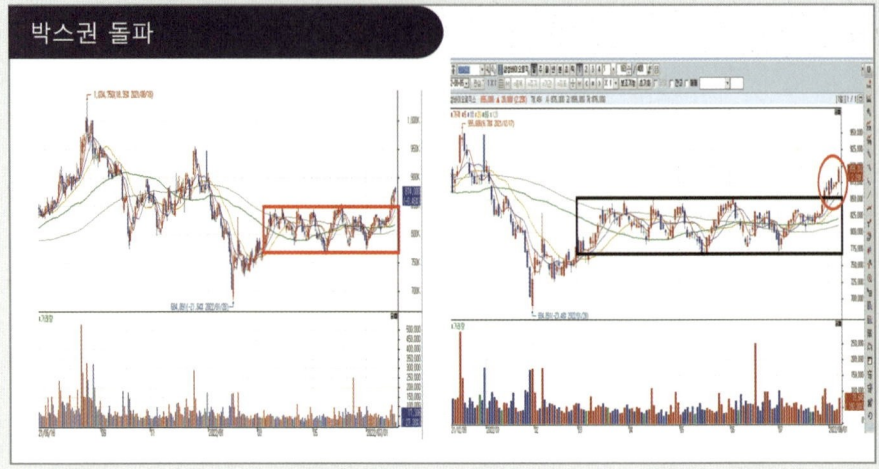

삼성바이오로직스

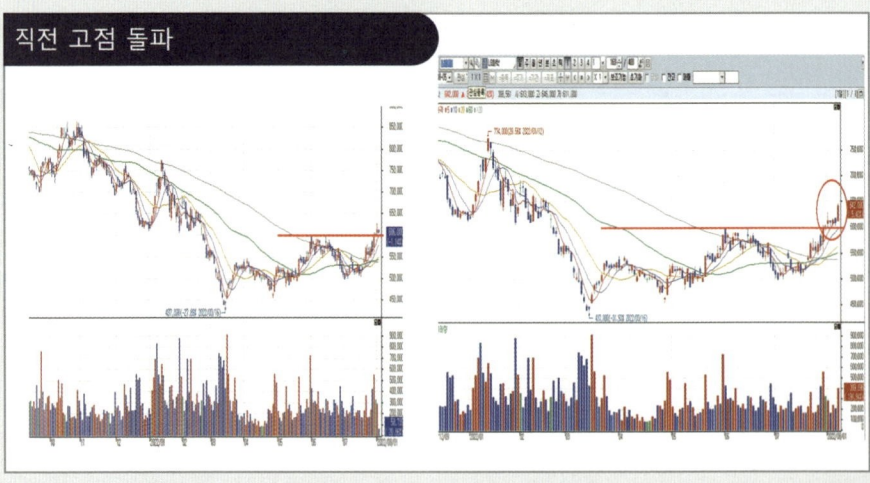

LG화학

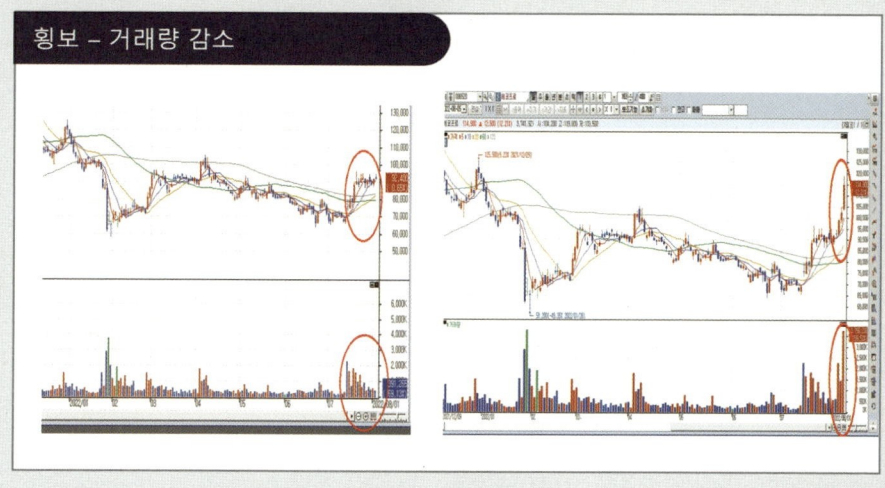

에코프로

    이처럼 재무제표와 차트가 결합하면, 그 결과는 폭발력을 가진다. 그런데 전제 조건은 재무적인 상황을 파악하고 투자에 나서는 것이다. 그렇지 않으면 남보다 빠르게 선점하기 어렵다. 재무제표를 공부하는 것은 과거를 바탕으로 다양한 미래 투자 아이디어로 활용하기 위함이라는 점을 명심하자.

5) 매매 일지 작성

매매는 시간이 갈수록 발전해야 하는데, 그를 도와주는 방법 중 하나가 바로 매매 일지를 작성하는 것이다. 매매 일지는 투자자의 매매 전 과정을 기록함으로써, 자신의 매매를 객관적으로 돌아보고 보완하면서 발전하도록 도와준다. 그래서 매매 일지를 꾸준하게 작성하면, 단점을 보완하고 장점을 더욱 발전시킴으로써 매매 스킬을 증가시킬 수

매매 일지 기록 단계

1단계	매매 종목 결정 사유	해당 종목을 왜 선정했는지 자세히 적는다.
2단계	매매 계획	매수 및 매도 계획을 '미리' 적어 놓는다.
3단계	매매 시행 내용	실제 매매한 내용을 적는다.
4단계	매매 결과 리뷰	매매 결과에서 느낀점을 적는다. 이를 통해 새롭게 알게 된 점을 모색한다.
5단계	차트 등 첨부	주가가 움직인 차트에 해당 매매 시점을 기록하여 둔다.

있다. 그렇게 만든 매매 일지는 자신만의 소중한 자산이 된다. 매매 일지는 다음 다섯 가지 사항으로 구성하자.

   이렇게 단계별로 매매 일지를 작성해야 체계적으로 기록할 수 있다. 한편 매매 일지는 평생 활용할 목적으로 작성한다는 점을 잊지 말자. 그래서 최대한 자세하게 적어야 오랜 시간이 지난 후에도 당시 상황을 한눈에 바라볼 수 있다. 그래서 사소한 것까지 적어 두는 게 좋다(일부는 틀을 만들어 중요한 내용만 적어 두기도 하지만, 별로 추천하지 않는다. 형식과 길이에 구애 받지 말고 작성하자). 매매 일지 중 네 번째 단계는 나중에 필요하면 추가로 적어도 된다. 오래된 매매 일지는 다양한 내용이 추가되기 때문에 깨끗하게 보관하기 어렵다.

재무제표를 알면 오르는 주식이 보인다

재무제표 핵심 투자 수업

1판 1쇄 발행 2023년 11월 10일
2판 1쇄 발행 2025년 9월 25일

지은이 차영주
감수 김수헌
펴낸이 이주화

콘텐츠 개발팀 임지연, 여수진
콘텐츠 마케팅팀 안주희
디자인 STUDIO 보글

펴낸곳 ㈜클랩북스 출판등록 2022년 5월 12일 제2022-000129호
주소 서울시 마포구 어울마당로3길 5, 201호
전화 02-332-5246 팩스 0504-255-5246
이메일 clab22@clabbooks.com
인스타그램 instagram.com/clabbooks
블로그 blog.naver.com/clabbooks
페이스북 facebook.com/clabbooks

ISBN 979-11-93941-50-8 (03320)

· 책값은 뒤표지에 있습니다.
· 파본은 구입하신 서점에서 교환해드립니다.
· 이 책은 저작권법에 의하여 보호를 받는 저작물이므로 무단 전재와 복제를 금합니다.

㈜클랩북스는 독자 여러분의 책에 관한 아이디어와 원고 투고를 기다리고 있습니다.
책 출간을 원하시는 분은 이메일 clab22@clabbooks.com으로 간단한 개요와 취지, 연락처 등을 보내주세요.
'지혜가 되는 이야기의 시작, 클랩북스'와 함께 꿈을 이루세요.